El cuidado del alma

PUZZLE

El cuidado del alma

Thomas Moore

EDICIONES URANO

Argentina - Chile - Colombia - España
Estados Unidos - México - Uruguay - Venezuela

Primera edición: julio de 2005

Título original: *Care of the Soul*

Traducción de Marta I. Guastavino

© de esta edición: Ediciones Urano, S. A.
Aribau, 142, pral.
08036 Barcelona
www.edicionesurano.com

Diseño de la colección: © Damià Mathews
Ilustración y portada: © Opalworks
Fotografía del autor: © Elsa Voelcker

Impreso por Novoprint, S. A.
Energía, 53
Sant Andreu de la Barca (Barcelona)

Fotocomposición: Zero pre impresión

ISBN-13: 978-84-96525-24-5
ISBN-10: 84-96525-24-4
Depósito Legal: B-28.509-2005

Índice

Agradecimientos

Si bien este libro es un trabajo personal basado en muchos años de experiencia como psicoterapeuta, debo un especial agradecimiento a varios amigos que, con sus muchas cualidades, han sido mi inspiración y mi guía. Quisiera agradecer a Christopher Bamford que plantase y cuidase las semillas de la idea inicial. Gran parte de lo que digo en este libro es el resultado de mi asociación con pensadores originales que nos enseñan cómo se ha de pensar en el alma, especialmente James Hillman y Robert Sardello. También quiero dar las gracias a Ben Sells, Terrie Murphy y Sarah Jackson por haber leído partes del manuscrito. A Charles Boer le agradezco su elegante traducción de los himnos homéricos. La Fundación Ann y Erlo van Waveren me proporcionó los fondos necesarios para hacer el trabajo básico. Hugh van Dusen, de Harper Collins, fue una fuente inagotable de entusiasmo, aliento y consejo, y con su profunda cultura dio alma a las exigencias, a veces arduas, de la publicación. Jane Hirshfield trabajó con empeño y asombrosa paciencia en la revisión de un lenguaje a veces arduo. Michael Katz, mi agente, dio el brillante toque de un artista a los aspectos económicos y estéticos del libro y, como guía, mostró una gran sensibilidad durante todo el proceso de creación y publicación. Finalmente, debo agradecer a Joan Hanley que me alentara a seguir profundizando en mi búsqueda de maneras de presentar posibilidades para una vida llena de alma.

Introducción

El gran mal del siglo XX, que forma parte de todas nuestras angustias y nos afecta a todos individual y socialmente, es la «pérdida de alma». Cuando se la descuida, el alma no se va precisamente, sino que se manifiesta en forma de obsesiones, adicciones, violencia y pérdida de sentido. Caemos en la tentación de aislar estos síntomas o de tratar de erradicarlos uno a uno, pero la raíz del problema es que hemos perdido nuestra sabiduría sobre el alma, e incluso nuestro interés en ella. Hoy en día tenemos pocos especialistas del alma que nos puedan aconsejar cuando sucumbimos ante los cambios anímicos y el dolor emocional, o cuando —como nación— nos vemos enfrentados a una multitud de amenazadores males. Pero en nuestra historia hay notables ejemplos de comprensión intuitiva de estos temas por parte de personas que escribieron explícitamente sobre la naturaleza y las necesidades del alma, de modo que podemos recurrir al pasado en busca de los guías que nos permitan recuperar esta sabiduría. En este libro me nutriré de la sabiduría del pasado, teniendo en cuenta la forma en que hoy vivimos, para demostrar que al cuidar del alma podemos encontrar alivio a nuestros sufrimientos y descubrir una satisfacción y un placer profundos.

Es imposible definir con precisión qué es el alma. En todo caso, la definición supone un quehacer intelectual, y el alma prefiere imaginar. Intuitivamente sabemos que el alma tiene que ver con la autenticidad y la profundidad, como cuando se dice que cierta música tiene alma o que una persona notable está llena de alma. Cuando examinamos de cerca el concepto de «plenitud de alma», vemos que se relaciona con la vida en todos sus aspectos: buena comida, conversación interesante, amigos auténticos y experiencias que permanecen en el recuerdo y que tocan el corazón. El alma se revela en el afecto, el amor y la comunidad, como también en el retiro en nombre de la comunicación interior y la intimidad.

En las psicologías y terapias modernas se percibe a menudo, en forma no por tácita menos clara, un tono de salvación, en el que está implícito que si pudiéramos aprender a autoafirmarnos, a amar, a enfadarnos, a expresarnos, a ser contemplativos o más delgados, se terminarían nuestros problemas. El libro de autoayuda de la Edad Media y el Renacimiento, que en cierto modo estoy tomando como modelo, era objeto de aprecio y reverencia, pero nunca fue considerado una obra de arte ni tampoco prometía el cielo. Daba recetas para vivir bien y ofrecía sugerencias para una filosofía de la vida realista y práctica. A mí me interesa este enfoque más humilde, que acepta las debilidades humanas y de hecho considera la dignidad y la paz como cosas que emergen de esa aceptación de la condición humana más que de cualquier método o intento de trascenderla. Por lo tanto, este libro —mi manera de ver lo que podría ser un manual de autoayuda— es una guía que ofrece, además de una filosofía de la vida llena de alma, técnicas para encarar los problemas cotidianos sin afanarse por la perfección o la salvación.

Durante mis quince años de práctica como psicoterapeuta, me ha sorprendido comprobar cuánto han aportado a mi trabajo profesional mis estudios de la psicología, la filosofía y la medicina del Renacimiento. Su influencia será evidente en este libro, ya que en él sigo la tendencia renacentista a recurrir a la mitología en busca de profundización psicológica, y cito autores de la época, como Marsilio Ficino y Paracelso, amantes de la sabiduría, que veían regularmente a sus pacientes y aplicaban su filosofía, rica en imágenes, a los asuntos más ordinarios.

También he adoptado el enfoque renacentista de no separar la psicología de la religión. Jung, uno de nuestros más recientes médicos del alma, decía que todo problema psicológico es en última instancia un asunto religioso. Así pues, este libro contiene a la vez consejo psicológico y orientación espiritual. Algún tipo de vida espiritual es absolutamente necesario para la «salud» psicológica; al mismo tiempo, una espiritualidad excesiva o sin preparación también puede ser peligrosa y conducir a toda clase de comportamientos compulsivos e incluso violentos. De ahí que incluya en el libro una sección sobre la interacción entre la espiritualidad y el alma.

En sus estudios sobre alquimia, Jung dice que la obra se inicia y concluye con Mercurio. Creo que su recomendación es válida también para este libro. Mercurio es el dios de las ficciones y las mentiras, de los embusteros, los ladrones y los prestidigitadores. La idea de autoayuda se presta a una sinceridad excesiva. Yo con frecuencia digo a mis clientes que no deben perseguir tan seriamente la sinceridad; una dosis de Mercurio es necesaria para que nuestro trabajo siga siendo honrado. Por lo tanto, hasta cierto punto también veo este libro como una *ficción* de autoayuda. Nadie puede decirle a uno cómo ha de vivir su vida. Nadie conoce los secretos del corazón en la medida suficiente para hablar autorizadamente de ellos a los demás.

Todo esto conduce al corazón mismo del libro: el cuidado del alma. La tradición enseña que el alma está a medio camino entre el entendimiento y la inconsciencia, y que su instrumento no es ni la mente ni el cuerpo, sino la imaginación. Para mí, la terapia consiste en llevar la imaginación a los dominios que están desprovistos de ella, y que por eso mismo necesitan expresarse en forma de síntomas.

Un trabajo gratificante, relaciones satisfactorias, el poder personal y el alivio de los síntomas son todos dones del alma. Y son particularmente esquivos en nuestra época porque no creemos en ella, y por lo tanto no le asignamos lugar alguno en nuestra jerarquía de valores. Hemos llegado a la situación de reconocer el alma solamente cuando se queja: cuando se agita, perturbada por el descuido y el maltrato, y nos hace sentir su dolor. Es frecuente entre los escritores señalar que vivimos en una época de profundas divisiones, en la cual la mente está separada del cuerpo y la espiritualidad no se entiende con el materialismo. La cuestión es cómo salimos de esta escisión. No podemos superarla solamente «pensando», porque el pensamiento es una parte del problema. Lo que nos hace falta es una forma de superar las actitudes dualistas. Necesitamos una tercera posibilidad, y esa tercera posibilidad es el alma.

En el siglo XV, Marsilio Ficino lo expresó de la manera más simple posible. La mente, decía, tiende a irse sola, como si no tuviera nada que ver con el mundo físico. Al mismo tiempo, la vida materialista puede ser tan absorbente que nos quedemos atrapados en ella y nos olvidemos de la espiritualidad. Lo que necesitamos, decía el pensador renacentista, es el alma, en el medio, manteniendo la unión de mente y cuerpo, de ideas y vida, de la espiritualidad y el mundo.

Lo que voy a presentar en este libro es, pues, un programa para reincorporar el alma en la vida. La idea no es nueva. Lo que hago, simplemente, es desarrollar una idea muy antigua de manera que —espero— sea inteligible y aplicable para nosotros en este preciso y decisivo período de la historia. La idea de un mundo centrado en el alma se remonta a los primeros días de nuestra cultura. Se la ha esbozado en todos los períodos de nuestra historia: en los escritos de Platón, en los experimentos de los teólogos renacentistas, en la correspondencia y la literatura de los poetas románticos, y finalmente en Freud, quien nos dio un atisbo de un mundo subterráneo psíquico lleno de recuerdos, fantasías y emociones. Jung expresó clara y explícitamente lo que en Freud era embrionario, hablando directamente en nombre del alma y recordándonos que en este tema tenemos mucho que aprender de nuestros antepasados. Más recientemente, James Hillman, mi mentor y colega, y otras personas de su mismo círculo —Robert Sardello, Rafael López-Pedraza, Patricia Berry y Alfred Ziegler, por ejemplo— han presentado una forma nueva de abordar la psicología que tiene en cuenta esta historia y sigue explícitamente el consejo de Ficino: poner al alma en el centro mismo de nuestra vida.

γ

Este libro no se centrará sólo en el alma como concepto, sino que tratará también de las maneras concretas en que podemos fomentar la plenitud de alma en nuestra vida cotidiana. Para describir este proceso he tomado prestada una frase de gran importancia en el cristianismo. Durante cientos de años, el párroco tomó a su cargo las almas de quienes vivían dentro del término de su parroquia. Esta responsabilidad, al igual que el trabajo de atención de las necesidades de su pueblo, era lo que se conocía como *cura animarum*, la cura de almas. *Cura* significaba tanto «cargo» como «cuidado». Si tomamos esta imagen y nos la aplicamos, podemos imaginar la responsabilidad que cada uno de nosotros tiene con su propia alma. Así como se contaba con el párroco en los momentos decisivos de la vida, no como médico ni como sanador sino simplemente para acompañar y atender al alma con ocasión de nacimientos, enfermedades, matrimonios, crisis y muertes, también nosotros podemos atender a nuestra propia alma mientras va abriéndose paso a través de ese laberinto que es el despliegue de nuestra vida. El papel del cura, como todavía se le llama, consistía en aportar un contexto religioso a los momentos más importantes de la vida, a la vez que en mantener los vínculos afectivos de la familia, el matrimonio y la comunidad. Nosotros podemos ser los curas o curadores de nuestra propia alma, una idea que lleva implícitos un sacerdocio interior y una religión personal. Emprender esta restauración del alma significa que tenemos que hacer de la espiritualidad una parte más importante de nuestra vida cotidiana.

Como puede ver, el cuidado del alma es algo de un alcance muy diferente al de la mayoría de las modernas nociones de la psicología y la psicoterapia. No tiene que ver con curar, arreglar, cambiar, adaptar o devolver la salud, ni tampoco con idea alguna de perfección, ni siquiera de mejoramiento. No busca en el futuro una existencia ideal y libre de problemas. Más bien se mantiene pacientemente en el presente, cerca de la vida tal como se presenta día a día, y al mismo tiempo consciente de la religión y la espiritualidad.

He aquí otra importante diferencia entre el cuidado del alma y la psicoterapia en el sentido habitual: la psicología es una ciencia secular, mientras que el cuidado del alma es un arte sagrado. Aunque esté tomando prestada la terminología del cristianismo, lo que propongo no es específicamente cristiano, ni tampoco se vincula con ninguna tradición religiosa en particular. Sí implica, sin embargo, una sensibilidad religiosa y un reconocimiento de nuestra necesidad absoluta de tener una vida espiritual.

En el mundo moderno separamos religión y psicología, práctica espiritual y terapia. Interesa mucho sanar esta escisión, pero para salvar la brecha, nuestra idea misma de lo que estamos haciendo en nuestra psicología ha de ser radicalmente reimaginada. Es necesario ver como una sola cosa la psicología y la espiritualidad. En mi opinión, este nuevo paradigma apunta al final de la psicología tal como la hemos conocido, puesto que ésta es esencialmente moderna y secular y está centrada en el ego. Habrá que desarrollar un nuevo concepto, un lenguaje nuevo y nuevas tradiciones que puedan servir de base a nuestra teoría y nuestra práctica.

Nuestros antepasados renacentistas y románticos, así como Freud, Jung, y Hillman y sus colegas, se vuelven hacia el pasado en busca de una renovación de la imaginación. Necesitamos seriamente renacer, nos hace falta un renacimiento de la sabiduría y la práctica antiguas, adaptadas a nuestra nueva situación. Los grandes pensadores renacentistas hicieron continuos esfuerzos por reconciliar la medicina y la magia, la religión y la filosofía, la vida cotidiana y la meditación, la sabiduría de los antiguos y los descubrimientos e invenciones más recientes. Nosotros nos enfrentamos con los mismos problemas, pero estamos más alejados en el tiempo de los días de la magia y la mitología, y además la tecnología se ha convertido a la vez en una enorme carga y en un gran logro.

Los problemas emocionales de nuestra época, de los que los terapeutas oímos quejarse diariamente a nuestros pacientes, incluyen:

el vacío;

la falta de sentido; una vaga depresión;

la desilusión con respecto al matrimonio, la familia y las relaciones;

la pérdida de valores;

los anhelos de realización personal;

la avidez de espiritualidad.

Todos estos síntomas reflejan una pérdida de alma, y nos hacen saber lo que ésta anhela. Estamos excesivamente ávidos de diversión, poder, intimidad, satisfacción sexual y cosas materiales, y creemos que podremos hallar todo eso si encontramos la relación perfecta, el trabajo adecuado, la iglesia verdadera o la terapia que más nos conviene. Pero sin alma, cualquier cosa que encontremos será insatisfactoria, porque lo que verdaderamente anhelamos en todos esos ámbitos y en cada uno de ellos, es el alma. Si nos falta la plenitud de alma, intentamos atraer hacia nosotros grandes cantidades de esas seductoras satisfacciones, pensando evidentemente que la cantidad nos compensará la falta de calidad.

El cuidado del alma habla a los anhelos que sentimos y a los síntomas que nos enloquecen, pero no es una senda que nos aleje de la sombra ni de la muerte. Una personalidad llena de alma es complicada, multifacética, y está moldeada a la vez por el dolor y el placer, por el éxito y el fracaso. En la vida vivida en plenitud de alma no faltan los períodos de oscuridad ni los momentos en que se hacen tonterías. Desprendernos de la fantasía de la salvación nos libera para abrirnos a la posibilidad del conocimiento y la aceptación de nosotros mismos, que son los verdaderos cimientos del alma.

γ

Varias frases clásicas que describen el cuidado del alma vienen al caso en el mundo moderno. Platón usó la expresión *téchne tou biou*, que significa «la artesanía de la vida». Cuando se define *téchne* con la suficiente profundidad, no se refiere solamente a las habilidades mecánicas y los instrumentos, sino a toda clase de diestro tratamiento y de cuidadoso modelado. Por el momento, podemos decir que el cuidado del alma exige un especial tratamiento artesanal de la vida misma, con una sensibilidad de artista en la manera de hacer las cosas. El alma no se vierte automáticamente en la vida. Exige de nosotros habilidad y atención.

Muchas de las palabras que usamos para hablar del trabajo psicológico tienen resonancias religiosas. En los escritos de Platón, Sócrates dice que la «terapia» se refiere al servicio de los dioses. Un terapeuta, dice Sócrates, es un sacristán, alguien que cuida de los elementos prácticos en la adoración religiosa. Otra expresión que usaba Platón era *heautou epimeleisthai* («el cuidado de uno mismo»), que incluía también el honor que se rendía a los dioses y a los muertos. De alguna manera tenemos que entender que no podemos resolver nuestros problemas «emocionales» mientras no captemos este misterio por el cual honrar a lo divino y a los que se han ido forma parte del cuidado básico que, como seres humanos, hemos de aportar a la vida.

El escritor latino Apuleyo decía: «Todos deberían saber que no se puede vivir de ninguna otra manera que cultivando el alma». Cuidado también puede significar cultivo, vigilancia y participación a medida que la semilla del alma se despliega en la vasta creación que llamamos carácter o personalidad, con una historia, una comunidad, una lengua y una mitología propias. El cultivo del alma implica un manejo prudente, durante toda la vida, de la materia prima. Los granjeros cultivan sus tierras, todos cultivamos nuestra alma. El objetivo del trabajo con el alma no es, por consiguiente, adaptarse a las normas aceptadas o a una imagen estadística del individuo sano. Su meta es, más bien, una vida ricamente elaborada, conectada con la sociedad y con la naturaleza, entretejida en la cultura de la familia, de la nación y del planeta. La idea no es alcanzar una adaptación superficial, sino conectar profundamente, en el corazón, con los ancestros y con los hermanos y hermanas vivientes en todas las múltiples comunidades que reclaman nuestro corazón.

Epicuro, filósofo muy mal comprendido y para quien un objetivo en la vida era el placer sencillo, escribió: «Nunca es demasiado pronto ni demasiado tarde para ocuparse del bienestar del alma». Epicuro era vegetariano e instaba a sus seguidores a cultivar la intimidad de forma epistolar. Daba clases en una huerta, de modo que mientras enseñaba estaba rodeado por los sencillos alimentos que tomaba. (Irónicamente, su nombre se ha convertido luego en símbolo de refinamiento gastronómico y de sensualidad). Este concepto del valor de los placeres sencillos recorre en su totalidad la tradición del pensamiento sobre el alma. Ya que tratamos de entender qué podría significar para nosotros el cuidado del alma, quizá debamos tener presente el principio epicúreo de que las recompensas que buscamos pueden ser muy sencillas, y que tal vez las tengamos bajo las narices, incluso cuando estamos mirando las estrellas en busca de alguna revelación o perfección extraordinaria.

Estas manifestaciones de nuestros antiguos maestros provienen del libro de Michel Foucault *La inquietud de sí.** Pero la palabra sí implica un proyecto del ego, y el alma no tiene nada que ver con el ego. El alma está íntimamente relacionada con el destino, y las vueltas del destino casi siempre van en contra de las expectativas del ego y con frecuencia de sus deseos. Hasta la idea junguiana del *Self*, o Sí mismo, cuidadosamente definida como una combinación de entendimiento consciente e influencias inconscientes, sigue siendo muy personal y demasiado humana en contraste con la idea del alma. El alma es la fuente de quiénes somos y, sin embargo, va mucho más allá de nuestra capacidad de planear y de controlar. Podemos cultivar, cuidar, disfrutar de y participar en las cosas del alma, pero no podemos ser más listos que ella, ni manejarla ni amoldarla a los designios de un ego obstinado.

El cuidado del alma es estimulante. Me gusta pensar que la teología del alma elaborada tan concienzudamente y de forma tan concreta en la Italia del Renacimiento fue lo que dio origen al arte extraordinario de aquella época. El acto de penetrar en los misterios del alma, sin sentimentalismo ni pesimismo, estimula un florecimiento de la vida de acuerdo con sus propios designios y con su propia e imprevisible belleza. El cuidado del alma no consiste en resolver el enigma de la vida; muy al contrario, es una apreciación de los paradójicos misterios que combinan la luz y la oscuridad en la grandeza de lo que pueden llegar a ser la vida y la cultura humanas.

γ

* Michel Foucault, *Historia de la Sexualidad*, t. III, *La inquietud de sí*, Siglo XXI, Madrid, 1987.

En estas páginas estudiaremos las importantes diferencias que hay entre cuidado y cura. Examinaremos varias cuestiones frecuentes en la vida diaria que, una vez que dejamos de considerarlas como problemas que hay que resolver, nos dan la oportunidad de cultivar el alma. Entonces intentaremos imaginar la vida espiritual desde el punto de vista del alma, es decir, desde una perspectiva diferente que ofrece una alternativa al habitual ideal trascendente con que nos acercamos a la religión y la teología. Finalmente, pensaremos en la forma en que podríamos cuidar el alma viviendo de una manera artesana. La psicología es incompleta si no incluye la espiritualidad y el arte de manera plenamente integradora.

A medida que lea este libro, puede ser conveniente que vaya renunciando a cualquier idea que tenga tanto sobre lo que es vivir con éxito y corrección como en lo que se refiere a entenderse a sí mismo. El alma humana no está hecha para que se la entienda. Le recomiendo que asuma una actitud más relajada y reflexione sobre la forma que ha tomado su vida. Algunos de los puntos de vista que presento en este libro pueden ser sorprendentes, pero la sorpresa es otro don de Mercurio. Dar un giro a un tema familiar hasta conseguir una forma nueva es a veces más revelador, y en última instancia más importante, que adquirir un nuevo conocimiento y un nuevo conjunto de principios. A menudo, cuando la imaginación da un giro al lugar común y le imprime una forma ligeramente nueva, de pronto vemos al alma allí donde antes estaba oculta.

Imaginemos, pues, que el cuidado del alma es una aplicación de la poética a la vida de todos los días. Lo que aquí queremos hacer es volver a imaginar aquellas cosas que nos parece que ya comprendemos. Si Mercurio está presente con su ingenio y su humor, hay bastantes probabilidades de que se nos aparezca el alma —tan esquiva, decían los poetas antiguos, como una mariposa—, y el hecho de que yo escriba y el lector me lea será, en sí mismo, una manera de cuidar el alma.

I

EL CUIDADO DEL ALMA

Sólo estoy seguro de la santidad
de los afectos del Corazón
y de la verdad de la Imaginación.

JOHN KEATS

1

Reconozcamos en los síntomas una de las voces del alma

Una vez por semana, miles de personas acuden a su cita regular con un terapeuta llevando problemas de los cuales ya han hablado muchas veces, problemas que les provocan un intenso dolor emocional y son causa de gran sufrimiento en sus vidas. Según cuál sea el tipo de terapia empleada, los problemas serán analizados, se los relacionará con la infancia y con los padres o se los atribuirá a algún factor clave, como la incapacidad de expresar el enojo, el alcoholismo en la familia o los malos tratos en la niñez. Sea cual fuere el enfoque, el objetivo será la salud o la felicidad, logradas mediante la eliminación de esos problemas centrales.

El cuidado del alma es una forma fundamentalmente diferente de considerar la vida diaria y la búsqueda de la felicidad. No se pone el énfasis de ninguna manera en los problemas. Una persona podría cuidar su alma comprando o alquilando una gran extensión de tierra, otra seleccionando una buena escuela o un programa de estudios adecuado, y otra pintando su casa o su dormitorio. El cuidado del alma es un proceso continuo que tiene que ver, más que con la «reparación» de algún fallo básico, con la atención que se presta tanto a los pequeños detalles de la vida cotidiana como a las decisiones y cambios más importantes.

El cuidado del alma puede no estar centrado en modo alguno en la personalidad o en las relaciones, y por consiguiente no es psicológico en el sentido habitual del término. Ocuparnos de las cosas que nos rodean y darnos cuenta de la importancia del hogar, de los horarios cotidianos e incluso quizá de la ropa que usamos, también son maneras de cuidar el alma. Cuando Marsilio Ficino escribió su libro de autoayuda, *El libro de la vida*, hace quinientos años, puso el énfasis en la cuidadosa elección de colores, especias, aceites, lugares para caminar, países que visitar... todas decisiones muy concretas de la vida cotidiana, que día tras día se constituyen en apoyo o en perturbación para el alma. Pensamos en la psique, si es que alguna vez pensamos en ella, como en una prima del cerebro, y por lo tanto como algo esencialmente interno. Pero los psicólogos de antaño enseñaban que nuestra alma es inseparable del alma del mundo, y que se las encuentra a las dos en la multiplicidad de las cosas de que se componen la naturaleza y la cultura.

De modo que el primer punto que hay que aclarar con respecto al cuidado del alma es que no es principalmente un método para resolver problemas. Su objetivo no es una vida libre de problemas, sino una vida con la profundidad y el valor que provienen de la plenitud de alma. A su manera plantea un desafío mucho mayor que el de la psicoterapia, porque tiene que ver con el cultivo de una vida abundantemente expresiva y llena de sentido, tanto en el hogar como en la sociedad. También es un reto porque nos exige imaginación a cada uno de nosotros. En terapia ponemos nuestros problemas a los pies de un profesional de quien se supone que está capacitado para resolverlos por nosotros. En el cuidado del alma, nosotros mismos tenemos tanto la tarea como el placer de organizar nuestra vida y darle forma para el bien del alma.

Cómo se llega a conocer el alma

Comencemos por considerar la expresión que da título al libro: «el cuidado del alma». La palabra *cuidado* implica una manera de responder a las expresiones del alma que no tiene nada que ver con el heroísmo ni con la fuerza muscular. Cuidar es lo que hace una enfermera y, casualmente, cuidar a un enfermo es uno de los primeros significados de la palabra griega *therapeia* o terapia. Veremos luego que el cuidado del alma es en muchos sentidos un retorno a lo que al principio se entendía por terapia. *Cura,* la palabra latina usada originariamente en la expresión «cuidado del alma», significa varias cosas: atención, dedicación, manejo prudente, adornar el cuerpo, sanar, administrar, preocuparse, y adorar a los dioses. Podría ser una buena idea tener presentes todos estos significados mientras procuramos ver, de la manera más concreta posible, cómo dar el paso que va desde la psicoterapia, tal como hoy la conocemos, al cuidado del alma.

El «alma» no es una cosa, sino una cualidad o una dimensión de la experiencia de la vida y de nosotros mismos. Tiene que ver con la profundidad, el valor, la capacidad de relacionarse, el corazón y la sustancia personal. Aquí no uso la palabra como objeto de creencia religiosa ni como algo que tenga que ver con la inmortalidad. Cuando decimos que alguien o algo tiene alma, sabemos a qué nos referimos, pero es difícil especificar exactamente cuál es ese significado.

El cuidado del alma se inicia observando su manera de manifestarse y de actuar. No podemos cuidar de ella si no estamos familiarizados con sus costumbres. «Observancia» es una palabra tomada del ritual y de la religión, y significa estar atento a, pero también mantener y honrar, como cuando se habla de la observancia de una fiesta. Originariamente, la partícula —*serv*— que incluye esta palabra se refería a pastorear ovejas. Al observar el alma, estamos atentos a sus ovejas, a todo lo que ande por allí moviéndose y pastando, tanto si se trata de la última adicción, como de un sueño sorprendente o un estado anímico inquietante.

Esta definición de lo que es cuidar del alma es minimalista. Tiene que ver con un cuidado modesto y no con una cura milagrosa. Pero mi cautelosa definición tiene implicaciones prácticas en lo referente a cómo nos tratamos a nosotros mismos y cómo tratamos a los demás. Por ejemplo, si veo que mi responsabilidad hacia mí mismo, hacia un amigo o hacia un paciente en terapia consiste en observar y respetar lo que presenta el alma, no intentaré quitarle cosas en nombre de la salud. Es notable la frecuencia con que los seres humanos piensan que estarían mejor sin las cosas que les preocupan. «Necesito eliminar esta tendencia que tengo», nos dirá alguien. «Ayúdeme a liberarme de estos sentimientos de inferioridad y de mi desastroso matrimonio, y a dejar de fumar». Si, como terapeuta, hiciera lo que me piden, me pasaría el día entero quitando cosas a la gente. Pero yo no intento erradicar los problemas. Procuro no creer que mi papel sea el de un exterminador. Más bien intento devolver el problema a la persona, de tal manera que se le haga visible su necesidad, e incluso su valor.

Cuando observamos de qué maneras se manifiesta el alma, nos enriquecemos, no nos empobrecemos. Recibimos de vuelta lo que es de nuestro, aquello mismo que nos parecía tan horrible que creíamos necesario amputarlo y deshacernos de ello. Cuando contemplamos el alma con una mentalidad abierta, empezamos a descubrir los mensajes que se ocultan en el seno de la enfermedad, las correcciones que se pueden encontrar en el remordimiento y en otros sentimientos desagradables, y los cambios que exigen necesariamente la depresión y la angustia.

Permítame que le dé algunos ejemplos de cómo podría enriquecerse en lugar de empobrecerse en nombre del bienestar emocional.

Una mujer de treinta años acude a mí para tratarse en terapia y me confiesa:

—Me lo paso terriblemente mal en mis relaciones porque desarrollo una gran dependencia. Ayúdeme a ser menos dependiente.

Lo que me está pidiendo es que le quite parte de la sustancia del alma. Yo tendría que ir a buscar mi caja de herramientas y sacar de ella un escalpelo, un extractor y una bomba de succión. En cambio, siguiendo el principio de la observancia, ya que en todo caso no tengo la menor inclinación a semejante extirpación, le pregunto cuál es la dificultad que le plantea su dependencia.

—Me hace sentir impotente. Además, no es bueno ser demasiado dependiente. Yo debería tener más autonomía.

—¿Cómo sabe usted cuándo es excesiva su dependencia? —insisto, todavía tratando de hablar en nombre de la expresión de dependencia del alma.

—Cuando no me siento bien conmigo misma.

—Me pregunto —continúo, en la misma dirección— si no podría encontrar una manera de ser dependiente sin sentirse despojada de poder. Después de todo, no hay un minuto en el día en que no dependamos unos de otros.

Y así prosigue la conversación. La mujer admite que siempre se ha limitado a dar por supuesto que la independencia es buena y la dependencia mala. Conversando con ella me doy cuenta de que, pese a todo su entusiasmo por la independencia, no parece que en su vida disfrute de mucha. Está identificada con la dependencia y ve la liberación en el otro extremo. Además, ha aceptado inconscientemente la opinión imperante de que la independencia es saludable y de que cuando el alma manifiesta algún deseo de dependencia, debemos corregirla.

Esta mujer me está pidiendo que la ayude a liberarse del rostro dependiente de su alma, pero eso sería una jugada en contra de su alma. El hecho de que su dependencia se haga sentir no significa que haya que aturdirla ni extirparla quirúrgicamente; quizás esté haciéndose notar porque necesita que le presten atención. Su heroica lucha por la independencia podría ser la manera que tiene la paciente de evitar y reprimir la fuerte necesidad de dependencia de algo que hay dentro de ella. Procuro ofrecerle algunas palabras que expresen dependencia y no tengan la connotación de blandura y debilidad que al parecer le preocupa.

—¿No quiere estar comprometida con otras personas, aprender de los demás, establecer relaciones de intimidad, confiar en los amigos, pedir consejo a alguien a quien respete, formar parte de una comunidad donde todos se necesitan los unos a los otros, tener con alguien una relación de intimidad tan deliciosa que no pueda vivir sin ella?

—Naturalmente —me responde—; pero, ¿eso es dependencia?

—Yo creo que sí —contesto—, y como todo lo demás, usted puede tener eso sin sus sombras: sin pobreza, inferioridad, sumisión ni falta de control.

Tuve la sensación de que aquella mujer, como pasa a menudo, evitaba la intimidad y la amistad convirtiéndolas en una caricatura de una dependencia excesiva. A veces vivimos estas caricaturas, pensando que somos prisioneros de una dependencia masoquista, cuando lo que en realidad estamos haciendo es evitar un compromiso profundo con la gente, la sociedad y la vida en general.

Observar lo que hace el alma y oír lo que dice es una manera de «ir con el síntoma». La tentación es compensar, dejarnos arrastrar hacia lo opuesto de lo que se presenta. Una persona plenamente identificada con la dependencia piensa que la salud y la felicidad residen en el logro de la independencia. Pero esa jugada de pasar a lo opuesto es engañosa. Curiosamente, retiene a la persona en el mismo problema, sólo que en el lado opuesto. El deseo de independencia mantiene la escisión. Una maniobra homeopática, que va en el mismo sentido de lo que se presenta en vez de oponérsele, consiste en aprender a ser dependiente de una manera satisfactoria y no tan extrema como para que haya una escisión entre la dependencia y la independencia.

γ

Otra forma de renegar del alma es limitarse a meter la punta del pie en el mar del destino. Vino a verme un hombre deprimido y completamente insatisfecho con su trabajo. Hacía diez años que trabajaba en una fábrica, y se había pasado todo ese tiempo planeando irse. Su proyecto era ponerse a estudiar para llegar a tener una profesión que le gustara. Pero mientras planeaba su huida y pensaba continuamente en ella, su trabajo se resentía. Los años pasaban y él siempre se sentía insatisfecho; odiaba su trabajo y seguía soñando con la tierra prometida de sus ambiciones.

—¿Ha pensado alguna vez —le pregunté un día— en estar donde está, en meterse plenamente en ese trabajo al que está dedicando su tiempo y su energía?

—No vale la pena —me contestó—; es degradante. Un robot podría hacerlo mejor.

—Pero usted lo hace todos los días —le señalé—. Y lo hace mal, y se siente mal porque hace mal su trabajo.

—¿Quiere decir que debería hacer ese estúpido trabajo como si tuviera puesto el corazón en él? —me preguntó con incredulidad.

—Usted está puesto en él, ¿o no?

Una semana después volvió diciendo que algo había cambiado en él cuando empezó a tomarse con más seriedad ese «estúpido» trabajo. Al adentrarse en su destino y en sus emociones, podía empezar a saborear su vida, y posiblemente encontrar un camino que, pasando *a través* de su experiencia, lo introdujera en sus ambiciones. Las ovejas de sus fantasías laborales habían andado vagabundeando por todas partes, salvo en la fábrica. Había estado llevando una vida alienada y dividida.

La observancia del alma puede ser engañosamente simple. Recuperamos aquello de lo que antes habíamos renegado. Trabajamos con lo que hay, no con lo que nos gustaría que hubiera. En su poema «Notas para una ficción suprema», el poeta Wallace Stevens dice: «Tal vez la verdad dependa de un paseo alrededor de un lago». En ocasiones, la terapia pone el énfasis en el cambio con tanta energía que la gente suele descuidar su propia naturaleza y se deja atormentar por imágenes de una salud y una normalidad ideales que probablemente estén siempre fuera de su alcance. En su «Réplica a Papini», Stevens expuso este tema con más claridad, en unas líneas que James Hillman ha tomado como lema de su psicología: «El camino que lleva a través del mundo es más difícil de encontrar que el camino para salir de él».

Los filósofos del Renacimiento decían con frecuencia que el alma es lo que nos hace humanos. Podemos dar vuelta a la idea y señalar que cuando somos más humanos es cuando tenemos más acceso al alma. Y sin embargo a la psicología moderna, debido quizás a sus vínculos con la medicina, se la suele considerar como una manera de salvarnos precisamente de las confusiones que con más profundidad definen como humana nuestra vida. Queremos esquivar los malos humores y las emociones negativas, las opciones vitales erróneas y los hábitos malsanos. Pero si nuestro primer propósito es observar el alma tal como es, quizá tengamos que descartar el deseo de salvación y sentir un respeto más profundo por lo que realmente hay ahí. Al esforzarnos por evitar los fallos y errores humanos, nos ponemos fuera del alcance del alma.

γ

Evidentemente, a veces puede ser difícil reconocer y honrar las formas más espectaculares de expresarse que tiene el alma. Una mujer joven, inteligente y de talento vino una vez a verme porque tenía dificultades con la comida. Se sentía avergonzada de acudir a mí con ese síntoma, que desde hacía tres años ocupaba el centro de su vida. Durante unos cuantos días no comía casi nada, y después se atiborraba y vomitaba. El ciclo escapaba totalmente a su control, y parecía como si aquello jamás fuera a terminar.

¿Cómo observamos estos dolorosos ritos del alma que incluso ponen en peligro la vida? ¿Tiene sentido asignar un lugar a síntomas horribles y compulsiones sin esperanza?

¿Hay alguna necesidad detrás de estos estados extremos que están más allá de todo control racional? Cuando oigo una historia como ésta y veo sufrir tanto a una persona, tengo que examinar cuidadosamente mi propia capacidad de observancia. ¿Siento rechazo? ¿Siento que en mí se alza una figura redentora que hará cualquier cosa por salvar a esa mujer de su tormento? ¿O soy capaz de entender que incluso estos síntomas extraordinarios son los mitos, los rituales y la poesía de una vida?

La intención básica en cualquier cuidado, físico o psicológico, es aliviar el sufrimiento. Pero en relación con el síntoma mismo, observancia significa ante todo escuchar y considerar cuidadosamente lo que se está revelando en el sufrimiento. Un intento de sanar puede ser un impedimento para ver. Al hacer menos, se logra más. La observancia es más homeopática que alopática, en el paradójico sentido de que ampara un problema en vez de convertirlo en un enemigo. Este cuidado sin heroísmo está teñido de un matiz taoísta. En el capítulo 64, el *Tao te king* dice: «Él devuelve a los hombres a lo que han perdido. Ayuda a que las diez mil cosas encuentren su propia naturaleza, pero se abstiene de actuar». Es una descripción perfecta de alguien que cuida del alma.

No es fácil observar de cerca, tomarse el tiempo necesario y hacer los sutiles movimientos que permiten que el alma siga revelándose. Hay que confiar en cada pequeñez que se aprende, en cada pizca de sentido y en toda clase de lecturas, para así poner en el trabajo inteligencia e imaginación. Sin embargo, al mismo tiempo, esta «acción mediante la inacción» tiene que ser simple, flexible y receptiva. La inteligencia y la educación nos llevan hasta el borde, donde nuestra mente y sus propósitos están vacíos. Muchos ritos religiosos se inician con un lavado de manos o una aspersión que simboliza la limpieza de intenciones y la desaparición de ideas y propósitos. En nuestro trabajo con el alma podemos utilizar ritos como éstos, cualquier cosa que nos depure la mente de su bienintencionado heroísmo.

El alma de esta joven expresaba su mito del momento mediante las imágenes de la comida. A lo largo de varias semanas hablamos del lugar que había ocupado y ocupaba la comida en su vida, en el pasado y en el presente. Me habló de su incomodidad en presencia de sus padres. Quería viajar por el mundo. Odiaba la idea de estar en casa, y sin embargo, por razones económicas estaba obligada a vivir con sus padres. También tenía el recuerdo de un hermano que en una ocasión, apenas durante un segundo, la había tocado de manera impúdica. No había abusado de ella, pero esta joven era sumamente sensible con respecto a su cuerpo, y terminamos hablando de los ambiguos sentimientos que tenía sobre su condición de mujer.

Después, un día me explicó un sueño que, a mi modo de ver, capturaba el misterio que constituía el corazón de su problema. Un grupo de ancianas estaba preparando una fiesta al aire libre. Cocinaban una gran variedad de comidas en enormes ollas dispuestas sobre fuegos. Invitaban a la soñante a unirse a la actividad del grupo y a convertirse en una de ellas. Al principio se resistía, porque no quería que la identificaran con esas viejas grises con vestidos negros de campesinas, pero finalmente se les unía.

El sueño enfrentaba a esta mujer con lo que más temía: su feminidad primordial. Aunque le gustaba su largo pelo rubio y se divirtiera con sus amigas, aquella joven aborrecía profundamente el hecho de tener menstruaciones y de vivir con la posibilidad de dar a luz un hijo algún día. El sueño, que me pareció prometedor, tomaba la forma de una primitiva iniciación en un misterio íntimamente relacionado con sus síntomas. Y daba la impresión de que le presentaba una solución: relacionarse con las antiguas y profundas raíces de la condición femenina y descubrir finalmente una forma auténtica de nutrirse a sí misma.

Aunque aquello tuviera lugar mientras dormía, el sueño, como tal, era un eficaz ritual. Mi papel y el de ella no consistían en interpretar las diversas figuras, sino en apreciar el significado y la importancia de los ritos. ¿Por qué le angustiaba tanto una multitud de ancianas reunidas alrededor de grandes ollas? Al hablar de sus miedos sobre las mujeres y su modo de actuar, salieron a la luz ciertos temas de su vida, tales como algunas ideas sobre su cuerpo que la inquietaban, y determinadas mujeres de su familia con quienes no quería tener nada que ver. Me habló del afecto de su padre por ella y de los sentimientos ambiguos que albergaba hacia él. No era tanto que el sueño tuviera algún *significado* en particular que explicara sus síntomas, sino que generaba pensamientos y recuerdos de honda resonancia afectiva, relacionados todos con los problemas de la comida. El sueño nos ayudó, a ella y a mí, a sentir con más intensidad su drama y a imaginarlo con más precisión.

γ

Quizá sentir e imaginar no suenen a gran cosa. Pero en el cuidado del alma se confía en que la naturaleza sana, en que es mucho lo que se puede lograr «no haciendo». El supuesto es que el ser sigue a la imaginación. Si podemos ver qué relato estamos viviendo cuando caemos en nuestros diversos comportamientos y estados anímicos compulsivos, entonces podremos saber cómo movernos más libremente a través de ellos, y con menos sufrimiento.

Lo que Paracelso,[1*] el gran médico del siglo XVI, dijo del hecho de sanar también es válido para el alma: «El médico sólo es el servidor de la naturaleza, no su amo. Por consiguiente, a la medicina incumbe seguir la voluntad de la naturaleza». Al cuidar del alma, partimos de la idea de que hasta un síntoma tan molesto como la bulimia tiene voluntad propia, y de que «curar» significa, de alguna manera, acatar esa voluntad.

La observancia tiene un poder considerable. Si observas la Navidad, por ejemplo, debido precisamente a esa observancia te verás afectado de un modo especial por esa fiesta. La disposición anímica y el espíritu de esos días te llegarán al corazón y, con el tiempo, la observancia regular puede llegar a afectarte profundamente. O si alguien ayuda a llevar el féretro en un funeral, esparce tierra sobre la tumba o la rocía con agua bendita, su observancia le situará profundamente en el interior de la experiencia del sepelio y de la muerte. Tal vez durante años recuerde vívidamente ese momento. Quizá sueñe con él durante el resto de su vida. Gestos simples, que tienen lugar en la superficie de la vida, pueden llegar a ser de importancia capital para el alma.

A veces, la moderna terapia intervencionista intenta resolver problemas específicos, y por lo tanto se la puede efectuar en plazos breves. Pero el cuidado del alma jamás termina. Parece que los alquimistas de la Edad Media así lo reconocían, puesto que enseñaban a sus discípulos que todo final es un comienzo. Todo trabajo efectuado en el alma toma la forma de un círculo, de una *rotatio*. La gente que trato en terapia, en ocasiones me pregunta si no estoy cansado de oír una y otra vez las mismas cosas.

* Para las notas con número, véanse las *Notas bibliográficas*, págs. 409-412.

—No. Soy muy feliz escuchando los viejos temas —les respondo.

Tengo presente la *circulatio* alquímica. La vida del alma, tal como revela la estructura de los sueños, es un repaso continuo del material de la vida.

En el recuerdo no nos cansamos nunca de reflexionar sobre los mismos acontecimientos. En mi niñez pasé muchos veranos en una granja, con un tío que contaba cuentos sin parar. Ahora veo que ese era su método de trabajar la materia prima de su vida, su manera de dar vueltas y vueltas a su experiencia, en esa forma de rotación que ofrecen los cuentos. Sé que a partir de esa incesante narración de cuentos encontraba nuevas profundidades de significado. Contar cuentos es una excelente manera de cuidar del alma. Nos ayuda a ver los temas que describen círculos en nuestra vida, los temas profundos que expresan los mitos que vivimos. No haría falta más que variar levemente el punto en el que está puesto el énfasis en la terapia para centrarnos más en la narración como tal que en su interpretación.

Cómo se aprende a amar el alma

Una de las cosas más importantes que debo a mi aprendizaje con James Hillman, el fundador de la psicología arquetípica, es que alimentó mi curiosidad por el funcionamiento de la psique. Él afirma que un psicólogo debe ser un «naturalista de la psique». El profesional debería estar siempre «en el campo», como lo está sin descanso el propio Hillman. En este sentido un psicólogo es alguien que, como un botánico, está extraordinariamente preocupado por la naturaleza, por la naturaleza humana. Si esto es válido para la psicología profesional, lo es también para el cuidado del alma que cualquiera de nosotros puede llevar a cabo. Este tipo de cuidado se inicia en la profunda curiosidad por las maneras de mostrarse que tiene la psique, tanto en los demás como en uno mismo.

La interpretación de los sueños, de Freud, presenta en buena medida este enfoque de la psicología. Freud analiza sus propios sueños y a partir de su autoanálisis llega a su teoría. Escribe como quien está intensamente interesado en el funcionamiento de su propia alma. Cuenta episodios y sueños, de una manera no muy diferente a como lo hacía mi tío, cuyos cuentos también se condensaban en una teoría de la vida. Cada uno de nosotros podría ser un Freud de su propia experiencia. Interesarse por el alma es una manera de amarla. La cura fundamental, tal como aseveran muchos psicólogos de la profundidad, antiguos y modernos, proviene del amor y no de la lógica. En este trabajo, la inteligencia no nos lleva muy lejos, pero el amor, expresado en una atención paciente y cuidadosa, arranca al alma de su dispersión en problemas y fascinaciones. Con frecuencia se ha observado que la mayoría —si no todos— de los problemas que la gente explica a los terapeutas son cuestiones de amor. Entonces, no es raro que la cura también sea el amor.

Interesarse en la propia alma requiere cierto espacio para la reflexión y la apreciación. Normalmente estamos tan identificados con los movimientos de la psique que no podemos tomar la distancia necesaria para mirarlos bien. Un poco de distancia nos permite ver la dinámica que se da entre los múltiples elementos que configuran la vida del alma. Al interesarnos en estos fenómenos, empezamos a ver nuestra propia complejidad. Generalmente sentimos esa complejidad cuando nos sorprende inesperadamente desde fuera, bajo la forma de una multitud de problemas y de confusión. Si conociéramos mejor el alma, podríamos estar preparados para los conflictos de la vida. Con frecuencia, cuando una persona me habla con angustia acerca de algún problema en el que se encuentra metida, tengo la sensación de que lo que considera una situación inaguantable y dolorosa que necesita de una intervención profesional es simplemente la complejidad de la vida humana que se manifiesta una vez más. La mayoría de nosotros aportamos a la vida cotidiana una actitud psicológica un tanto ingenua que nos lleva a esperar que nuestra vida y nuestras relaciones sean simples. El amor del alma nos pide que apreciemos un poco su complejidad.

Con frecuencia, el cuidado del alma significa no tomar partido cuando hay un conflicto en un nivel profundo. Puede que sea necesario ensanchar el corazón en la medida suficiente para abrazar la contradicción y la paradoja.

Un hombre de unos cincuenta y cinco años vino una vez a contarme, muy avergonzado, que se había enamorado.

—Me siento estúpido como un adolescente —me dijo.

Esto es algo que oigo a menudo, que el amor despierta al adolescente. Cualquiera que esté familiarizado con la historia del arte y de la literatura sabe que, desde los griegos en adelante, al amor se lo ha retratado como a un adolescente indomable.

—Ah, ¿y tiene usted algo en contra de ese adolescente?

—¿Es que llegaré a crecer alguna vez? —preguntó, con frustración.

—Tal vez no —le dije—. Quizá haya en usted cosas que nunca han de crecer; tal vez no deban crecer. Esta súbita inundación de adolescencia, ¿no lo hace sentirse joven, enérgico y lleno de vida?

—Sí —me contestó—, y también tonto, inmaduro, confundido y chiflado.

—Pero eso es la adolescencia —respondí—. A mí me suena como si el Viejo que hay en usted estuviera regañando al Joven. ¿Por qué convertir en valor supremo al adulto? O tal vez debería preguntarle quién es en usted el que pretende que la madurez es tan importante. Es el Viejo ese, ¿verdad?

Lo que yo quería era hablar en nombre de la figura a quien se estaba juzgando y atacando. Ese hombre tenía que encontrar en sí mismo el espacio suficiente para dar cabida al Viejo y al Joven, para que así ambos se hablaran y, con el tiempo, tal vez a lo largo de toda su vida, encontraran alguna posibilidad de reconciliación. Se necesita más de una vida para resolver tales conflictos. En realidad, el conflicto mismo es creativo y tal vez no debería sanar jamás. Al conceder su voz a cada figura, permitimos que el alma hable y se muestre tal como es, no tal como nosotros quisiéramos que fuera. Al defender al adolescente, cuidando siempre de no tomar partido en contra de la figura madura, yo mostraba al paciente mi interés por su alma, y él tuvo así la oportunidad de encontrar una manera de abarcar este conflicto arquetípico de juventud y vejez, de madurez e inmadurez. En el curso de este tipo de debate el alma se vuelve más compleja y más amplia.

El gusto por lo perverso

Cuando se trata de cuidar del alma, una «treta» eficaz es mirar con especial atención y de manera muy abierta qué es lo que el individuo rechaza, para luego hablar favorablemente de ese elemento rechazado. El hombre de quien estaba hablando veía como un problema el hecho de sentirse adolescente. Yo intenté ver el valor que había en ese «problema», sin compartir el disgusto de mi paciente. Todos tendemos a dividir la experiencia en dos partes, generalmente la buena y la mala. Pero esta división puede incluir toda clase de cosas sospechosas. Puede ser que simplemente nunca hayamos considerado el valor que hay en ciertas cosas que rechazamos. O que al poner la etiqueta de negativas a ciertas experiencias nos estemos protegiendo de algunos miedos desconocidos. Todos estamos llenos de prejuicios y de ideas que se nos han infiltrado en nuestro interior sin que nos diéramos cuenta. En las divisiones que hacemos podemos estar perdiendo mucha alma, de modo que el cuidado del alma puede llegar bastante lejos simplemente recuperando parte de este material del que nos hemos desconectado.

Estoy hablando de una versión de la teoría junguiana de la sombra. Para Jung hay dos clases de sombra: una consiste en las posibilidades vitales que rechazamos debido a ciertas opciones que hemos hecho. La persona que escogemos ser, por ejemplo, crea automáticamente un «doble» oscuro: la persona que escogemos no ser. Esta sombra compensatoria varía de una persona a otra. Para algunos, la sexualidad y el dinero son sombras al acecho, mientras que para otros son simplemente parte de la vida. La pureza moral y una vida responsable pueden ser, para algunos, aspectos de la sombra. Jung creía también que hay una sombra absoluta, que no está conectada con nuestras opciones vitales ni con nuestros hábitos. Dicho de otra manera, que existe el mal en el mundo y en el corazón humano. Si no lo reconocemos, tenemos una actitud ingenua que puede meternos en dificultades. Jung pensaba que puede ser beneficioso para el alma llegar a un acuerdo con ambos tipos de sombra, perdiendo en el proceso algo de su ingenua inocencia.

Me parece que, en la medida en que nos abrimos para ver de qué está hecha nuestra alma y quiénes somos en realidad, siempre encontramos algo que nos plantea un desafío profundo. El paciente del que hablaba antes tuvo que volver a evaluar sus sentimientos ante la tontería de un adolescente. La muchacha bulímica tuvo que reconciliarse con su complicada relación con el padre y con sus sentimientos hacia el hermano. En alguna medida, el cuidado del alma nos pide que tengamos el corazón más abierto de lo que jamás lo hemos tenido, suavizando la actitud moralista y enjuiciadora que quizás hayan caracterizado durante años nuestras actitudes y nuestro comportamiento. El moralismo es uno de los escudos más eficaces que podemos oponer al alma para protegernos de su complejidad. No hay nada más revelador, y probablemente nada más sanador, que reconsiderar nuestras actitudes moralistas y descubrir cuánta alma hemos mantenido oculta detrás de sus puertas. Parece que la gente tiene miedo de perder completamente su sensibilidad ética si empieza a reflexionar sobre sus principios morales. Pero esto es aproximarse a la moralidad de un modo defensivo. En la medida en que nos enfrentemos con la complejidad del alma, la moralidad puede profundizarse, despojarse de su simplicidad y volverse más exigente y más flexible al mismo tiempo.

Yo iría incluso más lejos. A medida que llegamos a conocer el alma y a considerar intrépidamente sus rarezas y las múltiples maneras en que se manifiesta entre los individuos, puede ser que empecemos a sentir un gusto por lo perverso. Tal vez lleguemos a apreciar las desviaciones y rarezas del alma. Es más, quizá finalmente nos demos cuenta de que la individualidad es más bien hija de las excentricidades y de las tendencias inesperadas de la sombra del alma que de su normalidad y su conformidad. Quien se interesa por el alma es alguien que llega a sentirse cómodo con las peculiaridades y lo inesperado. Cuando trabajo en el alma con terapeutas en formación, les pregunto en ocasiones dónde trazan la línea de la perversidad, cuál es el sitio donde se encuentran frente a frente con su propio miedo y su propia repulsión. Algunas personas responden que esa línea es para ellas el abuso sexual, y yo me pregunto cómo podrán trabajar profesionalmente con pacientes que hayan sufrido esa clase de abuso, y con quienes lo hayan cometido. Otros dicen que para ellos es cualquier tipo de violencia. Otros encuentran perversas las fantasías sexuales. Podríamos formularnos nosotros la misma pregunta. ¿Dónde choco con un muro al mirar dentro de mi propio corazón? ¿Cuál es el límite?

El interés por el cuidado del alma se centra en lo que no es tan normal, en la manera como el alma se hace sentir con mayor claridad en las expresiones excepcionales de una vida, incluso —y tal vez especialmente— en las que son problemáticas. Recuerdo que una vez me visitó, a última hora, una mujer que se aproximaba a los sesenta. Su marido acababa de dejarla después de veinticinco años de matrimonio. No se sentía capaz de seguir adelante. En su familia, repetía, nadie se había divorciado, nunca. ¿Por qué le había sucedido eso a ella? Observé que de todo lo que podría preocuparla en ese momento tan difícil, lo peor era la idea de que ella no era como el resto de su familia. Pensaba que debía de estar pasándole algo grave. Oscuramente, su individualidad se estaba afirmando por mediación de aquella dura prueba. Me imaginé que en realidad aquel podía ser el «propósito» de lo que sucedía: hacerle percibir nítidamente su propio ser, único y especial.

No es accidental que la historia del arte esté llena de imágenes grotescas: crucifixiones retorcidas y sangrientas, cuerpos grácilmente deformados y paisajes surrealistas. A veces, la desviación de lo habitual es una especial revelación de la verdad. En alquimia se denominaba a esto el *opus contra naturam*, un efecto contrario a la naturaleza. Podríamos ver el mismo tipo de rebuscada expresión antinatural en nuestra propia vida. Cuando la normalidad estalla o se disgrega en la locura o en la sombra, antes de correr en busca de refugio, para luego tratar de restablecer el orden familiar, bien podríamos observar de cerca cuál es el significado potencial de lo que está sucediendo. Si vamos a contemplar con curiosidad el alma, es probable que necesitemos explorar sus desviaciones, su perversa tendencia a contradecir expectativas. Y, como corolario, bien podríamos desconfiar de la normalidad. Una fachada de normalidad puede ocultar muchísima desviación, y además es muy fácil reconocer la ausencia de alma en la estandarización de la experiencia.

El cuidado y la cura

Una diferencia importante entre cuidado y cura es que esta última palabra implica el final de la pesadumbre o de la aflicción. Si estás curado, ya no tienes que seguir preocupándote por lo que te molestaba. Pero el cuidado tiene un sentido de atención que se mantiene. En él no hay final. Es probable que los conflictos no lleguen nunca a resolverse del todo. Nuestro carácter jamás cambiará radicalmente, aunque pueda pasar por algunas transformaciones interesantes.

Ciertamente, la forma de percibir los problemas puede cambiar, pero es probable que ellos en sí persistan y jamás desaparezcan.

Nuestro trabajo en psicología cambiaría notablemente si empezáramos a considerarlo más como un cuidado que se prolonga, que como la búsqueda de una cura. Podríamos tomarnos tiempo para observar y escuchar, a medida que poco a poco se van revelando los misterios más profundos que se ocultan en el torbellino cotidiano. Los problemas y los obstáculos ofrecen una oportunidad para la reflexión que de otra manera quedaría excluida por la rutinaria rapidez de la vida. Cuando nos detenemos a considerar lo que nos está sucediendo y de qué estamos hechos, el alma fermenta, por decirlo con un término alquímico. Se producen cambios, pero no de acuerdo con un plan ni como resultado de la intervención intencional. Si cuidamos del alma con suficiente atención y con una imaginación instruida y resuelta, los cambios se producen sin que los percibamos hasta que ya han terminado y están bien establecidos. El cuidado del alma revela la paradoja en virtud de la cual una búsqueda tenaz y enérgica del cambio puede, en realidad, ser un obstáculo interpuesto en el camino hacia una transformación sustancial.

La psicología antigua, arraigada en un terreno muy diferente del que abona el moderno pensamiento terapéutico, sostenía que el destino y el carácter de cada uno de nosotros nacen en el misterio, que nuestra individualidad es tan profunda y se halla tan oculta que se necesita más de una vida para que pueda emerger la identidad. Los médicos renacentistas decían que la esencia de cada persona se origina como una estrella en los cielos. Es notable la diferencia entre esto y la visión moderna, para la cual la persona se hace a sí misma.

El cuidado del alma, que vuelve la vista hacia atrás para buscar, con especial consideración, una orientación y una guía en las psicologías de antaño, trasciende la mitología secular del sí mismo para recuperar el sentimiento de que cada vida individual es sagrada. Esta cualidad no es solamente un valor —todas las vidas son importantes—, sino también el misterio insondable que es la simiente misma y el corazón de cada individuo. Las manipulaciones terapéuticas superficiales, cuyo objetivo es restaurar la normalidad u orientar una vida de acuerdo con ciertas normas, reducen —encogen— ese profundo misterio a las pálidas dimensiones de un común denominador social llamado «personalidad adaptada». El cuidado del alma ve una realidad totalmente distinta. Aprecia el misterio del sufrimiento humano y no ofrece a nadie la falsa ilusión de una vida libre de problemas. Ve cada caída en la ignorancia y en la confusión como una oportunidad de descubrir que la bestia que reside en el centro del laberinto es, además, un ángel. La peculiaridad de una persona está hecha tanto de lo insano y lo retorcido como de lo racional y lo normal. Aproximarse a este paradójico punto de tensión, donde la adaptación y la anormalidad coinciden, es acercarse a la realización de nuestra naturaleza llena de misterio, nacida de los astros.

Es evidente que el cuidado del alma exige un lenguaje diferente del que usan la terapia y la psicología académica. Como la alquimia, es un arte, y por lo tanto sólo puede expresarse en imágenes poéticas. La mitología, las bellas artes, todas las religiones del mundo y los sueños nos proporcionan una serie de imágenes inapreciables por cuya mediación se revelan y se contienen, simultáneamente, los misterios del alma. En busca de orientación podemos volvernos también hacia muchos expertos diferentes, especialmente indagadores del alma de orientación poética como son los mitógrafos y los trágicos de la antigüedad, los médicos del Renacimiento, los poetas románticos y nuestros modernos psicólogos de la profundidad, que respetan el misterio de la vida humana y se resisten a la secularización de la experiencia. Es necesario tener amplitud de visión para saber que en el corazón de cada ser humano se alojan un trozo del cielo y un fragmento de la tierra, y que si vamos a cuidar de ese corazón tendremos que conocer tanto el cielo y la tierra como el comportamiento humano. Éste es exactamente el consejo de Paracelso,[2] el doctor del Renacimiento: «Si el médico entiende las cosas exactamente y ve y reconoce todas las enfermedades en el macrocosmos externo al hombre, y si tiene una idea clara del hombre y de su naturaleza entera, entonces y sólo entonces es un médico. Entonces puede aproximarse al interior del hombre; puede examinarle la orina, tomarle el pulso, y comprender a dónde pertenece cada cosa. Esto no sería posible sin un conocimiento profundo del hombre externo, que no es sino el cielo y la tierra».

Los griegos contaban la historia del minotauro, el hombre con cabeza de toro que comía carne humana y vivía en el centro del laberinto. A pesar de ser una bestia amenazadora, su nombre era Asterión, que significa Estrella. Con frecuencia pienso en esta paradoja mientras estoy junto a alguien con lágrimas en los ojos, que busca alguna manera de enfrentarse con una muerte, un divorcio o una depresión. Lo que se agita en el centro mismo de su ser es una bestia, pero es también la estrella de su naturaleza más íntima. Tenemos que cuidar con suma reverencia de este sufrimiento, de modo que el miedo y la cólera que nos provoca la bestia no nos hagan perder de vista a la estrella.

II

EL CUIDADO DEL ALMA EN LA VIDA COTIDIANA

Naturaleza y Dios: ni a la Una ni al Otro conocía,
y sin embargo ambos tan bien me conocían
que se estremecieron, como Ejecutores de Mi identidad.

EMILY DICKINSON

2

El mito de la familia y de la infancia

«La eternidad está enamorada de las producciones del tiempo», dice William Blake. El alma prospera en un medio que es concreto, particular y vernáculo. Se nutre de los detalles de la vida, de su diversidad, sus caprichos y sus peculiaridades. Por lo tanto, nada es más adecuado que la familia para el cuidado del alma, porque la experiencia familiar incluye muchas de las peculiaridades de la vida. En la familia compartimos la intimidad con personas con quienes tal vez de otra manera ni siquiera querríamos hablar. Con el tiempo, llegamos a conocerlas íntimamente; aprendemos sus hábitos y características más minúsculos y privados. La vida de familia está llena de crisis mayores y menores —los altibajos de la salud, el éxito y el fracaso en la carrera profesional, el matrimonio y el divorcio— y de toda clase de personajes. Está vinculada con lugares, acontecimientos e historias. Con el sentimiento de todas estas particularidades, la vida se va grabando en la memoria y en la personalidad. Es difícil imaginarse algo que alimente más al alma.

Cuando en la sociedad van mal las cosas, inmediatamente indagamos cuál es el estado de la familia. Vemos la sociedad desgarrada por el crimen, y clamamos: «Ojalá pudiéramos regresar a los buenos tiempos de antaño, cuando la familia era sagrada». Pero, ¿eran tan buenos los buenos tiempos de antaño? La familia, ¿estuvo alguna vez libre de violencia? Muchas personas que hoy acuden a terapia se criaron en la llamada edad de oro de la familia, y sin embargo hablan de malos tratos, desatención, presiones y exigencias moralistas aterradoras. Si se mira este asunto fríamente, se ve que en cualquier época la familia es a la vez buena y mala; ofrece apoyo, pero también amenaza. Por eso es tan frecuente que los adultos se muestren ambivalentes cuando se trata de visitar a su familia y pasar un tiempo con ella: desean las gratificaciones emocionales que proporciona el sentimiento de conexión, pero también quieren mantener la distancia con los recuerdos dolorosos y las relaciones difíciles.

A los profesionales de hoy les preocupa la «familia disfuncional», pero en alguna medida todas las familias son disfuncionales. Ninguna es perfecta, y la mayoría tienen problemas graves. Una familia es un microcosmos que refleja la naturaleza del mundo, que se nutre tanto de la virtud como del mal. En ocasiones podemos sentir la tentación de imaginar a la familia llena de inocencia y de buena voluntad, pero la realidad de la vida familiar se resiste a semejante romanticismo. Generalmente, presenta la gama completa del potencial humano, que incluye la maldad, el odio, la violencia, la confusión sexual y la locura. Dicho de otra manera: la verdadera dinámica de la vida familiar revela la complejidad y la imprevisibilidad del alma, y cualquier intento de tender un piadoso velo de sentimentalismo simplista sobre la familia está condenado al fracaso.

Cuando veo la partícula «dis» en la palabra «disfuncional», pienso en «Dis», el nombre que daban los romanos al mundo mitológico subterráneo. El alma entra en la vida desde abajo, por las rendijas, encontrando una brecha hacia la vida en los puntos donde el buen funcionamiento se desbarata. Nosotros llevamos las Dis-funciones de la familia a la consulta terapéutica como problemas que hay resolver o como explicaciones de las dificultades que experimentamos porque intuitivamente sabemos que la familia es una de las principales moradas del alma. En psicología se habla mucho de la familia, y la «terapia familiar» se ha convertido en una de las principales formas de asesoramiento psicológico. Tenemos la esperanza de que si «encontramos las raíces» de los problemas actuales en los antecedentes familiares, comprenderemos lo que está sucediendo, y de este modo esperamos encontrar una cura. Pero el cuidado del alma no necesita arreglar la familia, ni liberarse de ella ni interpretar su patología. Es probable que necesitemos simplemente recuperar alma, reflexionando en profundidad sobre los acontecimientos del alma que se han producido en el crisol de la familia.

Según la Biblia, Adán fue formado del fango de la tierra. Su origen, pues —es decir, su «familia»—, era terreno húmedo, sucio, incluso cenagoso. A partir de Adán, desde nuestras mismas raíces, no hemos sido forjados con luz ni con fuego; somos hijos del barro. Los estudiosos dicen que «Adán» significa tierra roja. Nuestra propia familia resume ese origen mítico de nuestra condición humana manteniéndose próxima a la tierra, siendo común y corriente, un verdadero herbazal de debilidades humanas. Al estudiar las mitologías del mundo, siempre nos encontramos con personajes malignos y con alguna especie de mundo subterráneo; lo mismo pasa con la familia, que siempre tiene su sombra, por mucho que deseemos lo contrario. Su funcionamiento está siempre manchado por Dis. Si no entendemos este misterio, la plenitud de alma que la familia tiene para ofrecernos a cada uno de nosotros se volatilizará en una nube de conceptos higiénicos de lo que *debería* ser. La imagen sentimental de la familia que presentamos en público es una defensa contra el dolor de proclamar lo que verdaderamente es: una morada, a veces reconfortante, otras devastadora, de la vida y del recuerdo.

En cierto nivel, entonces, no importa que nuestra familia haya sido relativamente feliz, capaz de brindar consuelo y apoyo, o que en ella haya habido malos tratos y desatención. No quiero decir que estos fallos no sean importantes y dolorosos, ni que no dejen tremendas cicatrices. En un nivel profundo, sin embargo, donde la familia es más auténticamente familia es en su complejidad, que incluye sus fallos y debilidades. En mi propia familia, el tío que era mi fuente ideal de sabiduría y de moral era también el que bebía en exceso y escandalizaba a los demás negándose a ir a la iglesia. En mi profesión he trabajado con muchos hombres y mujeres cuya familia era intolerablemente violenta y grosera, y sin embargo, todo aquel dolor se ha podido redimir, ha podido convertirse en fuente de una enorme transformación y de mucha sabiduría. Cuando encaramos la familia desde el punto de vista del alma, aceptando sus sombras y su incapacidad de responder a nuestras expectativas idealistas, nos enfrentamos con misterios que se resisten a nuestro moralismo y sentimentalismo, y que nos hacen bajar a la tierra, donde el principio cede el paso a la vida, con toda su belleza y todo su horror.

γ

La palabra «familia» tiene muchos significados, que dependen del contexto. El sociólogo la considera como un grupo social o constructo. El psicólogo se la imagina como una fuente de donde fluye la personalidad. El político habla de ella de manera idealizada, usando el concepto de familia para representar su programa y sus valores tradicionales. Pero todos conocemos a la familia en sus detalles. Es el nido donde nace el alma, donde se la alimenta y desde donde se la deja en libertad para entrar en la vida. Tiene una historia y una genealogía complejas, y una red de personalidades imprevisibles: abuelos, tíos, tías, primos... Las historias nos hablan de épocas felices y de tragedias. Tiene momentos de orgullo y alberga oscuros secretos. Y junto a sus valores manifiestos y su imagen cuidadosamente construida están, también, sus locuras y transgresiones secretas.

Es notable la frecuencia con que la vivencia de la familia se da en dos niveles: la fachada de felicidad y normalidad, y entre bambalinas, la realidad de la locura y de los malos tratos. A lo largo de años he oído muchos relatos de familias que superficialmente muestran una perfección de álbum de fotos: las salidas de campamento, las cenas de los domingos, viajes, regalos y juegos. Pero por debajo de todo esto está el padre distante, el alcoholismo escondido, el abuso de una hermana y la violencia de medianoche. La televisión presenta esta bifurcación con sus series de familias idealizadas y triunfadoras seguidas en los telediarios por la visión de los abusos y el salvajismo en la familia. Algunas personas creen en las imágenes de normalidad y mantienen en secreto la corrupción de su propia familia, deseando haber nacido en otra parte, en una tierra de bienaventuranza. Pero la recuperación del alma se inicia cuando podemos sentir profundamente nuestro propio destino familiar y encontrar en él la materia prima, la *prima materia* alquímica para nuestro propio trabajo con el alma.

Con este propósito, la llamada «terapia familiar» podría consistir simplemente en explicar una serie de historias de la vida de familia, libre de cualquier preocupación por la causa y el efecto o por la influencia sociológica. Estas historias generan una magnífica mitología local y personal. La familia es para el individuo lo que los orígenes de la vida humana son para nuestra especie. Su historia proporciona una matriz de imágenes que luego impregnan a la persona durante toda su vida adulta. Lo que son para la sociedad las mitologías griega, cristiana, judía, islámica, hindú y africana —su mitología formativa— son para el individuo las historias de la familia, las buenas y las malas. Al hablar de la familia, nos referimos a personajes y a temas que se han entretejido para formar nuestra identidad, y que constituyen una intrincada textura. Podríamos imaginar la terapia familiar más como un proceso de exploración de la complejidad de nuestro sentimiento de la vida que como un intento de simplificarla y hacerla inteligible. El cuidado del alma no tiene nada que ver con entender, elaborar y mejorar; resucita, más bien, las imágenes de la vida familiar como un enriquecimiento de la identidad.

Para cuidar el alma de la familia es necesario pasar del pensamiento causal a una apreciación de las historias y los personajes, permitir que abuelos y tíos se transformen en figuras míticas y estar atentos a cómo ciertos relatos propios de la familia van adquiriendo carácter de paradigma gracias a la narración repetitiva. Estamos tan afectados por el tono científico adoptado en la educación y en los medios de comunicación que, sin pensarlo, nos hemos vuelto antropólogos y sociólogos en nuestra propia familia. Con frecuencia le pregunto a un paciente por su familia, y la respuesta que obtengo es pura psicología social: «Mi padre bebía, y como hijo de alcohólico, yo tengo tendencia a...». En vez de historias, oigo análisis. A la familia se la ha «anestesiado sobre una mesa».* Peor aún es el asistente social o el psicólogo que para hablar de un paciente empieza con una monótona enumeración de sus influencias sociales: «El sujeto es un hombre criado en una familia judeocristiana, con una madre narcisista y un padre codependiente». El alma de la familia se evapora en el aire enrarecido de esta clase de simplificación. Se requiere suma diligencia y capacidad de concentración para pensar de otra manera en la familia: para apreciar tanto su sombra como su virtud y dejar simplemente que se nos cuenten historias sin incurrir en interpretaciones, análisis y conclusiones. Los profesionales piensan que su trabajo consiste en entender y corregir a la familia sin dejarse introducir plenamente en su genio, es decir, en su peculiar espíritu formativo.

Si observáramos el alma de la familia escuchando respetuosamente sus historias sin escapar de su sombra, quizá no nos sentiríamos determinados de forma tan ineludible por las influencias familiares. Fuertemente influidos por la psicología evolutiva, suponemos que ineluctablemente somos aquello que somos a causa de la familia en que crecimos. ¿Y si pensáramos en ella no tanto como la influencia determinante que nos configura, sino más bien como la materia prima a partir de la cual podemos construir una vida? En terapia, cuando oigo hablar de los abusos de un padre o de un tío, generalmente pido detalles sobre su vida. ¿Qué historia hay detrás de esa violencia? ¿Qué hacían mientras tanto los otros miembros de la familia? ¿Cuáles son las historias que cuentan, y qué secretos albergan?

* T. S. Eliot, «La canción de amor de J. Alfred Prufrock», en *T. S. Eliot, Poesías reunidas 1909-1962*, trad. de José María Valverde, Alianza, Madrid, 6.ª ed., 1993. *(N. del E.)*

Una vez me consultó David, un hombre joven que se quejaba de no poder entenderse con su madre. Digo que era un hombre joven porque su característica más notable era su «eterna juventud». Cuando lo conocí tenía veintiocho años y representaba unos dieciséis. Vivía solo en un apartamento, pero se pasaba los fines de semana «en casa» con su madre. Sin embargo, cuando estaba en casa, ella siempre se metía en sus asuntos, diciéndole cómo tenía que vivir y empeñándose en hacer que limpiara su habitación. Estaba divorciada desde hacía varios años y solía repetirle:

—Eres igual que tu padre.

Le pregunté si realmente era igual que su padre y me miró sorprendido.

—El problema es mi madre, no mi padre —dijo.

—De todas maneras, hábleme de su padre —insistí.

—Jamás sentará cabeza. Yo raras veces lo veo, y nuestros encuentros son fugaces. Siempre está de viaje y siempre con una mujer nueva.

—Y usted, ¿es igual que su padre?

—No, ni siquiera hay una mujer en mi vida.

—¿Ni siquiera una?

—Bueno, sí, mi madre.

Y después dijo algo que oigo muy a menudo:

—No quiero ser como mi padre.

Quizás sufrimos por causa de los excesos de nuestro padre, de nuestra madre o de ambos, y decidimos que no vamos a ser como ellos. Hacemos toda clase de esfuerzos para evitar la influencia parental. Pero huir de esta influencia y de la identificación con nuestros padres constituye una forma segura de que nos convirtamos en una copia fiel de ellos: es el retorno de lo reprimido. Generalmente, cuando no escatimamos esfuerzos para no ser como nuestra madre o como nuestro padre, hay cierta característica precisa que es la que queremos evitar, porque demasiado la hemos sufrido como hijos. Pero la represión tiende a los grandes trazos; no funciona con mucha precisión en su trabajo de liberar a la personalidad de una característica concreta no deseada. David trataba de no ser como su padre. Por ello no quería tener muchas relaciones íntimas, y el resultado era que no tenía ninguna. No quería vagabundear sin sentido por el mundo, y acababa no alejándose mucho de casa. No quería ser como su padre, y en su vida no había muchas muestras de rasgos paternales.

Le hablé de su padre sin formular las críticas ni los juicios que él hacía continuamente y que mantenían la escisión entre su afecto por su madre y su afecto por su padre. Lo alenté a que me contara cosas de éste, y con el tiempo fue apareciendo la complicada imagen de un hombre que había tenido una infancia muy semejante a la de David. Pese al aspecto neurótico de los vagabundeos del padre, empezamos a encontrarles sentido. David hizo algunos esfuerzos por encontrarse con su padre y hablar con él de sus experiencias. Después descubrimos que el padre también intentaba mantener la distancia con su hijo. Finalmente, motivado en parte, creo, por un nuevo interés en la vida de su padre, David insistió en el contacto y el diálogo.

Al no cortar el contacto con su padre, pudo tener una visión más directa de él. Le gustara o no, el espíritu de su padre estaba en él. A partir de ese espíritu podía construirse una vida. Ya no tendría que seguir empobreciéndose debido a sus esfuerzos negativos por mantenerse incontaminado por el mito de la familia. En general, cuando tratamos de escapar de las «disfunciones» familiares caemos en complicadas y paradójicas marañas. El deseo de escapar puede estar contrapesado por una sujeción implacable a la familia, por ejemplo, por la suposición inconsciente de que el hogar es donde está mamá.

Un reingreso en la familia, para abrazar lo que antes se rechazó, conduce con frecuencia a una inesperada alquimia en virtud de la cual hasta las relaciones familiares más difíciles cambian lo suficiente para que la diferencia sea significativa. Los esfuerzos heroicos por hacer que las familias funcionen de acuerdo con alguna norma se interponen en el camino de esa alquimia. Cuando se cuida del alma, generalmente lo mejor es atenerse a lo que hay y dejar que la imaginación se mueva, en vez de formular deseos vacíos o de tratar de lograr cambios heroicos. Aunque hablemos de ella como si fuera una simple realidad literal, la familia es siempre lo que nos *imaginamos* que es. Y nuestra imagen de ella puede cambiar y profundizarse durante cierto tiempo y liberar aspectos del alma que el resentimiento y la rigidez han mantenido inmovilizados. Estoy convencido de que las historias de David sobre su padre y su madre tuvieron un efecto en su relación con ellos. Su nueva imagen, más profunda, le permitió ir más allá de sus anteriores opiniones fijas, de tal modo que pudo reconectarse con su madre y su padre de una forma que hasta entonces no había conocido. Seguían siendo las mismas personas, pero David encontró una nueva manera de ser menos autoprotectora y, por consiguiente, más abierta hacia sus padres.

γ

Cuando contamos cosas sobre la familia sin juzgar ni analizar instantáneamente, las personas reales se convierten en personajes de un drama, y los episodios aislados se revelan como los temas de una gran saga. La historia familiar se transforma en mito. Lo sepamos o no, nuestras ideas sobre la familia están arraigadas en la manera que tenemos de imaginarla. Esa familia personal que parece tan concreta es siempre una entidad de la imaginación. Parte de nuestro trabajo alquímico con el alma es extraer el mito de los detalles concretos de la historia familiar y del recuerdo, siguiendo el principio de que el incremento de imaginación es siempre un incremento de alma.

Sin dejar de tener presente este principio, quiero mirar a los miembros de la familia como figuras de la imaginación, y ofrecer algunas sugerencias para encontrar los mitos en los papeles que usualmente se representan en la vida familiar. Para cada individuo, el mito será diferente, y sin embargo, ciertas características son constantes. Cada miembro de la familia evoca la familia arquetípica, el mito en la vida cotidiana. Las imágenes del padre, la madre y el hijo son amplísimas, de modo que sólo puedo dar algunas pistas con el fin de desarrollar una imaginería familiar, entre ellas algunas referencias a la literatura y a la mitología que ofrecen una vía para llegar a comprender más a la familia a partir de lo imaginado.

El padre

Uno de los relatos míticos más extraordinarios de nuestro pasado colectivo, una historia tan sagrada como cualquiera de la literatura religiosa, nos habla de un hombre que intenta reivindicar su paternidad, de una mujer que añora a su marido y de un hijo que sale en busca del padre perdido. Al comienzo de la *Odisea* de Homero, Ulises está sentado en la playa en mitad de sus no planeados viajes tras una guerra larga y difícil, deseando estar en casa con su hijo, su padre y la madre de sus hijos. Con nostalgia y melancolía formula la famosa pregunta: «¿Alguna persona hay que sepa quién es su padre?», interrogante que muchos hombres y mujeres se plantean de diversas maneras. Si mi padre ha muerto, o si se mostraba ausente y frío, o si era un tirano, o si me maltrataba, o si era maravilloso pero ahora no está por mí, entonces, ¿quién es mi padre ahora? ¿De dónde saco esos sentimientos de protección, autoridad, confianza, experiencia y sabiduría que necesito para vivir? ¿Cómo puedo evocar un mito paternal de una manera que dé a mi vida la orientación que necesita?

La historia de Ulises nos da muchas pistas para encontrar a ese padre esquivo. Sin embargo, no comienza, tal como se podría esperar, con las penurias y aventuras del padre, sino con el hijo, Telémaco, aturdido por el caos que provocan en su casa los pretendientes que se disputan el afecto de su madre. El relato nos da primero una imagen de la «neurosis del padre ausente». Sin el padre hay caos, conflicto y tristeza. Por otra parte, al empezar por la desdicha de Telémaco, el relato nos enseña que la vivencia del padre incluye su ausencia y el anhelo de su regreso. Porque en el momento preciso en que Telémaco se lamenta de su situación, Ulises está en otra playa del mismo mar, padeciendo por la misma separación. Si entendemos la *Odisea* como una de las historias de la paternidad del alma, entonces, en el momento preciso en que sentimos la confusión de una vida sin padre y queremos saber dónde puede estar, el padre ha sido evocado. Cuando nos preguntamos dónde se encuentra, él está hallando el camino de regreso.

Durante ese tiempo de separación, nos cuenta Homero, Penélope, la mujer de Ulises, está en casa tejiendo un sudario para el padre de su esposo, y cada noche desteje lo que ha tejido durante el día. Este es el gran misterio del alma: cada vez que se está haciendo algo, también en algún sentido se lo está deshaciendo. Un hombre de treinta años con quien trabajé, que tenía una relación muy conflictiva con su padre y a quien le resultaba difícil ser el padre en su propia vida, me contó un sueño en que su padre lo abrazaba y le pedía que se quedara con él; el hijo decía que tenía demasiado que hacer y que tenía que irse. Más tarde, llegaba su hermano y se llevaba todas sus pertenencias. Me pareció que en el sueño había una relación entre los signos de reconciliación con el padre y la pérdida de sus pertenencias, un motivo no muy alejado de los temas de la *Odisea*. A veces puede ocurrir que tengamos que sentir la ausencia y el vacío para poder evocar al padre.

De modo similar, hay algo de frustrante en la idea misma de la *Odisea*. ¿Por qué los dioses no miran compasivamente a esta familia deshecha y permiten que Ulises llegue directamente a casa? ¿Qué posible valor tiene ese padre que se pasa diez años en el mar, contando sus historias y sobreviviendo a sus arriesgadas aventuras, antes de poder finalmente volver al hogar y restablecer la paz? La única respuesta que se me ocurre es que ese viaje largo, peligroso y lleno de aventuras es el proceso por el cual se llega a ser padre. El regreso de Ulises a su familia es análogo a los relatos gnósticos del alma que desciende a la Tierra pasando por los planetas y recogiendo en el trayecto los rasgos que necesitará para la vida humana. ¿Quién es mi padre? No lo sabré hasta que el alma haya concluido su odisea y regrese con sus historias de amor, sexo, muerte, riesgo y supervivencia. Si estoy sintiendo la ausencia de la paternidad en mi vida, es probable que tenga que renunciar al proyecto de imponérsela a mi carácter y que tenga, en cambio, que abrirme a mi propia odisea, que no he planeado ni controlo.

En muchas culturas tradicionales una persona se hace adulta oyendo las historias secretas de la comunidad que se han transmitido a lo largo de generaciones. Los ancianos dan instrucciones y enseñan los elementos del ritual y del arte. Alce Negro describe detalladamente este proceso en sus recuerdos de los *sioux* de Oglala. A veces el neófito tiene que soportar pruebas terribles destinadas a sacar fuera al adulto. El objetivo es conmover tan profundamente al joven que su carácter experimente una transformación decisiva.

Ulises pasa por muchas pruebas, hasta tal punto que su historia parece exactamente la de una iniciación en la paternidad. De los lotófagos aprende a no vivir de una dieta de flores, y de los cíclopes a no vivir sin ley y sin cultura. Las hechiceras Circe y Calipso lo inician en el amor. Lo más destacado de su viaje es una visita al reino de los muertos, donde encuentra a amigos recientemente desaparecidos, a su madre, al profeta ciego Tiresias, y a otras grandes figuras de su historia. La verdadera paternidad no es evocada por la fuerza del músculo, sino por la iniciación en la familia y en la cultura, de manera profunda y transformadora. También puede requerir una visita a nuestras propias profundidades y una conversación con figuras del recuerdo, tanto personal como cultural. Cuando se la imparte con la suficiente profundidad, la educación en historia y literatura puede hacer buenos padres.

Si el padre parece ausente en las familias de hoy, eso puede deberse a que está ausente en la sociedad como figura del alma. Hemos reemplazado la sabiduría secreta por la información, y ésta no evoca la paternidad ni efectúa la iniciación. Si la educación hablara al alma tanto como a la mente, entonces podríamos construir la paternidad mediante nuestro aprendizaje. Lejos de visitar el reino de los muertos, con demasiada frecuencia queremos olvidarlos, a ellos y a la carga de sus vidas. Nuestras detalladísimas investigaciones de los asesinatos de los Kennedy y de Martin Luther King se centran en los hechos y en una solución de los casos, con lo cual se desvía la atención de lo que significaron estos asesinatos. Sin embargo, la *Odisea* da a entender que si no visitamos el reino de los muertos con reverencia y ánimo iniciático, no tendremos en nuestra alma colectiva una paternidad que nos sostenga. Sin ese profundo espíritu del padre, nos quedamos con sustitutos paternos: con personas dispuestas a desempeñar este papel en beneficio propio, exhibiendo los símbolos superficiales de la paternidad, pero no el alma del padre.

No quiero decir simplemente que para evocar al padre se haya de tener experiencia de la vida. Ulises no la tiene; está lejos de la vida. Se pasa todo el tiempo coqueteando con una diosa hechicera, engañando astutamente a monstruos diversos y viajando a los infiernos. Una auténtica odisea no tiene nada que ver con acumular experiencias. Es un viaje del alma, hondamente sentido, peligroso, imprevisible. Un padre es alguien cuya visión y cuyo conocimiento están arraigados en el mundo subterráneo, que está ligado con sus ancestros, aquellos que lo han precedido y han creado la cultura que él toma ahora en sus manos. La orientación de la sabiduría y la sensibilidad moral de un padre proviene de voces que ya no están en la vida. Sus iniciadores son a la vez esos padres en sentido literal, que han creado la cultura, y sus propias reflexiones más profundas.

Esta paternidad del alma es un rostro de lo que Jung llamaba *animus*, que puede ser el espíritu del padre, presente tanto en hombres como en mujeres, familias, organizaciones, lugares o naciones. Una nación podría aventurarse en una odisea, y en el proceso encontrar un principio paterno que le proporcione autoridad y dirección. El hecho de que Telémaco se encuentre en el mismo mar donde tiene lugar la iniciación de su padre sugiere que si hemos de unirnos con el espíritu que se está convirtiendo en padre, también nosotros —identificados con el hijo que siente la ausencia del padre— tenemos que entrar en ese mismo mar no cartografiado de la odisea. Hemos de atrevernos a experimentar lo desconocido, exponernos a influencias inesperadas que pueden incidir en el alma. Más adelante veremos cómo Tristán, hijo y amante, tiene que abandonarse al mar para encontrar el amor.

El problema de algunas terapias y psicologías modernas es que apuntan a objetivos conocidos: fantasías de normalidad o valores incuestionados. Una psicóloga dice que la gente necesita ser potenciada; esa es su definición de la salud. Pero también hay ocasiones en que quizá necesitamos ser débiles, impotentes y vulnerables, y estar abiertos a la experiencia como lo fueron y lo estuvieron Ulises y Tristán; ambos recurrieron más bien a su ingenio que a sus músculos. Otro psicólogo dice que la gente necesita ser capaz de tener relaciones de intimidad, que este es el objetivo final. Pero el alma también necesita soledad e individualidad.

Los objetivos enunciados por estos terapeutas son monolíticos y monárquicos. Al concentrarnos en un único valor, nos cerramos, y excluimos muchas otras posibilidades que pueden parecer contrarias a la escogida. En este sentido, la imagen de la odisea sirve al alma multifacética. Le ofrece una actitud de apertura ante el descubrimiento, y de confianza en movimientos que no nos proponemos y ni siquiera esperamos. El mar es el destino, el mundo donde hemos nacido. Es único e individual, siempre desconocido, abundante en peligros, placeres y oportunidades. Cada cual llega a ser el padre de su propia vida cuando se relaciona íntimamente con él y se atreve a atravesar sus aguas.

Estoy hablando aquí de una figura profunda del padre, que se instala en el alma del individuo para proporcionarle un sentimiento de autoridad, de que es el autor de su propia vida, el cabeza de familia en sus propios asuntos. La *Odisea* añade a este proceso un tema interesante. Mientras Ulises está lejos, entregado a su preparación para la paternidad, en su hogar tiene un sustituto cuyo nombre es Mentor, que se ocupa de la casa y de enseñar a Telémaco. En nuestra vida puede haber dos clases de figuras paternas: sustitutos que sintomáticamente desempeñan con nosotros el papel de padre, pero que interfieren en nuestra propia odisea, o bien figuras paternas que son verdaderos mentores y que promueven el proceso profundo de la paternidad al entender la limitación de su función y no usurpar para sí mismos, aun cuando enseñen y guíen, el papel del padre. Algunos maestros dan la impresión de no entender la necesidad de sus discípulos de vivir una odisea e ir descubriendo su propia condición de padres. Esperan que sean una copia fiel de sus maestros y que profesen los mismos valores y manejen la misma información. Algunos líderes del mundo empresarial y de la política consideran que su papel en la sociedad consiste más bien en promover su propia ideología personal que en servir como auténticos mentores; no entienden que el pueblo debe vivir su propia odisea colectiva para evocar en el nivel social una paternidad llena de alma. Se requiere una auténtica sabiduría para ser un mentor, y el placer que se siente al serlo proviene más bien de inculcar la paternidad que de encarnarla.

Así como la Biblia nos da una imagen de un padre que está en los cielos, la *Odisea* nos habla del padre que está en el mar. Mientras éste se va configurando y va buscando la iluminación «en el mar», necesitamos mentores, figuras paternas que mantengan viva en nosotros la idea del padre. No creo que sirva de mucho pensar que las figuras paternas son «proyecciones» sobre ciertas personas de nuestras propias expectativas referentes al padre. Sería mejor pensar en estas personas significativas como mentores o como representantes del padre que está siempre —eternamente— en el profundo mar, creando su paternidad. Estamos muy necesitados de figuras paternas, de personas que puedan mantenernos en contacto con —o estimular en nuestro interior— ese profundo principio que hay en el alma y que nos proporciona orientación y sabiduría. En este sentido, la «imagen» de nuestros senadores y presidentes es para la sociedad tan importante como sus logros, o quizá más. Y al decir imagen no me refiero a la figura publicitaria que intentan presentar, sino más bien a la fantasía —mucho más profunda y, debido a su paternal autenticidad, más capaz de hacer que todo el mundo se sienta seguro— del líder, el polemista, el consejero y el que toma las decisiones.

Sin padres con plenitud de alma, a nuestra sociedad no le quedan otros guías que la mera razón y la ideología. Entonces padecemos una orfandad colectiva: no tenemos una dirección nacional clara, damos a unos pocos el botín de una economía de abundancia, encontramos sólo algunos raros ejemplos de profunda moralidad, derecho y comunidad; no buscamos la odisea porque preferimos el terreno firme de la opinión y la ideología. Hacerse a la mar es poner en peligro la seguridad, y sin embargo puede ser que esa peligrosa senda sea el único camino para llegar hasta el padre.

Culturalmente, estamos padeciendo también el desmoronamiento del patriarcado. El pensamiento feminista critica con razón la opresión de las mujeres por parte de la largamente establecida dominación masculina, pero ese patriarcado político no es el patriarcado del alma. La palabra «patriarcado» alude a una paternidad absoluta, profunda y arquetípica. Necesitamos un retorno del patriarcado en este sentido más profundo, porque la vacilación entre abrazar un modelo paternal sintomático y opresivo por un lado y criticarlo por el otro no nos conduce a ninguna parte. En esta condición dividida no encontraremos jamás el espíritu de la paternidad que necesitamos, ni como sociedad ni en nuestra vida individual como hombres y mujeres.

Nuestro mito nos dice que gozaremos de una restauración del padre una vez que nos hayamos separado de la batalla de la vida cotidiana —la guerra troyana de la supervivencia— y vaguemos errantes de isla en isla por el gran mar de la imaginación. Iremos construyendo la figura del padre durante todo el tiempo que estemos entregados a las condiciones climatológicas que nos imponen los dioses como parte de nuestra educación en la geografía y la ciudadanía del alma. Cuidar del proceso de paternidad del alma exige, por lo tanto, que soportemos las vivencias de la ausencia, la vida errante, la nostalgia, la melancolía, la separación, el caos y la profunda aventura. No hay atajo que lleve al padre. En el tiempo del alma hacen falta diez años simbólicos para establecer un sólido sentimiento del padre; es decir que la odisea tiene lugar eternamente. Posee sus finales y sus recompensas, pero está también en continuo progreso. Y en el alma, los períodos se superponen; en parte estamos siempre en el mar, aproximándonos siempre a una isla nueva, regresando siempre a casa con la esperanza de ser reconocidos como el padre después de experiencias de transformación profundamente sentidas.

La Odisea nos enseña que es un desafío evocar al padre profundo y no quedarse satisfecho con sustitutos y papeles sin contenido. No hay camino fácil para llegar al alma ni manera simple de establecer la paternidad. Y sin embargo, sin la orientación y la autoridad del padre mítico, nos quedamos desorientados y descontrolados. En épocas de caos, especialmente, podríamos intensificar y ampliar nuestra plegaria, expresando desde el corazón: «Padre nuestro que estás en los cielos y que estás en el mar, santificado sea tu nombre».

La madre

Los griegos contaban otra historia sobre una familia mítica, un relato hasta tal punto reverenciado que se lo ritualizó en los misterios eleusinos, el gran sacramento en el que se iniciaba a hombres y mujeres en el corazón de la experiencia religiosa. Estos misterios se centraban en la historia de una madre divina, Deméter, que pierde a Perséfone, su amada hija. La importancia que tuvieron ambas en la vida espiritual de la antigua Grecia nos puede convencer de que también la maternidad es un misterio del alma, representado en las relaciones entre una madre y su hija, pero que significa también algo aún más fundamental.

Se puede leer un mito como algo que se refiere simultáneamente a muchos niveles diferentes de la experiencia. La historia de esta madre y su hija la reviven las madres y las hijas actuales, pero actúa también en nuestras relaciones con otras figuras maternales, masculinas o femeninas, o en ocasiones incluso en aquellas instituciones, como las escuelas o las iglesias, que nos sirven de madres. En un plano interno, el relato describe las tensiones que hay entre las dimensiones de nuestra propia alma.

La historia, tal como la encontramos en el antiguo «Himno homérico a Deméter», se inicia cuando Perséfone, estando lejos de su madre, se hallaba cortando flores: rosas, violetas, lirios, jacintos y narcisos. En la tierra, un narciso crecía con un fascinante hechizo. De un colorido maravilloso, nos cuenta el himno, asombraba a todo aquel que lo veía. Tenía cien cabezas, y su fragancia agradaba al cielo, la tierra y el mar.

Perséfone estaba a punto de cortar el narciso cuando la tierra se abrió y se le apareció Hades, quien se la llevó consigo contra su voluntad. Mientras él la obligaba a subir a su carro de oro, Perséfone gritó, pero sólo la oyeron el sol y la luna. Zeus estaba ocupado, y además, dice el himno, aprobaba el rapto. Finalmente, Deméter oyó los lamentos de su hija y «un agudo dolor se apoderó de su corazón». Inmediatamente, despojándose de su tocado y absteniéndose de tomar el alimento y la bebida de los dioses, partió en busca de su hija.

γ

Hades es «El Invisible», el señor de los infiernos, del mundo de los muertos. Suyo es el ámbito de las esencias, de los factores eternos que, aun siendo parte muy importante de la vida, son invisibles. Para los griegos, el mundo subterráneo era el hogar propio del alma, y si hemos de tener profundidad y alma es necesario que tengamos cierta relación con ese mundo, o por lo menos la sensación de encontrarnos, en cierto modo, en casa en él. Como ya vimos, Ulises tuvo que relacionarse con el mundo subterráneo como parte del establecimiento de su paternidad. También Orfeo visitó los infiernos y descubrió que a veces resulta difícil salir de allí. Jesús viajó por la tierra de los muertos en el tiempo que medió entre su muerte y su resurrección, y allí empezó Dante su mística peregrinación. La imagen del «mundo subterráneo», en estos relatos, tiene una relación con la muerte real, pero representa también las profundidades invisibles, misteriosas e insondables de una persona o de una sociedad.

El mito de Perséfone nos informa de que a veces descubrimos el alma y el mundo subterráneo contra nuestra voluntad. Ciertas cosas atractivas del mundo pueden actuar como cebos que nos predisponen a una abrumadora caída en las profundidades del sí mismo. Yo conocí a un hombre que tenía mucho éxito en los negocios y proporcionaba a su familia un nivel de vida realmente excepcional. Un día decidió —cosa que no había hecho nunca— ir a una galería de arte de la ciudad. Quedó especialmente fascinado por algunas fotografías, y sin pensárselo más, decidió hacerse fotógrafo. Vendió su empresa y renunció a sus ingresos. Las fotografías que vio aquel día eran, como el narciso de cien cabezas, hondamente fascinantes; durante aquella visita la tierra se abrió a sus pies y su imaginación quedó cautivada. A su mujer le correspondió el papel de Deméter, la que llora la pérdida de una vida cómoda y familiar, pero para él la fascinación del arte era tal que dejó que toda su vida anterior se desmoronara.

Los padres saben lo fácil que es que sus hijos se dejen atraer por personas y actividades peligrosas que amenazan con llevarlos a lugares sombríos y desconocidos. Para el hijo, el comportamiento antisocial puede ser fascinante, en tanto que desde el punto de vista de los padres puede destruir todos sus esfuerzos por enseñarle una escala de valores y una senda decente en la vida. Podríamos entender la historia de Perséfone como el mito de todos los hijos, y darnos cuenta de que la sensibilidad de éstos a la influencia de personas y lugares oscuros puede ser una manera, peligrosa pero a veces inevitable, de enriquecer su alma.

También he conocido a varias mujeres cuya vivencia de este mito ha sido la de una transformación en su vida. Empezaron como jóvenes ingenuas, igual que Perséfone, pero después cayeron en el hechizo de hombres sospechosos, de un mundo subterráneo de drogas y delincuencia, de una experimentación sexual que antes jamás se les habría ocurrido. Recuerdo que una mujer tuvo una serie de sueños en los que un amenazador hombre sin rostro se ocultaba en la sombra, al pie de la escalera. De joven había sido muy inocente, pero en el curso de dos años cambió, volviéndose más compleja y mundana. Había sido raptada desde dentro de sí misma.

Ya sea que la situación tenga que ver con una madre real y sus problemas con sus hijos, o con cualquier persona que sienta una fuerte atracción emocional hacia las profundidades, la consiguiente pérdida de inocencia puede ser dolorosa y desorientadora. Patricia Berry se refiere a esta aflicción maternal como una forma de depresión simbolizada por el mito de Deméter. El hecho de que la diosa pierda interés en la ropa, la higiene y la comida, imita el retiro de su hija de la vida normal, y la depresión de la madre es simultáneamente una resonancia por simpatía con el destino de la hija y el efecto de su cólera con los dioses que permitieron que aquello sucediera.

Deméter y Perséfone son dos aspectos de un mismo rapto mítico. En nosotros hay algo que se inclina hacia las profundidades, jugueteando con la fascinación narcisista, mientras alguna otra cosa intenta mantenernos en el buen camino, en un mundo de valores familiares y saludables. El amor de Deméter por Perséfone y su insistencia en buscarla permiten que la hija encuentre el país del alma sin perder por completo la vida. Deméter nos muestra la prueba final de la madre: afirmar su apego a su afecto por su hija y su deseo de tenerla cerca, al mismo tiempo que mantiene su lealtad hacia ella mientras la joven pasa por una experiencia de transformación. El relato nos muestra cuál es la profundidad del amor que se le exige a cualquier madre que protege a su hijo, quien, bien lo sabe ella, debe verse expuesto a las tinieblas, y también cuánto es lo que se nos exige a cada uno de nosotros cuando el alma, tentada por peligrosas seducciones, necesita de nuestros maternales afecto y cuidado.

Ya sea que se dé en una familia o dentro de un individuo, toda función maternal está hecha de afectuoso cuidado a la vez que de amargo dolor emocional. El cristianismo nos ofrece la gran imagen de la Virgen María, que es a la vez la *madonna* consoladora y la *mater dolorosa*. En ambas emociones, la madre está próxima al hijo, permitiéndole —a pesar de sentir dolor y angustia— que llegue a ser un individuo al exponerse a la experiencia y al destino.

γ

Es tentador tratar de vivir sin el mundo subterráneo, sin el alma y sin preocuparnos por los elementos misteriosos que conectan con lo espiritual y lo religioso. En el relato, cuando Deméter descubre que Zeus ha aprobado el secuestro de su hija, decide ingresar en el mundo en condición de mortal y toma un trabajo normal, de niñera, en un hogar de Eleusis, un pueblo cerca de Atenas.

Esta aproximación a la normalidad y a la vida humana mundana es, dice Patricia Berry, una defensa contra la atracción de los infiernos. Se expresa en el consejo que ofrecen los amigos cuando algún visitante del mundo subterráneo ha dejado deprimida o alterada a una persona. «Sumérgete en tu trabajo», le dicen. Hasta la psicología profesional recomienda a veces la estrategia de dejarse absorber por los detalles de la vida normal para no ceder al hechizo de «locas» fantasías. Desde el punto de vista de Deméter, el secuestro en las profundidades es una violación atroz. Pero por la complicidad de Zeus sabemos que es también una necesidad. Si Zeus lo aprueba, entonces, lo que está sucediendo, sea lo que fuere, es verdaderamente la voluntad de Dios. Pertenece a la naturaleza de las cosas que nos sintamos atraídos precisamente por las experiencias que nos quitarán la inocencia, nos transformarán la vida y nos darán la profundidad y la complejidad necesarias.

γ

A Deméter le confían la atención de un niño, Demofonte, a quien la diosa cuida, ungiéndolo con ambrosía, dándole su aliento y teniéndolo en brazos, todas imágenes clarísimas de un afectuoso cuidado de la vida humana por parte de la deidad. Por la noche lo purifica con fuego para hacerlo inmortal, hasta que su madre la sorprende y lanza un grito de terror. Deméter se encoleriza con la falta de entendimiento de una simple mortal.

—Tú no sabes distinguir si el destino te está ofreciendo algo bueno o algo malo —le grita.

He aquí un tema básico en esta historia, en la que intervienen Zeus y Hades, el Señor de la Vida y el Señor de la Muerte. Este es un buen consejo de la madre de madres: entiende que a veces las cosas que parecen peligrosas desde el punto de vista de un mortal pueden ser benéficas al contemplarlas desde una perspectiva más amplia.

En la breve temporada en que hace de niñera de un mortal, Deméter nos da otras lecciones sobre la función de la madre, enseñándonos que la maternidad tiene que ver con cuidar, amar y alimentar no sólo de manera humana, sino también de manera divina. Purificar al niño en el fuego es una manera de consumir los elementos humanos para así establecer en él la inmortalidad. No tenemos que entender la «inmortalidad» en el sentido literal de una vida después de la muerte, sino más bien como la eterna profundidad del alma.

Los cuidados maternales de la buena Deméter mantienen al niño en el calor y la pasión de la vida, que inmortalizan y consolidan la plenitud del alma. Ser madre en este sentido no se refiere sólo a los logros y la supervivencia en el nivel físico —el grano y la fruta de Deméter—, sino que tiene que ver también con guiar al niño o a la niña hacia sus propias e ignotas profundidades y hacia el misterio del destino.

En mi práctica profesional frecuentemente me encuentro con hombres y mujeres que se identifican con el arquetipo de la madre. Cada vez que nos identificamos demasiado con una figura arquetípica, nos enredamos en deformaciones, exageraciones y compulsiones. Hay quien pierde por completo su inteligencia y su capacidad de control en presencia de una persona necesitada. Hay quien dice que se casó porque su pareja lo necesitaba mucho. Las mujeres pueden sentirse atraídas por hombres débiles y sensibles, muchachos a quienes la vida no ha madurado; a los hombres puede pasarles lo mismo con mujeres frágiles, que dan la impresión de necesitar una orientación y una protección de tipo maternal. Estos problemas relacionados con un «complejo materno» requieren, además de un sentido más profundo de lo que es la madre, el conocimiento de que muchas veces la mejor forma que tenemos de prestar a otro ser humano una atención maternal no es ser nosotros efectivamente madres, sino encontrar maneras de movilizar en esa persona el impulso maternal.

El mito de Deméter y Perséfone nos enseña que la función materna no es simplemente cuestión de ocuparse de las necesidades inmediatas de otra persona: es un reconocimiento de que cada individuo tiene un carácter y un destino —cualidades del alma— especiales que es preciso salvaguardar incluso a riesgo de perder las habituales certidumbres de la seguridad y la normalidad. Quemar al niño en el fuego del destino y de la experiencia va en contra del natural deseo de protección. El mito nos muestra que hay una diferencia entre el cuidado maternal humano y el divino. Este último tiene una visión más amplia y es una forma profunda del impulso maternal.

γ

En el mito, Deméter muestra entonces su divinidad y pide que se construya un templo en su honor; pasamos de Deméter como niñera mortal a Deméter como deidad reverenciada. A cada persona se la puede estimular a construir de este modo un templo a la madre, de tal manera que la función de madre tal como se da en la vida, en beneficio nuestro y por obra de nuestras propias acciones, sea una evocación de la Gran Madre, una forma de maternidad cuyo alcance es mayor que el de cualquier cuidado maternal humano que pueda darse jamás. En una dimensión práctica, siempre que sintamos que «nos estamos pasando» como madres, y que somos demasiado sensibles a las necesidades de otras personas, puede ser el momento de rendir homenaje a una madre mayor, de evocar el espíritu de Deméter en vez de asumir nosotros ese papel.

Precisamente en este momento del relato —cuando finaliza su papel de niñera mortal— Deméter se niega a permitir que los campos fructifiquen y amenaza con la extinción de la raza humana. En la vida normal, cuando nos iniciamos en los misterios de Deméter, o sea, cuando nos estamos convirtiendo en individuos por obra de un profundo movimiento interior, puede darse en el mundo externo una pérdida de significado y de fecundidad. Normalmente, Deméter es la Madre Naturaleza que nos alimenta y nos viste;

es la diosa de las necesidades de supervivencia y de los placeres del mundo natural. Pero cuando somos prisioneros de este mito, es probable que tales beneficios exteriores disminuyan, mientras que cobran importancia las actividades interiores del mundo subterráneo.

A estas alturas, como el sufrimiento de Deméter es doloroso para todos, Zeus se ve obligado a buscar un arbitraje, para que pueda haber algún compromiso entre las legítimas demandas de Hades y el ardiente deseo de Deméter de que su hija pueda volver a la vida. Llama a Iris, el arco iris, para que pida a Deméter que regrese a su lugar entre los dioses, pero su intento de persuasión fracasa. Zeus, entonces, va enviando uno por uno a todos los dioses, pero ninguno puede convencer a Deméter de que permita fructificar la tierra, hasta que finalmente decide enviar a Hermes, el consumado mediador y árbitro, a pedir ayuda a Hades.

Hades «sonrió hoscamente y no desobedeció las órdenes del rey Zeus». Dijo a Perséfone que volviera con su madre, pero antes, secretamente, le puso en la boca un grano de granada, con lo que se aseguraba de que jamás se liberaría completamente de su dominio: pasaría un tercio del tiempo con él, y el resto con su madre.

Un estudiante me señaló una vez que éstas son las proporciones entre el sueño y la vigilia. Las imágenes internas y las emociones de la noche son cualitativamente diferentes de las del día, y pueden ser particularmente vívidas e inquietantes. A veces, en los sueños placenteros de la noche tenemos algún atisbo del adorable narciso de cien cabezas, cuya belleza trasciende la natural; pero también podemos sentir los terrores de los oscuros dominios subterráneos de Hades. Por lo menos un tercio de la vida, también, parece pertenecer al señor de la muerte, mientras sentimos el dolor de relaciones perdidas, esperanzas que se desvanecen y empresas que se frustran.

Una manera de reconciliar estas intimaciones de la muerte con la vida vibrante de Deméter es recurrir a Hermes, a la «hermenéutica», el arte de leer nuestras experiencias en busca de su poesía. Este punto de vista es capaz de percibir la posibilidad de reconciliar con la vida normal nuestras experiencias de profundidad y oscuridad. De acuerdo con el mito, Hermes puede restablecer la relación entre el alma-madre, que quiere ver prosperar la vida pese a todo, y el alma-hija, cuya inclinación la lleva a alejarse de la vida, en dirección a lo desconocido. Con la ayuda de Hermes, podemos «ver a través» de nuestra autodestructividad y de nuestra depresión, de nuestros flirteos con el peligro y de nuestras adicciones, y preguntarles qué es lo que llevan a cabo en nuestra vida y qué es lo que expresan.

Un problema común de las madres es que suelen estar tan preocupadas por el bienestar de sus hijos, o tan completamente absorbidas por el papel de madre, que les resulta difícil permitir que sus hijos se conviertan en individuos diferentes de ellas. Con frecuencia, también oigo decir a las mujeres que no quieren ser como su madre, y a los hombres que no quieren dejarse dominar por su madre. Si pudiéramos sacar estos problemas fuera del ámbito personal, veríamos el mito de Deméter y Perséfone en funcionamiento. Todos necesitamos encontrar una manera de convertirnos en individuos, descubriendo nuestras propias profundidades e incluso nuestra propia oscuridad, sin desconectarnos de la orientación maternal que llevamos dentro y que nos mantiene en la vida y en la comunidad.

El misterio eleusino es fundamental porque se relaciona con nuestra propia supervivencia, tanto física como psicológica. Llegamos a ser personas pasando por peligrosas experiencias de oscuridad; podemos sobrevivir a estas difíciles iniciaciones. Cualquier iniciación auténtica es siempre un movimiento desde la muerte a una vida nueva. El misterio eleusino da cabida a nuestra resurrección (como Perséfone, como la aparición de la fruta y el cereal en su temporada), desde la profundidad donde se enriquece el alma a una vida larga y abundante. Así como Penélope, la mujer de Ulises, tejió un sudario durante toda la duración de la odisea, el dolor, las actividades neuróticas y la cólera de Deméter acompañan al alma en su visita a los infiernos y, por consiguiente, están a su servicio.

Perséfone era conocida como la reina del mundo subterráneo, y en el arte se la representa sentada en su trono junto a Hades. Allí tiene un eterno lugar de honor, incluso cuando regresa con su madre para contarle, tal como lo haría cualquier hija, todos los detalles de su rapto. El alma necesita establecerse tanto en el reino de los muertos como en la vida.

Es probable que la mayoría de nosotros hayamos pasado por tres o cuatro experiencias como la de Perséfone, y quizás al contarlas incluyamos el tema de la resurrección: «Después de haber pasado por aquella etapa en mi vida, ahora estoy mucho mejor». Lo que nos llevó a superar estos enfrentamientos con Hades fue el profundo sentimiento maternal por la vida, por su continuidad y su fecundidad, que llevamos dentro de nosotros. Un amor tan hondamente arraigado por la vida y sus posibilidades es el don de Deméter, que paradójicamente se intensifica y se establece con mayor solidez en esos mismos momentos en los que se ve gravemente amenazado. Podríamos imitar a los participantes en las grandes celebraciones en honor a Deméter en Eleusis: sostener una espiga de cereal en las manos y recordar que la vida sigue siendo fructífera en un mundo que está continuamente penetrado por todas las formas de la muerte.

El relato sirve también como una meditación sobre la muerte misma. Hades puede llevarnos a su dominio mediante una experiencia de la muerte, ya sea por hacérnosla ver de cerca o por la muerte de un ser querido. Se necesita una profunda afirmación maternal de la vida para permitir que esta experiencia nos afecte, nos relacione con los misterios del mundo subterráneo y después nos envíe de regreso a la vida, ya profundamente cambiados para siempre. Cuando dejamos que las experiencias de la muerte nos toquen y nos conmuevan, volvemos al mundo con los granos de la granada, esa fruta que por fuera parece soleada y entera, y sin embargo por dentro es sumamente compleja y está llena de oscuros granos que recuerdan el mundo subterráneo.

La madre prudente sabe que su hijo sólo puede convertirse en persona si vive este misterio que hace tantos siglos se dramatizaba en Eleusis. No podemos ocultar todos los señuelos que conducen a la disolución. En vano intentamos mantener a nuestros hijos alejados de la contaminación de la muerte, como bien sabemos por la historia de los padres de Buda, que intentaron protegerlo de todo el sufrimiento humano; pero la exigencia de una maternidad plena es que se permita al hijo correr el riesgo. Un concepto profundo de la maternidad abarca la gran capacidad de Deméter de amar a su hija y aun así seguir honrando a los otros dioses, que tienen sus propios designios y sus propias exigencias.

Finalmente, Deméter devuelve la riqueza y la plenitud de la naturaleza, y el cantor de su himno nos recuerda que a Hades se lo conoce también como Plutón, el dios de la riqueza. Tanto Deméter como Plutón enriquecen la vida, aunque lo más frecuente es que la armonía entre ambos nos parezca un enigma. El himno termina con una plegaria que es una petición a la más profunda de todas las madres:

> Señora, que tan grandes dones concedéis,
> que nos traéis las estaciones,
> soberana, Diosa,
> vos y vuestra bellísima hija, Perséfone,
> sed bondadosas y, a cambio de mi poema,
> dadme la clase de vida que mi corazón anhela.

El hijo

En la Iglesia católica, al comienzo de la misa del gallo, el coro salmodia: «*Puer natus est nobis*», «Nos ha nacido un niño». La Navidad es la celebración de Jesús como niño y como divinidad que entra en territorio humano. Este motivo del niño divino es común a muchas religiones, y sugiere no solamente la infancia del Dios, sino también la divinidad de la infancia. Así como la madre mítica es un principio fundamental de toda vida, también el niño divino es un aspecto de toda experiencia. Jung, inspirándose en los relatos mitológicos de la infancia de los héroes, describió al niño del alma, el niño arquetípico, como todo lo que está abandonado y desprotegido, lo que es vulnerable y, sin embargo, divinamente poderoso. Una vez más nos encontramos con la riqueza de la paradoja, con el arquetipo bifronte de un Jano en el que intervienen, en el mismo momento, el poder y la debilidad.

La mitología de muchas culturas nos habla del niño especial, abandonado por sus padres, criado en el yermo o bien por humildes padres adoptivos. En realidad, en el niño hay un aspecto que está totalmente librado a su suerte, en momentos y condiciones en que no cuenta con la protección de un contexto más personal. Sin embargo, este mismo desamparo es lo que permite que el niño se convierta en un ser nuevo y poderoso. El hecho de estar expuestos a la vida es para nosotros, al mismo tiempo, una amenaza y una oportunidad. En los momentos en que nos sentimos particularmente vulnerables, ese niño puede mostrarse en nosotros como alguien indefenso y al mismo tiempo dispuesto a prepararse para un papel especial en la vida.

Algunos psicólogos modernos ven al «niño interior» como una figura de creatividad y espontaneidad, pero el niño de Jung es más complejo. No nos aproximamos a su poder huyendo de su vulnerabilidad, sino reclamándola. Hay un poder especial asociado con la ignorancia y la incapacidad de la figura del niño. Con frecuencia los niños aparecen en los sueños vagando por las calles de una ciudad, abandonados, sin saber a dónde ir ni cómo obtener ayuda. Tal es la condición de la infancia del alma. Al despertar de un sueño de éstos, podemos sentirnos tentados de decidir que jamás estaremos así, perdidos y desorientados. Pero si queremos reconocer al niño, y además cuidar de esta figura sin tratar de «mejorarla», entonces tenemos que encontrar un lugar para el andar errante, la desorientación y el desvalimiento. Todo esto también es el niño.

En uno de sus primeros ensayos sobre el niño, Hillman señala un punto importante: que ante su inferioridad retrocedemos e intentamos transformarla con el bautismo, la educación y el crecimiento. Hillman se muestra en contra de hacer del crecimiento un credo. A veces necesitamos dejar de crecer. Quizá nos haga falta retroceder y regresar. El crecimiento —del que en la actualidad se supone tantas veces, automáticamente, que es un objetivo en la psicología y en la vida en general— puede convertirse en un valor sentimental que pase por alto la necesidad del estancamiento y de cometer errores. No se respeta debidamente al niño si esperamos siempre que se convierta en un adulto, porque un niño no es un adulto.

Día tras día usamos frases que hablan sutilmente en contra del niño. «Me estoy mostrando muy inmaduro», dirá un adulto, en tono de autocrítica, si se ha permitido expresar algún sentimiento primitivo. Si se puede pronunciar esta frase sin que sea una crítica del niño, simplemente como un hecho, entonces será una descripción precisa del mito que se esté viviendo en ese momento: «Me estoy mostrando inmaduro porque la inmadurez es parte de mi naturaleza». Pero con frecuencia esa frase significa: «Me siento incómodo con este brote repentino e indeseable de inmadurez, y quiero superarlo creciendo».

También podríamos decir: «Esto de volver a la infancia es un problema de siempre». Nuevamente estamos pensando en la niñez como algo que hay que superar. Es la causa de todos los problemas actuales. ¡Si por lo menos hubiera sido diferente! Pero rechazar al niño es otra manera de rechazarnos a nosotros mismos, e indudablemente, de no cuidar del alma. Ese niño que está siempre presente en nuestros pensamientos y en nuestros sueños puede estar lleno de debilidades y fallos, pero eso es lo que somos. Somos quienes somos no solamente por nuestros puntos fuertes, sino también por nuestros fallos y fracasos. Además, la idea de que los problemas adultos se remontan a la niñez nos mantiene en contacto con ese niño divinamente poderoso y con su fecunda inferioridad. Recuerde que el alma aparece con más facilidad en aquellos puntos donde más inferiores nos sentimos.

A veces se oye decir con tono ligero, a adultos que han pasado ya de los treinta a los cuarenta: «Todavía no sé qué voy a ser cuando crezca». Por mucha que sea la ligereza con que se exprese este difundido sentimiento, la sensación es de inferioridad: «¿Qué me pasa? A mi edad ya debería haber triunfado. Debería ganar muchísimo dinero y estar bien establecido». Pero a pesar de estos deseos, la sensación del niño que todavía no está preparado para el éxito ni para estar bien establecido es fuerte. Reconocerlo así puede ser un momento de plenitud de alma. Está teñido de un tono melancólico que es señal de que el alma reflexiona sobre su destino y se hace preguntas sobre su futuro. Es una apertura potencial a la imaginación, y en alguna medida este es el poder del niño. Su pequeñez y su incapacidad son el «sésamo ábrete» hacia un futuro y hacia el despliegue de las potencialidades.

También el no saber del niño es fértil. En el Evangelio, el niño Jesús se separa de sus padres en un viaje a Jerusalén, y cuando lo encuentran está discutiendo de temas de teología con los rabinos del templo. ¿Es éste el relato de un milagro, o es un recordatorio de la inteligencia especial del niño, tan poco formada y, como dice Jung, tan sabia? Nicolás de Cusa, el gran teólogo del siglo XV que escribió un libro sobre la importancia de la «ignorancia educada», dice que tenemos que encontrar maneras de desaprender las cosas que nos distancian de la percepción de la verdad profunda. Nos han convertido en personas tan listas que tenemos que *alcanzar* el no saber del niño. También el zen nos recomienda no perder la «mente del principiante», tan importante para la inmediatez de la experiencia.

Estas cualidades del niño nunca crecen, jamás logramos desprendernos de ellas. Como la presencia del alma infantil con su ignorancia y su torpeza genera tanta incomodidad, es tentador negar al niño, o tratar de ocultarlo, u obligarlo a que desaparezca. Pero lo único que consiguen estas formas de represión es que sea mucho más difícil tratar con él. Cuanto más nos esforzamos por encubrir nuestra ignorancia, más evidente se hace. Cuanto más nos empeñamos en actuar con aire de entendidos, más obvia se vuelve nuestra falta de experiencia. Cuanto más nos obstinamos en ser adultos, más revelamos nuestros rasgos infantiles.

γ

Sospecho, además, que si pudiéramos ser capaces de apreciar al niño arquetípico cuya presencia sentimos dentro, valoraríamos más a los niños reales y concretos y nos relacionaríamos de forma más abierta con ellos. Por ejemplo, una eterna pregunta en relación con los niños es cómo debemos educarlos. Políticos y educadores piensan en más días de clase al año, más ciencias y matemáticas, el uso de ordenadores y otras técnicas en el aula, más exámenes y pruebas, más títulos para los maestros, y menos dinero para el arte. Todas estas respuestas vienen de ese lugar desde donde queremos hacer del niño el mejor adulto posible, no una persona virtuosa y prudente, en el sentido de los griegos antiguos, sino alguien que sea una parte eficiente del mecanismo de la sociedad. Por todas estas causas se descuida el alma. Queremos preparar al ego para la lucha por la supervivencia, pero pasamos por alto las necesidades del alma.

Educar significa sacar hacia fuera. Parece que lo entendiéramos como alejar de la niñez, pero podríamos pensar que tal vez se trata de sacar a la luz la sabiduría y los talentos de la infancia. Tal como enseñaba hace muchos años A. S. Neill, el fundador de Summerhill School, podemos confiar en que el niño ya tiene talentos e inteligencia. Creemos que intelectualmente es una *tabula rasa*, un papel en blanco, pero es probable que sepa más de lo que sospechamos. La sabiduría del niño es diferente de la del adulto, pero tiene su lugar.

Cualquier acción en contra del niño arquetípico es una acción en contra del alma, porque el niño arquetípico es un rostro del alma, y cualquiera que sea el aspecto de ésta que descuidemos, se convierte en fuente de sufrimiento. Somos una sociedad a la que le resulta difícil descubrir el júbilo y la espontaneidad exuberantes de la niñez; en cambio, nos gastamos grandes sumas de dinero en centros de juegos electrónicos que no dicen nada a la necesidad de un placer infantil y directo, tan propia del alma. En lo referente a la calidad del trato que se les da a los niños en las diferentes naciones, Estados Unidos ocupa un lugar más bien bajo. Con todo nuestro sentimentalismo cuando se trata de hablar de los niños, no hacemos auténticos esfuerzos por ellos. En nuestro país los malos tratos a los niños se dan cada vez con mayor frecuencia, y sin embargo, todavía se los sigue encubriendo y negando. Esta trágica situación es a la vez un síntoma y una causa de nuestra incapacidad para apreciar al niño arquetípico. Aceptar con afecto al niño puede ser una amenaza para el adulto que valora la información más que el asombro, el entretenimiento más que el juego, y la inteligencia más que la ignorancia. Si realmente quisiéramos cuidar al niño, tendríamos que enfrentarnos con nuestra propia naturaleza inferior: nuestras emociones indomables, nuestros deseos insanos, y la vasta extensión de nuestra incapacidad.

En sus memorias, Jung hace una notable declaración sobre el niño. La infancia, dice, «esboza de manera más completa que la edad adulta la imagen de sí mismo, del hombre entero en su pura individualidad». Y sigue diciendo que un niño moviliza en el adulto primitivas nostalgias de los deseos no realizados que se han perdido en el proceso de adaptarse a la civilización. Evidentemente, la gran difusión de los malos tratos físicos y de la explotación sexual de los niños tiene que ver con la difícil relación que tenemos con el niño arquetípico. Nos hemos dejado seducir por el mito del progreso, de modo que en el plano social damos por supuesto que somos más inteligentes y más evolucionados que nuestros antepasados, y en el plano personal estamos seguros de que los adultos somos más inteligentes que los niños. Esta fantasía de la evolución alcanza niveles muy profundos y afecta a muchos de nuestros valores. Vivimos en un mundo jerárquico en el que nos defendemos de nuestra naturaleza primitiva mirando con desdén a las culturas menos desarrolladas, y nos defendemos del carácter eterno de nuestra infancia insistiendo en la necesidad de una elevación gradual que, por mediación del aprendizaje y de la complejidad tecnológica, nos saque del niño para introducirnos en el adulto. Esto no es una iniciación auténtica que valore tanto la forma de existencia anterior como la recién alcanzada; es una defensa contra la humilde realidad del niño, una humildad que —por más que avergüence a la prometeica avidez de controlar la vida, característica del adulto— está llena de alma. No cuidamos del alma cuando fabricamos maneras de negar sus estadios inferiores, de los cuales el más destacado es la niñez. Cuidamos del alma cuando reconocemos el lugar de la infancia eterna, cuando vemos sus desventajas como virtudes y sus incapacidades como los conductos de una sensibilidad llena de alma.

3

El amor por uno mismo y su mito: Narciso y el narcisismo

La corriente central de la psicología deposita gran parte de su fe en un ego fuerte. Se piensa que la evolución del ego y un concepto positivo de uno mismo son ingredientes importantes para una personalidad madura. Sin embargo, se considera que el narcisismo, el hábito de prestarse más atención a uno mismo que al mundo de los objetos y de los demás, es un trastorno. Por otra parte, la psicología junguiana, con su énfasis en el inconsciente, y la psicología arquetípica, con su elevado concepto de las personalidades de la psique que no se centran en el ego, dan la impresión de que el ego es un pecador, que no se pierde ocasión de tomar las cosas al pie de la letra y, generalmente, las hace mal. Incluso en el análisis de los sueños, sentimos la tentación de ver al ego como el que siempre se equivoca. Añádanse a esto las sempiternas advertencias de la religión en contra del egoísmo y del amor por uno mismo, en las que se considera al orgullo como uno de los pecados capitales, y empezamos a tener la impresión de que hay una conspiración moral en contra del ego.

El carácter unilateral y moralista de los diversos ataques dirigidos contra el narcisismo hace pensar que, probablemente, en esta pila rechazada que forman el ego y el amor por uno mismo, también exista un poco de alma: no puede haber algo que sea tan malo que no tenga valor. ¿No podría ser que nuestro virtuoso rechazo del narcisismo y del amor por nosotros mismos encubriera un misterio referente a la naturaleza de los amores del alma? El sello negativo con que marcamos al narcisismo, ¿no es una defensa contra la insistente llamada de amor que hace el alma?

El problema no es simplemente teórico. Con frecuencia, en mi trabajo terapéutico me sorprendo cuando un adulto —por otro lado maduro y capaz de discernimiento—, enfrentado con una opción difícil, lo resume todo en la afirmación: «No puedo ser egoísta». Cuando profundizo con la persona en ese imperativo moral de tanto peso, generalmente me encuentro con que está vinculado con una educación religiosa.

—A mí me enseñaron a no ser egoísta —es la respuesta inapelable.

Y sin embargo, observo que al mismo tiempo que esta persona insiste en su desprendimiento, parece que en realidad estuviera muy preocupada por sí misma. Cuando se va en busca de la virtud de la generosidad, la atención a uno mismo puede pasar a la clandestinidad y convertirse en un apego inconsciente y corrosivo a las teorías y valores favoritos de la persona. Ahora, cuando oigo decir a alguien que no quiere ser egoísta, me preparo para librar una difícil batalla con el ego.

Nuestra común intolerancia con respecto al narcisismo ajeno es una indicación de que en esa ostra hay arena; nuestra reacción es una señal de que allí puede haber algo de importancia. En este sentido, el narcisismo es una característica de la sombra. Jung explica que cuando encontramos algo de la sombra en otra persona, con frecuencia sentimos rechazo, porque nos enfrentamos con algo que hay en nosotros mismos y que consideramos objetable, algo con lo que estamos en pugna, y que contiene valiosas cualidades para el alma. Quizá la imagen negativa que tenemos del narcisismo indique que la preocupación por uno mismo contiene algo que necesitamos hasta tal punto que lo rodeamos de connotaciones negativas. Nuestra irritación moralista lo mantiene a raya, pero también nos señala que ahí está presente el alma.

Entonces, ¿cómo preservamos el síntoma del narcisismo, partiendo del supuesto de que en ese montón de barro se esconde una pepita de oro? ¿Cómo atravesamos el cieno de la superficie para llegar a la necesidad más profunda? La respuesta, como a estas alturas ya empezamos a reconocer, está en poner en juego la sabiduría de la imaginación. En el caso del narcisismo, la senda está claramente señalada: podemos estudiar el mito de Narciso, que da nombre al trastorno.

Narciso

La antigua historia de Narciso, tal como la cuenta en las *Metamorfosis* el escritor romano Ovidio, no es simplemente la historia de un muchacho que se enamora de sí mismo, sino que tiene muchos detalles sutiles y reveladores. Ovidio nos cuenta, por ejemplo, que Narciso era hijo de un dios del río y de una ninfa. En la mitología se puede considerar con frecuencia que el parentesco expresa verdades poéticas. Al parecer, en Narciso —y, por extensión, en nuestro propio narcisismo— hay algo esencialmente líquido o relacionado con el agua. Cuando somos narcisistas, no estamos en terreno firme (tierra), ni pensamos con claridad (aire) ni nos domina la pasión (fuego). En algún sentido, si seguimos el mito, somos como los sueños, fluidos, no tenemos una forma clara, estamos más inmersos en una corriente de fantasía que afianzados en una firme identidad.

Otro detalle que aparece al comienzo del relato es la profecía de Tiresias, el renombrado vidente. «Alcanzará la vejez —dictamina con respecto a Narciso—, siempre que no llegue a conocerse a sí mismo». He aquí una extraña predicción: indica que se trata tanto de conocerse como de amarse a uno mismo, y que el hecho de conocerse lleva a la muerte. Este aspecto del mito da la impresión de que estamos en el dominio del misterio y no en el de un simple síndrome.

Cuando volvemos a saber de él, Narciso tiene dieciséis años y es tan encantador que muchos jóvenes de uno y otro sexo se sienten atraídos por él; pero, nos dice Ovidio, está tan lleno de «rígido orgullo» que nadie puede verdaderamente acercársele. Eco, una ninfa que se enamora de él, tiene una característica muy peculiar: sólo puede decir el final de las frases que acaba de oír pronunciar a otra persona. Un día, Narciso pierde de vista a sus amigos y grita:

—¿Hay alguien aquí?

—Aquí —responde Eco.

—Encontrémonos aquí —dice Narciso.

—... trémonos aquí —responde Eco, pero cuando ella se le aproxima, Narciso retrocede.

—Jamás te daría a ti mi poder —dice.

—... te daría a ti mi poder —responde ella y, sintiéndose frustrada y rechazada, termina por perder su cuerpo y convertirse en una voz desencarnada.

En este primer episodio vemos a Narciso antes de que haya llegado a conocerse a sí mismo. Presenta una imagen del narcisismo que aún no ha encontrado su propio misterio. Aquí vemos el síntoma: una absorción en sí mismo y una contención que no permiten las conexiones del corazón. Es tan duro como una roca y rechaza toda aproximación del amor. Obsesivo, pero no auténtico, el amor por sí mismo no deja margen para la intimidad con otra persona. El aspecto de eco del narcisismo —la sensación de que todo en el mundo es apenas un reflejo de uno mismo— no quiere renunciar a ningún poder. Responder a otra persona o a un objeto del mundo exterior pondría en peligro el frágil sentimiento de poder al que se aferra esa tensa y defensiva insistencia en uno mismo. Como todo comportamiento sintomático, el narcisismo revela exactamente, en aquellas mismas cosas en que insiste, qué es lo que le falta. La persona narcisista pregunta una y otra vez si lo está haciendo bien. El mensaje implícito es: «Por mucho que haga y por mucho que me esfuerce, no puedo llegar al lugar donde sienta que lo estoy haciendo bien». Dicho de otra manera, la *exhibición* narcisista de amor a uno mismo es, en sí, un signo de que la persona no puede encontrar una manera de amarse adecuadamente a sí misma.

En lenguaje junguiano podríamos reconocer en Narciso al *puer*, el lado juvenil, adolescente, de la psique: distante, frío, contenido en sí mismo. Eco es el *anima*, el alma, que siente la desesperada necesidad de apegarse a la belleza adolescente. Pero en presencia de Narciso, el alma se encoge hasta convertirse en la voz del eco. El narcisismo no tiene alma. Cuando somos narcisistas, despojamos al alma de sustancia e importancia, para reducirla a un eco de nuestros pensamientos. No existe el alma, decimos. No es más que el cerebro y sus cambios eléctricos y químicos. O no es más que el comportamiento. O no es más que la memoria y el condicionamiento. En nuestro narcisismo social también hacemos de lado el alma, porque no viene al caso. Somos capaces de preparar el presupuesto de una ciudad o de una nación, pero dejamos sin atender las necesidades del alma. El narcisismo no dará su poder a nada tan parecido a una ninfa como es el alma.

Pero, afortunadamente, la historia continúa. Uno de los jóvenes a quienes Narciso desdeña lanza una maldición: «Ojalá que se enamore y no tenga lo que ama». Una maldición que bien podemos mascullar por lo bajo cuando sentimos a nuestro alrededor esa helada altanería del narcisismo. Un amante frustrado dice: «Espero que algún día sepas lo que es amar a alguien sin ser correspondido». Sentimos el escalofrío de la falta de alma y lanzamos una maldición, que —como la profecía de Tiresias en el relato— en realidad es una bendición disfrazada. Si la maldición es eficaz, la persona puede cambiar.

En el mito, las maldiciones se cumplen a veces de forma espectacular. En este caso, la diosa Némesis oye la plegaria y decide responder a ella. Esto nos lleva a la fase siguiente del relato, que a primera vista da la impresión de que se refiriera al castigo del orgullo. Narciso está a punto de tener un peligroso y transformador episodio psicótico junto a un estanque de agua. La intervención de un dios, sin embargo, puede señalar una desintegración del comportamiento sintomático: la neurosis comienza a disolverse, transformándose en penosa desorientación. Cabe esperar que la divina desintegración del narcisismo se centre en el hecho de conocerse y amarse a uno mismo. La identidad puede llegar a ser todavía más confusa y fluida.

Tal como continúa el relato, el joven se aproxima a un estanque de agua quieta y tersa que jamás ha sido perturbada por ningún ser viviente. A su alrededor hay un bosquecillo fresco y sombrío. Cuando Narciso inclina la cabeza sobre el agua para beber, ve su imagen reflejada y queda hipnotizado. Ovidio lo describe como fascinado por ese rostro que parece estar tallado en mármol, y especialmente por el marfileño cuello. (Observe las imágenes de dureza, una característica clave en el narcisismo.) Como los jóvenes que antes lo desearon, Narciso siente una gran avidez de adueñarse de esa forma. Tantea en el agua, pero no puede agarrarla. «Lo que estás buscando —dice Ovidio— no está en ninguna parte. Aparta la cabeza y perderás lo que amas».

Aquí vemos el comienzo del cumplimiento del síntoma. Esa absorción en uno mismo que carece de alma y de amor, se convierte gradualmente en una versión más profunda del narcisismo. Se vuelve una verdadera quietud, un maravillado asombro por uno mismo, una meditación sobre la propia naturaleza. Por primera vez el narcisista reflexiona —una imagen importante en el relato— sobre sí mismo. Antes, su preocupación por sí mismo estaba vacía, pero ahora, mientras se transforma en una versión más profunda de sí mismo, el narcisismo cobra más sustancia. Al narcisista puede encantarle verse en un espejo real, pero sólo en el momento en que se transforma en alma goza efectivamente de un reflejo más profundo y más íntimo. Como Narciso, necesita para su meditación una imagen de sí mismo, algo mucho más eficaz y lleno de alma que la imagen especular literal usada para actos de autoaprobación más superficiales.

La imagen en que el narcisismo se cumple no es literal. No es la imagen que se ve en un espejo, ni la «imagen» que se quiere proyectar, ni el concepto que se tiene de uno mismo, ni la forma en que uno mismo se ve. La imagen que ve Narciso es nueva, algo que él nunca había visto, algo «distinto», y se queda hipnotizado por ella, fascinado. «La imagen que tú buscas no está en ninguna parte», dice Ovidio.

No se la puede encontrar de forma intencionada. Uno tropieza inesperadamente con ella en un estanque de los bosques, donde no brilla el esplendor del sol y el toque humano está ausente. Lo que el narcisista no entiende es que no puede forzar ni prefabricar la aceptación de sí mismo que anhela. Es preciso que la descubra en un lugar más callado e interior que los que normalmente frecuenta. Tiene que haber algún cuestionamiento interno, y hasta cierta confusión. Es probable que haya llegado al punto en que se pregunta: «¿Qué es lo que está pasando aquí?».

Es particularmente sugerente que Narciso halle esta nueva visión de sí mismo en el agua. En este elemento que es su especial esencia, que le pertenece por naturaleza, encuentra algo de sí mismo. No quiero tomar el agua de ese estanque como un símbolo y decir que es el inconsciente o el útero materno u otra cosa por el estilo. Sería mejor reflexionar directamente a partir de la imagen: ¿Hay algo en mí que se parezca a este estanque? ¿Tengo profundidad? Mis pensamientos y sentimientos, ¿se reúnen en alguna parte, formando un estanque tan alejado de la senda trillada que permanece totalmente inmóvil e intacto? ¿Hay dentro de mí algún lugar así, no el sitio del seco intelectualismo, sino más bien el del sentimiento húmedo y verde, el de la fértil y sombreada imaginación, alejado de la influencia humana? ¿Me encuentro en algún raro momento en un lugar de reflejos donde tomarme un descanso para la ensoñación y el asombro, y en él tener un vislumbre de una faz desconocida que es la mía? Si es así, entonces es probable que dentro de mí se esté agitando el mito de Narciso, que cura el narcisismo.

La historia nos cuenta luego cómo Narciso siente el anhelo de unirse con la imagen que ha encontrado. Ahora, como los enamorados a quienes desdeñaba, él se consume de deseo y sufre. Uno se pregunta si, en su dolor, le pasará lo que a Eco y se quedará sin cuerpo. Pero no cabe duda de la intensidad de su sufrimiento emocional, ya que habla con los árboles, preguntándoles si alguna vez ha sentido alguien tanta nostalgia como él. El hecho de que hable con la naturaleza nos muestra que su dolor le va proporcionando una nueva conexión con el alma. Cuando ésta está presente, la naturaleza está viva.

Sospecho que el hecho de hablar con los árboles es una parte muy concreta de la cura del narcisismo. Al hacer participar en el diálogo a lo que se suele llamar «mundo inanimado», reconocemos su alma. No toda conciencia es humana. Esto es en sí una creencia narcisista. Cada vez que un psicólogo nos dice que cuando hablamos al mundo estamos proyectando en él nuestra personalidad, ese psicólogo habla de un mundo narcisista, como si la personalidad y el alma pertenecieran solamente al ser humano. Pero si lo único que hacemos en la imaginación es chocar con nosotros mismos como en una galería de espejos, entonces no hay alma, sino solamente «nosotros y nuestros productos», es decir, nuestras proyecciones. Entonces no llegamos a expresar nuestros anhelos, que apenas si se quedan en actuaciones, en una interminable y estéril satisfacción de deseos.

James Hillman ha escrito sobre la nostalgia como una importante actividad del alma, especialmente del alma joven, el *puer*: aquello que en nosotros es joven sufre y anhela. Siente agudamente la separación y está dolorosamente ávido de unión. Entonces, sugiere el mito, estamos en camino de sanar del narcisismo cuando sentimos un deseo abrumador de ser la persona que ahora nos imaginamos que somos. Tanto las naciones como los individuos pueden pasar por esta iniciación. Estados Unidos tiene un gran anhelo de «ser» el

Nuevo Mundo de la oportunidad y un rayo de luz moral para el mundo. Está ansioso de realizar estas imágenes narcisistas de sí mismo. Al mismo tiempo, es doloroso darse cuenta de la distancia que hay entre la realidad y semejante imagen. El narcisismo estadounidense es fuerte, y se lo exhibe con orgullo ante el mundo. Si pudiéramos psicoanalizar a la nación, descubriríamos que el narcisismo es el más obvio de sus síntomas, un síntoma que, sin embargo, guarda la promesa de que ese importantísimo mito pueda encontrar acceso a la vida. Dicho de otra manera, el narcisismo estadounidense es, en bruto, el espíritu del *puer* de una nueva y auténtica visión. El truco está en encontrar un camino hacia esa agua de la transformación, donde la rígida absorción en uno mismo se convierte en un diálogo de amor con el mundo.

Pero la senda que pasa a través de un síntoma nunca es fácil. Narciso se encuentra al borde del estanque, atormentado por haberse dado cuenta de que, de ese muchacho que está en el agua, sólo lo separa la más tenue de las membranas. Su rostro está muy cerca de él, y, sin embargo, es imposible de alcanzar. Sumergido en estos pensamientos, de pronto le asalta una idea. «¡Soy yo!», exclama con profunda sorpresa. Hasta ese momento, no había sabido que el rostro que tanto amaba era el suyo.

Este es un punto clave en la historia. Narciso se enamora de una persona vista en un espejo de agua, de quien él piensa que es alguien distinto, aunque sea él mismo. El narcisismo se queda atascado en ciertas imágenes familiares de uno mismo. Amamos la imagen superficial con que nos identificamos, pero Narciso descubre por casualidad que hay otras imágenes no menos atrayentes. Están en el estanque, en la fuente misma de la identidad. La cura para el narcisismo, ciertamente una manera de cuidar del alma, es estar abierto a estas otras imágenes. El narcisismo, como el neurótico Narciso, es duro e impenetrable. Pero en el estanque, Narciso recupera su natural humedad. Como sucede con la flor, se vuelve flexible y hermoso, y se afianza.

Un punto sutil: Narciso sólo llega a ser capaz de amarse a sí mismo cuando aprende a amarse como objeto. Ahora tiene una visión de sí mismo como si fuera otro. No se trata del ego que ama al ego; es el ego que ama al alma, que ama una faz que presenta el alma. Podríamos decir que la cura para el narcisismo es pasar del amor hacia uno mismo, que siempre lleva en sí una brizna de narcisismo, al amor hacia la profundidad de la propia alma. O, para decirlo de otra manera, que el narcisismo, al romperse, nos invita a ensanchar las fronteras de quien creemos ser. Al descubrir que el rostro del estanque es el suyo, Narciso exclama: «Lo que anhelo ya lo tengo». El amor por una nueva imagen de uno mismo conduce a un nuevo conocimiento de uno mismo y de su potencial.

Después, en otro sutil detalle de una historia llena de detalles significativos, Narciso empieza a abrigar pensamientos de muerte. «Ahora el dolor está minando mis fuerzas —dice—, y sólo me resta un corto tiempo de vida. En la primavera de la vida me sentencian». Aquí se nos introduce en un misterio que es inherente a todas las iniciaciones y todos los ritos de pasaje: el final de una forma anterior de existencia se percibe como una verdadera muerte.

Las imágenes de muerte pueden acompañar a los movimientos de nuestro propio narcisismo: ese muchacho de rígida armadura tiene que renunciar a su existencia. La única manera de salir de nuestro narcisismo pasando a través de él es sentir la herida mortal, que pone término al proyecto del yo que hemos establecido y mantenido con tanta atención. El narcisismo no va a curarse mediante la realización al pie de la letra de las expectativas de grandiosidad personal que acaricia la fantasía. Eso tiene que fracasar para que pueda aparecer «otro».

El mito de Narciso se puede vivir de muchas maneras. A veces el estanque es otra persona, en quien reconozco una imagen que podría amar y ser. Pero esos encuentros azarosos con una imagen que es a la vez yo y no yo son peligrosas. Es probable que la vida nunca vuelva a ser la misma. El «yo» que he sido puede deteriorarse rápidamente y sucumbir bajo el proceso de transformación de mí mismo. El narcisismo es como la zanahoria delante del asno, y nos lleva por la vida pasando de un «sí mismo» deseable a otro.

En terapia llega a veces el momento en que el paciente declara: «Creo que me gustaría ser terapeuta». Quizá se pueda percibir un tono narcisista en estas palabras, pero tal vez sea más bien Narciso el que habla. La imaginación de esa persona ha dado un giro, quizás haya encontrado un estanque, haya visto una imagen —la del Terapeuta— reflejada en el estanque, y le guste, si es que no la ama, y habla en nombre del mito. Como terapeuta, yo intentaría tratar esa declaración precisamente como un mito. Procuraría no confundir a Narciso con el narcisismo, especialmente si este último puede irritarme. Un momento como éste puede ser decisivo. Podría ser el comienzo de una nueva dirección en la vida, y no es algo que se haya de tomar a la ligera.

Luego, las imágenes de Ovidio pasan al elemento fuego. Primero Narciso se golpea, sufriente, el pecho, y en su piel «aparece un matiz delicado» como el rubor de una manzana. Pero entonces, como la cera que se funde en presencia de un calor suave, como la nieve que se derrite al sol de la mañana, Narciso es consumido por el fuego oculto del amor, que funde el hielo que había sido su principal característica.

Los comentarios teológicos sobre este relato solían usarlo como prueba moral contra el amor por uno mismo, pero en realidad la historia demuestra que el amor es el factor de transformación. El calor del amor crea alma.

Narciso reclina la cabeza sobre la hierba, junto al estanque, y después desaparece silenciosamente en el mundo subterráneo, donde sigue contemplando su imagen en las aguas del río Estigia. Nuestras imágenes, especialmente las que aparecen en la vida y desempeñan papeles importantes en episodios de transformación, permanecen con nosotros para siempre. Una vez que hemos acogido una imagen, está en potencia eternamente ante nuestros ojos. Alguien visita la galería de los Uffizi y ve *La primavera* de Botticelli, y después durante toda la vida sueña con ella o habla frecuentemente de ella como canon de belleza. Inesperadamente, la imagen se le presenta en un momento de cavilación o en una discusión, recordándole su eterna presencia. Este fragmento del mito sugiere que continuamente podemos crear alma a partir de nuestro narcisismo, preservando y cuidando las imágenes que nos han conmovido a lo largo de la vida. Esta es la base de la terapia por el arte o de llevar un diario: construir un hogar para ciertas imágenes que nos han transformado. Ciertas viejas fotografías o cartas pueden estar relacionadas con el estanque de agua. Culturalmente, por supuesto, las obras de teatro, los cuadros, las esculturas y los edificios de los siglos pasados nos invitan en todo momento a descender a nuestras propias profundidades. El arte puede ser una cura para el narcisismo. Las palabras «curador»* y «cura» [sacerdote] signi-

* En español, la palabra curador se aplica a la persona que tiene cuidado de alguna cosa; en inglés, se refiere concretamente a personas que están a cargo de obras de arte en museos y galerías. *(N. del E.)*

fican esencialmente lo mismo. Al ser los curadores de nuestras imágenes, cuidamos de nuestra alma.

El relato de Ovidio termina con un detalle pintoresco. Los compañeros de Narciso buscan su cuerpo sin poder hallarlo. En su lugar encuentran una flor con el centro amarillo y los pétalos blancos. Aquí vemos cómo la dura rigidez marmórea del narcisismo se transforma en la blanda y flexible textura de una flor, de un narciso. Un mago del Renacimiento probablemente sugeriría que en momentos de narcisismo debemos distribuir por la casa algunos ramos de narcisos frescos, para que nos recuerden el misterio en que estamos sumidos. El relato se inicia con un rígido autodominio y finaliza con el florecimiento de una personalidad. El cuidado del alma nos exige que veamos el mito en el síntoma, para saber que hay una flor que espera abrirse paso a través de la dura superficie del narcisismo. Si conocemos la mitología, seremos capaces de aceptar gozosamente el síntoma, atisbando en él algo de la misteriosa regla según la cual una dolencia de la psique puede ser su propia cura.

Narcisismo y politeísmo

La historia de Narciso deja en claro que uno de los peligros del narcisismo es su inflexibilidad y su rigidez. La flexibilidad es una cualidad sumamente importante del alma. En la mitología griega, es una de las características principales de dioses y diosas. Puede ser que se peleen entre ellos, pero cada uno reconoce la validez de los demás. Cada uno de los dioses y diosas tiene su propia manera de defender el politeísmo de su mutuo acuerdo.

Es fácil interpretar mal el politeísmo entendido más como modelo psicológico que como creencia religiosa. Expresado en términos simples, quiere decir que psicológicamente estamos sometidos al mismo tiempo a muchos reclamos diferentes que se nos hacen desde un lugar profundo. No es posible, ni tampoco deseable, reunir todos estos impulsos bajo un único enfoque. En vez de luchar por la unidad de la personalidad, el politeísmo sugiere que se viva en la multiplicidad. Hay quien, sin investigar este concepto con la suficiente profundidad, ha supuesto que significa que, desde el punto de vista moral, cualquier cosa es válida, que no hay ningún código ético y que lo que sucede, sucede; pero *poly* significa «varios», no «cualquiera». En una moral politeísta nos permitimos la experiencia de las tensiones que se generan a partir de exigencias morales diferentes.

γ

El politeísmo psicológico es más bien cuestión de calidad que de cantidad. Cuando uno encuentra en sí mismo tolerancia para con las exigencias contradictorias del alma, la vida se vuelve más complicada, pero también más interesante. Un ejemplo podrían ser las necesidades contradictorias de la soledad y la vida social. En la mayoría de nosotros hay a la vez un espíritu de comunidad y un espíritu de soledad, y a veces parecen estar en pugna el uno con el otro. En ocasiones alguien se queja de nuestra lealtad hacia esta o aquella persona, pero ambas pueden formar parte del tejido de nuestra vida, no sólo superficialmente, sino también profundamente. En realidad, cuanto más profundas sean las exigencias entre las que se plantea una compleja competencia, más sutil se vuelve cada una de ellas. Es posible encontrar algo del campo en la ciudad, y vida comunitaria y refinada en el campo.

El politeísmo puede ser difícil de llevar a cabo con éxito, pero hace que la vida siga siendo algo interesante y que no se detenga. Además, el alma sale favorecida de las marañas del politeísmo, lo mismo que de las múltiples vueltas del laberinto.

La cualidad más gratificante del politeísmo es la intimidad que puede posibilitar con el propio corazón. Cuando intentamos mantener la vida en orden con una actitud monoteísta —hacer lo que está bien, mantener las tradiciones y estar seguros de que la vida tiene sentido— puede suceder que nuestro moralismo, opuesto a nosotros mismos, mantenga a distancia ciertas partes de nuestra naturaleza, de modo que poco las conozcamos. Un hombre que jamás había salido de campamento en su vida estaba seguro de que le parecería horrible, pero se enamoró de una mujer a quien le encantaba dormir bajo las estrellas. La primera noche que pasaron afuera, él miró el cielo resplandeciente y confesó que jamás había sabido apreciar un acto tan simple y adorable. No sabía que llevaba eso dentro, reconoció, con una expresión que da testimonio de una pequeña abertura hacia el politeísmo.

Una actitud politeísta permite cierto grado de aceptación de la naturaleza humana y de la nuestra propia, que de otra manera queda bloqueada por la unilateralidad mental. Un narcisismo neurótico no nos concederá el tiempo que necesitamos para detenernos, reflexionar y ver la gran cantidad de emociones, recuerdos, deseos, fantasías y miedos que constituyen los materiales del alma. Como resultado, la persona narcisista se queda fijada en una única idea de quién es, y rechaza automáticamente otras posibilidades. Una posible lectura del mito, especialmente del descubrimiento del rostro del «otro» en el estanque, es considerarlo una lección de politeísmo.

Podemos, entonces, considerar el narcisismo como una oportunidad y no como un problema: no como un defecto de la personalidad, sino como el alma que intenta encontrar su alteridad, su calidad de otra. El narcisismo es entonces algo más que un simple concentrarse en el ego, es más bien una manifestación de la necesidad de un sentido paradójico del sí mismo, que incluye tanto al ego como al no ego.

γ

Creo que este enfoque del narcisismo sugiere que es un error adoptar una actitud negativa hacia el ego e incluso hacia el egotismo. El ego necesita ser amado, requiere atención y le gusta exhibirse. Todo eso forma parte de su naturaleza. Cada figura de la psique tiene necesidades que parecen desagradables, e incluso escandalosas. La psicología popular tiende a una idealización romántica de la figura del niño. La gente acude a talleres para «descubrir a su niño interior», pero cabe preguntarse si lo hace para volver a tener berrinches, sentirse totalmente indefenso, hacer pucheros, derramar todo lo que se le ponga a mano y ser incapaz de controlar los esfínteres. Y sin embargo, todo eso también pertenece al niño. El ego, ese complejo concepto al que tan fácilmente llamamos «yo», también tiene sus necesidades menos atrayentes. Si queremos reconocer la multiplicidad de personas que somos, las muchas figuras de nuestra alma, tenemos que encontrar un lugar para el «yo», esa personalidad a la que recurrimos con más frecuencia que a ninguna otra.

El narcisismo no tiene nada que ver con prestar demasiada atención a este «yo». Si aceptamos la enseñanza del mito, el narcisismo es la desafortunada situación en que todavía tenemos que descubrir que en nosotros llevamos un estanque donde se nos puede aparecer, para que le prestemos atención y afecto, un sentido más profundo del «yo», otro ego. La persona narcisista simplemente no sabe lo profunda e interesante que es su naturaleza. En su narcisismo está condenada a cargar sobre sus propios hombros con el peso de las responsabilidades de la vida. Pero una vez que descubre que hay otras figuras que rodean a la personalidad del «yo», puede permitir que ellas hagan parte del trabajo de la vida. El narcisismo quizá parezca un placer autocomplaciente, pero por debajo de la fachada de satisfacción se oculta una carga opresiva. La persona narcisista se empeña muchísimo en que la amen, pero jamás lo consigue, porque todavía no se da cuenta de que tiene que amarse a sí misma como si fuera otra, antes de que los demás puedan amarla.

El florecimiento de la vida

Hace algunos años, cuando enseñaba psicología en una universidad estatal, en una de mis clases apareció un hombre joven, inteligente e interesante. Parecía muy maduro: se dedicaba a tareas sociales y le gustaban las discusiones ideológicas. Incluso leía por su cuenta libros serios, algo bastante excepcional en aquella facultad. Pero pronto pude sentir también en él al Narciso, en la manera como congregaba gente a su alrededor y a la vez mantenía la distancia. Y también estaba allí Eco, personificada en la costumbre que tenía de repetir muchas ideas recogidas de diversas fuentes como si fueran propias, uno de los signos reveladores del narcisismo. Pero no me di cuenta de la medida en que estaba condenado al mito hasta que un día me pidió que habláramos en privado.

Cuando nos sentamos frente a frente, tenía un aspecto desusadamente serio.

—¿De qué se trata? —le pregunté.

—Tengo que decírselo a alguien —me dijo, con fuego en los ojos—, hablar de lo que me ha sucedido.

—Adelante —lo animé.

—He descubierto algo sobre mí mismo.

—Sí...

—Soy Jesucristo.

—Ah —dije.

No estaba preparado para una expresión tan escueta de su autoestima.

—Tengo la misión de salvar al mundo —continuó—. Sé que puedo hacer milagros, y para que no me entienda mal, le aclaro que no quiero decir que soy cristiano ni un seguidor de Jesús ni semejante a Cristo. Soy el propio Jesús que ha vuelto a la Tierra. Sé que suena a locura, pero es la verdad.

Creo que aquel joven tenía realmente una fuerte vocación en su vida. Poseía talento, convicción, idealismo y energía. Pero seguramente, si no profundizaba en ese narcisismo sintomático, se metería en problemas. Jamás sería capaz de realizar nada en el mundo, y en el mejor de los casos podía verse condenado a una vida de idealismo frustrado. Una vez le conté este episodio a un colega que trabaja en un hospital del estado.

—Oh, en nuestro pabellón tenemos muchos Jesuses —fue su respuesta.

Pero yo pensaba que el potencial de aquel muchacho para la vida real era tan grande como absurdas eran sus fantasías narcisistas. Para él, el cuidado del alma significaría cuidar de esas fantasías, alimentarlas hasta que cristalizaran en poder y eficacia. Más bien que juzgar las fantasías de ese hombre como pura patología, yo quería verlas como una invitación a una vida comprometida y sumamente motivada.

En vez de preguntarme de dónde le venían esas desatinadas ideas, me pregunté cómo podría realizar sus sueños. No es mi intención hacer caso omiso del peligro y la locura inherentes en la identificación con Jesús, que también puede llevar a una disparatada carrera al estilo del fanatismo suicida de Jim Jones. Pero si se lo trata cuidadosamente y de forma positiva, el narcisismo puede tener ocasión de florecer en la vida normal.

Algunos psicólogos sostienen que el encumbrado e idealista *puer* clama por tocar tierra. El *puer* necesita tener experiencia de la vida y atar sus pensamientos fantasiosos a una vida más humilde. Necesita que lo hagan bajar al nivel donde vivimos los demás. Pero una maniobra compensatoria hacia una actitud opuesta es algo que me inspira dudas: podría mantener la escisión y confundir completamente al individuo así atrapado en los vuelos de su fantasía. Podríamos adoptar un enfoque más homeopático, aceptando lo que se presenta en el síntoma y, al mismo tiempo, profundizando en ello.

En el mito, lo que florece es, literalmente, la propia naturaleza de Narciso, que no se convierte en un adulto maduro y lleno de remordimientos por sus tonterías de adolescente. En realidad, el tema del joven que en el mundo de los muertos medita eternamente sobre su imagen, nos hace pensar que el narcisismo sana cuando se lo incorpora a la esencia misma de la personalidad y cuando ese espíritu juvenil encuentra su morada eterna en el alma. En general, el comportamiento es sintomático cuando no se lo integra y reconoce como parte legítima de nuestra naturaleza. Mi joven alumno quizás haya necesitado años de reflexión para que su narcisismo pudiera transformarse en un mito profundo capaz de dar forma a su vida. Pero me pregunto dónde estaríamos, como individuos o como sociedad, sin ese escandaloso idealismo juvenil y esas identificaciones extravagantes con Jesús, Mozart o Martin Luther King. Provisto de las alas del narcisismo, el idealismo no necesita de un forzado amarre a tierra; exige aceptación y meditación y una adhesión íntima que le permitan, naturalmente, dejar de ser un manojo de rígidas expectativas de marfil para convertirse en una vida dúctil, hermosa y terrena.

Con frecuencia lo que nos impide ver un posible resultado positivo en el narcisismo es que genera intensos sentimientos que forman parte de la sombra. Va en contra de una de las virtudes que son artículos de fe en la cultura de Estados Unidos: la humildad. Se supone que hemos de ser humildes y que no debemos darnos aires. El narcisismo es la sombra de esa humildad, y por eso intentamos rebajarlo a un nivel aceptable. Pero, incluso en el plano social, el narcisismo sugiere que lo que necesitamos no es humildad, y mucho menos la falsa humildad que se genera en la represión de las ambiciones, sino grandes sueños, ideales elevados y la capacidad de complacernos en nuestro propio talento y nuestras capacidades.

El problema del narcisismo no son las ambiciones ni los ideales elevados, sino las dificultades con que se tropieza cuando se intenta darles cuerpo. El narcisista encuentra resistencia a su mito no sólo dentro de sí, sino también en las personas que lo rodean. Amigos y colegas se sienten desconcertados ante el tono narcisista. Su reacción a este mito, su «contratransferencia», toma con frecuencia un tono paternal y moralista: «Ese joven necesita experiencia de la vida; eso le hará bajar del caballo». O bien: «¿Cuándo *acabará* de crecer?». Pero la solución del narcisismo no es «crecer». Por el contrario, su solución está en realizar el mito tanto como sea posible, hasta que aparezca un minúsculo capullo que indique el florecimiento de la personalidad a través de su narcisismo.

El amor por uno mismo

El narcisismo es un estado en el cual una persona no se ama a sí misma. Esta carencia de amor toma la apariencia de su opuesto porque la persona pone todo su empeño en conseguir su propia aceptación. El complejo se revela en el esfuerzo y la exageración, demasiado evidentes. Para las personas de su entorno, está claro que el amor del narcisismo es superficial. Instintivamente, sabemos que alguien que habla todo el tiempo de sí mismo no debe de tener un sentido de sí mismo muy fuerte. El individuo prisionero de este mito siente su fracaso en amarse a sí mismo como una especie de masoquismo, y siempre que está en juego el masoquismo, no muy lejos hallaremos un elemento de sadismo. Ambas actitudes son los polos opuestos de un arquetipo del poder escindido.

El narcisismo es claramente sádico en su rechazo de los demás y en sus sentimientos de superioridad. El masoquismo, por otra parte, se muestra con especial claridad en lo que yo llamo «narcisismo negativo». Hay personas que creen evitar el narcisismo juzgándose de forma negativa y censurándose constantemente. Aunque pueda parecer lo contrario, sigue siendo narcisismo, en cuanto que el foco —aunque sea negativo— no está puesto en la vida ni en los objetos, sino en uno mismo. El masoquismo puede mostrarse como un hábito de autocrítica.

Una vez una pintora me estaba hablando de sus cuadros. Me enseñó algunos ejemplos de su trabajo, y a mí me pareció que tenía mucho talento y que podía consagrar su vida al arte. Pero mientras hablábamos, observé que algo en su actitud hacia sí misma y hacia su obra estaba interfiriendo.

—Me gusta especialmente ese realismo sin perspectiva que hay en sus últimos cuadros —le dije.

—Oh, no sé —me respondió—. Creo que eso sólo demuestra que no he estudiado lo suficiente. Yo siempre quise ir a una escuela de bellas artes, pero en casa no podían pagarme los estudios.

—¿Y cómo consigue hacer que esos colores armonicen tan bien, al mismo tiempo que crean un contraste tan fuerte? —continué, verdaderamente cautivado por su estilo.

—En realidad, no he estudiado nada de estas cosas —insistió ella, más preocupada por su falta de estudios y de títulos.

Restarse uno mismo méritos es narcisismo al revés. Despoja al alma de su apego al mundo. Esta mujer no sólo no podía hablar con los árboles —en el mito, hablar con los árboles era señal de que Narciso estaba llegando a alguna parte—, sino que no podía hablar de sus cuadros. El «sí mismo» se le interponía en el camino. No sentía apego por su trabajo debido a su abrumadora preocupación por su propia imagen. Pienso que si hubiera tenido una imagen de sí misma como artista —y la hubiera amado—, habría podido olvidarse de sus sentimientos de inferioridad para concentrarse en su trabajo. El alma incluye siempre un elemento de apego, pero el narcisismo, tal como lo hemos visto en el mito, es la incapacidad de hacerse accesible al apego. En nuestro narcisismo, es como si estuviéramos hechos de marfil: un material hermoso, pero también frío y duro.

Aunque sean dos cosas opuestas, parece que a mucha gente le cuesta distinguir entre el narcisismo y un adecuado y necesario amor por uno mismo. Por lo tanto, la persona que se siente confundida por estar demasiado ávida de elogios retrocede ante el placer del logro. Resta importancia a un éxito evidente o tiene dificultad para aceptar cumplidos y elogios, pensando que de esa manera evitará el temido narcisismo. Una falsa humildad niega al ego la atención que anhela, pero la negativa en sí misma es narcisista, porque es un foco negativo puesto sobre el ego, en vez de iluminar las posibilidades placenteras de la vida.

La sanación del narcisismo, la satisfacción de su hambre sintomática, se logra dando al ego lo que necesita: placer en el logro, aceptación y cierto grado de reconocimiento. La negación masoquista del deseo del ego no es, en modo alguno, cuidar del alma. Al contrario, es un pacto ascético que compra un falso sentimiento de virtud a expensas de la necesidad del alma. Motivada por ideas de pureza y de autocontrol, una persona puede negar a su ego toda clase de solaz, sin dejar por eso de ser muy narcisista. Los programas espirituales están llenos de preocupaciones por el progreso individual, la aceptación por parte de las autoridades y el deseo de santidad o de alguna otra situación elevada. Una opción alternativa es escuchar las demandas del alma y darle el amor y la atención que más necesite, incluso en aquello que nos despierte más sospechas.

El secreto de la sanación del narcisismo no está, en modo alguno, en sanarlo, sino en escucharlo. El narcisismo es una señal de que el alma no está recibiendo suficiente amor. Cuanto mayor es el narcisismo, menos es el amor que se está dando. Este mito es de una extraordinaria sutileza. Narciso se enamora de su imagen, pero no sabe que es a él a quien ama. Por propia experiencia descubre que es digno de amor. Además, se ama a sí mismo como objeto. En nuestra era de personalismo y subjetividad, se considera un pecado convertir a una persona en objeto, y sin embargo, es la única manera de vernos objetivamente a nosotros mismos. Podemos examinar el material de nuestra vida y de nuestra personalidad como algo aparte del «yo». Yo soy material. Estoy hecho de cosas y características, y al amarlas, me amo.

Una de las ventajas de recurrir a la alquimia, como hizo Jung, en el intento de entender mejor el alma, es la visión que nos ofrece del sí mismo como algo hecho de materiales y de sus procesos y sus características: sal, azufre, hierro, agua; frío, caliente; seco, húmedo; cocinar, cocer a fuego lento, guisar, hervir. En el habla cotidiana usamos algunas de estas palabras para describir el estado del alma. Cuando reconocemos la naturaleza objetiva del alma, de modo que podemos amarla sin vernos atrapados en la absorción solipsista en nosotros mismos, podemos amarnos, como se amó Narciso, como a Otro. Incluso del ego se puede tener esta vivencia. Conocemos nuestros hábitos, nuestras debilidades, nuestros puntos fuertes, nuestros caprichos. Considerarlos con interés y con amor no tiene por qué ser narcisista. En realidad, tener conciencia de las características del alma —la distancia que siente Narciso del objeto de su amor— puede ayudar a transformar el narcisismo en un auténtico amor por uno mismo.

El narcisismo, dicho sea de paso, no siempre se refiere a una persona. Nuestros edificios, una obra de arte, el diseño de una ciudad, una autopista, una película, una ley, son todas cosas que pueden tener en sí un tinte e incluso una intensa vena de narcisismo. Un objeto narcisista es algo que demuestra que no se ama a sí misma. Aunque parezca extraño, un edificio puede prescindir de decorados cuando su forma esencial ya es, en sí misma, suficiente y admirable. A mí, por ejemplo, el Empire State Building me parece alto y seguro de sí, pero muchos edificios de nuestras ciudades insisten demasiado en su individualidad. Es como si quisieran destacarse, como si se sintieran inferiores en la comunidad de los otros edificios y tuvieran que llegar a la exageración para hacerse notar. El Empire State Building no pierde estatura por tener cerca edificios más altos y nuevos. Parece seguro en su amor por sí mismo.

El mito nos enseña también otra cosa: que el narcisismo es una pieza en un esquema de transformación más vasto. En el relato, el escenario cambia de los bosques al mundo subterráneo, y el personaje deja de ser humano y se convierte en flor, es decir, pasa de persona a objeto. Yo veo en esto un movimiento de alejamiento de la subjetividad humana para introducirse en la naturaleza. El narcisismo sana alejándose de la soledad para adentrarse en la creación: herimos a la naturaleza y hacemos cosas a las que es imposible amar, pero cuando nuestro narcisismo se transforma, el resultado es el amor por nosotros mismos que engendra un sentimiento de unión con la totalidad de la naturaleza y de las cosas. Se podría decir entonces que nuestro narcisismo es compartido, que sentimos un mutuo amor por nosotros mismos, que hay una especie de consanguinidad mística entre todas las criaturas. Sin retroceder ante el misticismo, podríamos decir que del narcisismo sintomático sólo se puede sanar cuando se convierte en una auténtica virtud religiosa. Todos los síntomas y problemas humanos, cuando se los toma en profundidad y se los realiza con plenitud de alma, encuentran una solución definitiva en una sensibilidad religiosa.

Rainer Maria Rilke fue el poeta de esta filosofía de la transformación de lo cotidiano en lo sagrado, de lo visible en lo invisible. En una famosa carta de 1925 escribe: «Nuestra tarea consiste en hundir a pisotones dentro de nosotros esta tierra provisional y perecedera, tan profunda, dolorosa y apasionadamente que su ser pueda volver a levantarse, "invisiblemente", en nosotros». Esto me recuerda a Narciso convirtiéndose en flor: la naturaleza se manifiesta por mediación de nuestra vida humana, y nuestra personalidad florece como un acto de creación. En sus *Sonetos a Orfeo*, Rilke vuelve a referirse claramente a Narciso:[3]

> Aunque el reflejo en el estanque
> nade a menudo ante nuestros ojos:
> Conoce la imagen.
>
> Sólo en el ámbito dual
> se vuelven las voces
> eternas y suaves.

El narcisista puede ser duro y cruel, incluso cuando se somete a una áspera autocrítica. Pero cuando Narciso descubre el «ámbito dual» y tendido ante el estanque, toma contacto con su alteridad, entonces las profundidades perdurables, eternas e inmutables le proporcionan un fundamento y confianza. Además, mellan el filo del sadismo narcisista, porque hay suavidad en las aguas del descubrimiento de sí mismo. Como Narciso, nuestros intentos de autopreservación dejan de ser marmóreos; nos asemejamos, más bien, a la flor de raíces profundas que proporcionan solidez a su complaciente hermosura, para disfrutar de la sincera humildad de la naturaleza.

El problema es que, con demasiada frecuencia, nuestros síntomas quedan sin elaborar. La metamorfosis no se produce sin nuestra artificiosa participación. Esta es la enseñanza de los magos del Renacimiento, como Ficino y Pico della Mirandola, quienes escribieron que necesitamos ser los artistas y poetas de nuestra propia vida. Lo que transforma los síntomas es la imaginación. Si oigo escapar de mis labios una brizna de narcisismo, puedo tomar el pie que me da y buscar cuáles son los lugares donde no amo a mi alma y la estoy desatendiendo. Las circunstancias, el momento y el peculiar lenguaje de mi narcisismo me dicen exactamente dónde debo buscar y qué debo hacer. Y, cosa extraña, puedo estar agradecido por mi narcisismo si lo reconozco como tal y oigo resonar dentro de él el retumbar del mito. Contiene las semillas de la aceptación de mí mismo y de un amoroso apego al ancho mundo.

4

Las iniciaciones del amor

El amor es una especie de locura, decía Platón, una locura divina. Hoy hablamos del amor como si fuera principalmente un aspecto de la relación y además, en buena medida, algo sometido a nuestro control. Nos preocupamos por hacerlo bien, por cómo tener éxito en él, cómo superar sus dificultades y cómo sobrevivir a sus fracasos. En muchos de los problemas que la gente explica en terapia están en juego las altas expectativas y las experiencias más profundas del amor. Obviamente el amor nunca es simple, va acompañado de luchas con el pasado y esperanzas para el futuro y está cargado de mucho material que puede tener una conexión muy remota —si la tiene— con la persona que es su objeto manifiesto.

En ocasiones hablamos a la ligera del amor, sin reconocer lo poderoso y perdurable que puede ser. Siempre esperamos que nos sane y nos integre, y después nos quedamos atónitos al descubrir que puede crear hondas grietas y vacíos fracasos. Pasar por un divorcio es con frecuencia un proceso largo y doloroso que en realidad nunca termina. A menudo no llegamos a saber del todo si lo que hemos decidido está bien, e incluso si la decisión nos permite disfrutar de cierta paz anímica; el recuerdo y el vínculo siguen persistiendo, aunque sólo sea en sueños. La gente también se tortura emocionalmente por el amor que nunca expresó. Una mujer llora cada vez que recuerda a su padre entrando en el quirófano la última vez que lo vio. A pesar de que su relación con él siempre había sido tensa, sintió dentro de sí una fuerte necesidad de decirle que lo amaba, pero se contuvo, y después ya fue demasiado tarde. Su remordimiento es amargo y persistente. En el *Banquete*, su gran libro sobre la naturaleza del amor, Platón lo llama «el hijo de la plenitud y el vacío». De un modo u otro, uno de estos aspectos suele acompañar al otro.

Nuestro amor por el amor y nuestras altas expectativas de que de alguna manera, nos complete la vida parecen ser una parte inevitable de la experiencia amorosa, como si el amor nos prometiera que las abiertas heridas de la vida cicatrizarán y sanarán. De poco sirve que en el pasado nos haya demostrado que es doloroso e inquietante: en él hay siempre algo de autorrenovación. Como las diosas de Grecia, puede renovar su virginidad en un baño de olvido.

Me imagino que cada vez que experimentamos el amor aprendemos algunas cosas sobre él. Al fracasar en una relación decidimos que jamás volveremos a cometer los mismos errores. En alguna medida, nos endurecemos, y quizá nos volvamos un poco más prudentes. Pero el amor es eternamente joven y manifiesta siempre algo de la locura de la juventud. Entonces, quizá sea mejor no dejarse abatir demasiado por el sufrimiento y los callejones sin salida del amor, y tratar en cambio de aceptar que el vacío forma parte de su herencia y por lo tanto de su misma naturaleza. No es necesario hacer grandes esfuerzos para evitar pasados errores ni para aprender a ser más listo en amor. Quizá lo que hemos adelantado después de que nos haya devastado sea simplemente poder entregarnos otra vez libremente a él, a pesar de nuestras sospechas, y aproximarnos aún más a la oscuridad y el vacío que son misteriosamente necesarios en el amor.

Puede ser útil considerar al amor no tanto como un aspecto de la relación, sino más bien como un acontecimiento del alma. Este es el punto de vista adoptado en los antiguos manuales, en los que no se habla de hacer que las relaciones funcionen, aunque se celebre la amistad y la intimidad. El énfasis está puesto en lo que el amor hace al alma. ¿Le amplía la visión? ¿Es de alguna manera una iniciación para el alma? ¿Arranca al amante de la tierra para llevarlo a un conocimiento de las cosas divinas?

«¿Qué es el amor humano?», pregunta Ficino. «¿Cuál es su propósito? Es el deseo de unión con un objeto bello para así hacer la eternidad accesible a la vida mortal».[4] Una de las enseñanzas fundamentales de los neoplatónicos es que los placeres terrenos son una invitación a los deleites eternos. Ficino dice que las cosas de la vida cotidiana que nos hechizan acercándonos a la eternidad son «mágicos señuelos». En otras palabras, lo que parece ser una relación totalmente terrena entre dos individuos humanos es al mismo tiempo una senda que conduce a vivencias del alma mucho más profundas. El amor confunde a sus víctimas porque el trabajo que efectúa en el alma no siempre coincide en todos sus detalles con los *tempi* y requerimientos manifiestos de la relación. Novalis, el poeta de comienzos del romanticismo alemán, lo expresó muy simplemente diciendo que el amor no está hecho para este mundo.

Freud ofrece una manera de apartar nuestra visión del amor de las contingencias de la vida y de enfocarla en el alma. Dice que el amor implica siempre una transferencia de nuestras pautas familiares a la relación actual. Padre, madre, hermano y hermana están siempre participando en el amor como presencias invisibles, pero influyentes. Freud nos llama la atención sobre las fantasías más profundas que entran en acción cuando el amor se agita. Es obvio que podemos realizar una lectura reduccionista de Freud y hacerle decir que el amor presente no es más que un viejo amor resucitado. O podemos dejarnos invitar por él a considerar cómo fertiliza el amor al alma con recuerdos e imágenes.

Podemos entender que Freud nos recuerde que el amor abre las puertas a una multitud de personas. Me viene a la memoria un sueño que tuve hará unos quince años. Me encontraba en un gran dormitorio con una hermosa mujer a quien en la vida real no conocía. Quería apagar las luces, porque su resplandor me distraía, y encontraba un largo tablero en la pared, con unos veinte botones. Al apretar uno, algunas luces se apagaban y otras se encendían. Seguí apretando y apretando botones, sin conseguir la oscuridad que deseaba. Finalmente renuncié, y entonces empezaron a entrar en el dormitorio muchas personas. No había arreglo. Yo no podía alcanzar la oscuridad y la intimidad que anhelaba.

Cuando estamos enamorados, hay algo en nosotros ávido de ceguera, de pura absorción y de total simplicidad. En aquel sueño yo no quería que las otras figuras del alma tuvieran participación alguna en esa oportunidad de amor simple y sin mezcla. Ni tampoco quería luz. Deseaba la pura inconsciencia, la oscuridad absoluta. En realidad, a medida que el amor entre dos personas se vuelve más complejo, se siente como un sacrificio tener que pensar además en lo que está sucediendo. No es fácil dar entrada al alma con su historia y sus otras complejidades.

Trabajé una vez con una mujer que estaba a punto de casarse. Durante esa época tuvo una serie de sueños inquietantes en los que su hermano interfería continuamente en la boda. Estaba enamorado de ella, y decidido a destruir ese matrimonio que pondría fin a su intimidad con su hermana. La mujer me contó además que cuando estaba despierta imaginaba que amaba a su hermano y deseaba poder casarse a la vez con él y con su novio. Lo particularmente interesante en relación con la intensidad de sus sentimientos era que en la vida real no tenía ningún hermano. La interferencia provenía de una figura de su propia alma, fuerte y activa, que aparentemente le estaba dando la oportunidad de reflexionar y de interrogarse. En términos junguianos, actuaba como una valiosa figura del *animus*, que le ofrecía una pausa crítica. Era también un representante del alma, que le recordaba que el amor humano no es tan simple como parece. En su ensayo sobre el matrimonio, Jung dice que en el amor intervienen siempre cuatro personas: el hombre, la mujer, el *anima* y el *animus*. Pero estos sueños sugieren que intervienen muchas más, y que pueden estar presentes en la noche de bodas.

Un principio general que podemos tomar de Freud es que la chispa del amor genera una extraordinaria actividad en la imaginación. Estar enamorado pone en acción la imaginación. Las preocupaciones de la vida cotidiana, que tanto nos inquietaban ayer, prácticamente desaparecen en el torrente de las ensoñaciones amorosas. La realidad concreta retrocede a medida que se va asentando el mundo de la imaginación. Es decir que la «divina locura» del amor está emparentada con la paranoia y otras disociaciones.

¿Significa esto que necesitamos curarnos de esta locura? Robert Burton, en su voluminoso libro de autoayuda del siglo XVII, *Anatomía de la melancolía*, dice que para el melancólico malestar del amor no hay más que una cura: entregarse a él con abandono. Algunos autores afirman todavía hoy que el amor romántico es una ilusión tan engañosa que es necesario desconfiar de él y no perder la cabeza para no descarriarnos. Pero este tipo de advertencias revelan que se desconfía del alma. Quizá necesitemos que el amor nos cure de nuestro apego a una vida sin fantasía. Tal vez una función del amor sea curarnos de la anemia que sufre nuestra imaginación, de una vida desprovista de ataduras románticas y abandonada a la razón.

El amor nos libera introduciéndonos en el ámbito de la imaginación divina, donde el alma se expande y evoca sus anhelos y necesidades ultraterrenas. Pensamos que cuando un enamorado engrandece al ser amado es porque no reconoce sus defectos, y decimos que el amor es ciego. Pero quizá sea precisamente al revés. El amor permite que una persona vea la verdadera naturaleza angélica de otra, su halo, su aureola de divinidad. Ciertamente, desde el punto de vista de la vida normal y corriente, esto es locura e ilusión, pero si dejáramos de dar primacía a nuestras filosofías y psicologías de la ilustración y la razón, quizás aprenderíamos a apreciar la visión de eternidad que aporta a la vida la locura, el frenesí divino de Platón.

El amor acerca la conciencia al estado onírico. En ese sentido, puede revelar más de lo que deforma, tal como hace un sueño: poéticamente, mediante sugerencias y —admitámoslo— oscuramente. Si quisiéramos rendir verdadero homenaje a la teoría platónica del amor, podríamos además aprender a ver otras formas de locura —por ejemplo, la paranoia y la adicción— como pruebas de que el alma se aproxima a los anhelos que le son propios. El amor platónico no es un amor despojado de sexualidad. Es un amor que encuentra en el cuerpo y en la relación humana un camino hacia la eternidad. En su *Convivium* —su libro sobre el amor, con el que responde al *Banquete* de Platón— Ficino, a quien se atribuye el haber acuñado la frase «amor platónico», dice concisamente: «El alma está en parte en la eternidad y en parte en el tiempo». El amor está a caballo de estas dos dimensiones, y nos abre un camino para vivir simultáneamente en ambas. Pero por lo general las incursiones de la eternidad en la vida nos desazonan, porque perturban nuestros planes y conmocionan la tranquilidad que hemos alcanzado gracias al carácter terrenal de la razón.

Tristán e Isolda

Para poder apreciar el *misterio* del amor, tenemos que renunciar a la idea de que sólo es un problema psicológico y de que si leemos lo suficiente y tenemos a alguien que nos oriente, al fin terminaremos por hacerlo bien, sin falsas ilusiones ni locuras. Pero encogerla hasta un tamaño razonable no es cuidar del alma. La preocupación de nuestra época por la higiene mental nos lleva a pensar que cualquier forma de manía es una dolencia. Pero la divina locura de Platón no es patológica en el sentido higiénico que hoy le damos, sino más bien una apertura hacia la eternidad. Es un alivio ante los límites restrictivos de una vida pragmática y esterilizada. Es una puerta que se abre para comunicar la razón humana con el misterio divino.

Los grandes relatos de amor de nuestra tradición occidental nos ayudan a meditar sobre las dimensiones eternas del amor. Muchas de estas historias poseen un misterio tan profundo y tal grandeza de expresión que se las considera casi sagradas. Y, como corresponde, se las encuaderna en piel roja, se las lee con cierta ceremonia y se marca el punto con una cinta, porque muestran los múltiples aspectos del amor. Entre ellas se cuentan la Pasión de Jesús («pasión» es una palabra rica en múltiples significados), la Creación en el Génesis, el Regreso de Ulises, la Melancolía de Hamlet y el Nefasto Destino de Tristán e Isolda.

Este último relato es particularmente conmovedor y viene muy al caso para nuestro tema, porque se trata de una historia sobre la tristeza del amor. El enamorado recibió su insólito nombre, que significa *triste*, porque cuando nació, su padre fue mortalmente herido en combate y su madre murió durante el parto. Como muchos héroes de la leyenda y de la mitología, fue criado y educado por una segunda pareja de padres, y luego el hermano de su madre, el rey Marc, lo adoptó como hijo suyo, de modo que en definitiva tuvo tres padres. Podemos ver esta multiplicidad como signo de un destino especial, de un alma expuesta de una manera excepcional a los caprichos de la vida.

Al principio, la infancia y la juventud de Tristán son típicas. Es un ejemplo de lo que en psicología junguiana se denomina *puer*: encantador, osado e ingenioso, y está siempre al borde de lo patético y lo trágico. Tiene muchos talentos, y sin embargo, es extraordinariamente vulnerable. Gottfried von Strassburg, autor de una de las versiones clásicas del relato, describe a Tristán como dotado para la música, las lenguas, los rituales de la caza, los juegos y la conversación. Cada vez que viajaba a tierras nuevas, aprendía rápidamente la lengua del lugar, inventaba convincentes relatos de sus aventuras, cantaba encantadoras canciones y se ganaba el corazón de la gente. La historia de Tristán e Isolda, por lo tanto, nos habla del amor que, partiendo de su brillante lugar de *puer*, se adentra en el lado trágico de la vida: nuestro espíritu juvenil, confiando en su propia sencillez y en su talento, cae en las complejidades de un amor arrollador y se enmaraña en ellas.

Un tema constante y revelador en la historia de Tristán es la imagen del agua. Sus aventuras se inician cuando está jugando al ajedrez con los marineros noruegos de un barco amarrado en puerto, que lo secuestran y levan anclas con él. Cuando se desencadena un temporal, para apaciguar a los dioses de la tormenta lo echan al mar en un pequeño esquife. En él llega a Irlanda y conoce a la reina y a su hija, Isolda, a quienes miente sobre su verdadera identidad, cambiando su nombre por Tantris, porque no quiere que ellas sepan que uno de los enemigos a los que mató era el tío de Isolda. Pero mientras él está sentado en una bañera, Isolda descubre quién es y resuelve el enigma de su nombre. La escena es una especie de bautismo, el bautismo del amor de los dos jóvenes. Finalmente, en otra ocasión, equipado sólo con su arpa, Tristán llega a Irlanda en un pequeño bote sin timón ni remos, una escena que Joseph Campbell describe cómo confiar en el destino sin más armas que la música de las esferas.

Tristán es el epítome del talento y la inteligencia, cuya identidad se revela con la mayor claridad cuando está a la deriva o en las aguas, siempre recién nacido, eternamente joven, libre de las limitaciones de la vida práctica. A veces, cuando oigo a un hombre o a una mujer contar un sueño en el que el soñante flota en un lago o está sumergido en una bañera, pienso en Tristán. No es un nadador; en el agua está siempre a salvo en un barco, pero también está siempre a la deriva, sin contar con ningún medio práctico de controlar su seguridad. Su tecnología en el agua es estética y espiritual. Mientras va a la deriva hacia su destino, es sumamente vulnerable, y sin embargo disfruta confiando en sus propias capacidades y en su contacto estético con las leyes de la vida. Fluye, pero no se moja.

Esta alegre disposición anímica se precipita de cabeza en el amor. Sin saberlo, Tristán e Isolda beben la pócima de amor que la reina ha preparado para Marc, el tío de Tristán, y la segunda mitad de la historia de la pareja se ocupa de sus peligrosos intentos de ser amantes ilícitos en un mundo amenazador y punitivo. Su amor es demasiado fuerte para doblegarse ante la obligación o la corrección social, pero jamás puede estar seguro y protegido. Termina, sin haberse consumado, con la trágica muerte de los enamorados. Como una sombra omnipresente, la tristeza acompaña cada estremecimiento y cada éxito que los dos jóvenes consiguen arrebatar al destino.

Si somos capaces de evitar la tentación de tomar el relato al pie de la letra y encontrar en él una moraleja, llegando a la conclusión de que el amor ilícito obtiene su justo castigo, o de que el amor romántico es inmaduro y está predestinado al desastre, podremos encontrar algunas pistas que nos indiquen cómo cuidar del alma en momentos de amor.

Al abordar la psique desde el punto de vista higiénico, queremos tener éxito en la vida y en el amor. Si hay desviaciones de estas higiénicas expectativas, las encuadramos en la categoría de trastornos. Para la tristeza casi no queda lugar. Actualmente, a Tristán habría que llamarlo Depreso, porque clínicamente ya hemos categorizado la anhelante tristeza del alma como depresión, para la cual buscamos formas químicas de curación. Pero esta historia medieval satisface profundamente nuestra necesidad de estar, de manera positiva, en contacto con la tendencia inevitable del alma a meterse en líos amorosos. La historia hace honor al carácter trágico del amor y —como un remedio homeopático— va seleccionando y arrancando los conocidos acordes de tristeza que conocemos por experiencia. No logra su catarsis moralizando en contra del amplio abanico de emociones del amor, sino ofreciéndonos fuertes imágenes de esa misma tristeza que completa la saturación de amor del alma. Además, nos ayuda a ver la íntima relación entre la espiritualidad del *puer* y la cura que de ella nos ofrece el amor trágico.

Cuidar del alma significa respetar sus emociones y fantasías, por muy objetables que sean. Al leer la historia de Tristán e Isolda, quedamos atrapados entre la afirmación de su intenso amor mutuo y la repugnancia frente a sus engaños. Georges Bataille, el extraordinario escritor francés que tanto ha hablado en favor de los oscuros pasadizos del viaje del alma, dice que todo amor implica una transgresión. Al alma se la encuentra en la vecindad del tabú. En relatos, películas, biografías y toda clase de historias nos quedamos fascinados por las múltiples conjunciones ilícitas y los trágicos engaños del amor.

Una de las dificultades para cuidar del alma es reconocer la necesidad del patetismo y la tragedia. Si sólo contemplamos el amor desde las alturas de una cumbre higiénica o moralista, no llegaremos a ver que su alma se asienta en los valles. Cuando reflexionamos sobre las tragedias de nuestros propios amores, cuando lentamente vamos abriéndonos paso por entre sus miserias, nos estamos iniciando en los misteriosos senderos del alma. El amor es la vía de entrada, y es también nuestro guía. Nos mantiene en la senda laberíntica. Si podemos honrarlo tal como se nos presenta, tomando formas y direcciones que jamás habríamos esperado ni deseado, entonces estamos en camino hacia el descubrimiento de los niveles inferiores del alma, donde el significado y el valor se van revelando lenta y paradójicamente, donde llegamos a ser como Tristán, navegando confiadamente hacia nuestro destino, mientras vamos tañendo las cuerdas de nuestros propios recursos. Tristán es una figura religiosa, un monje que va por la senda espiritual que conduce al amor. Continuamente muestra una actitud de total confianza. Está siempre recibiendo un bautismo, siempre le están dando nombre, siempre se encuentra en contacto con las aguas de su origen y su sustento. Al estar tan próximo a sí mismo, halla la realización de su briosa naturaleza en las imposibilidades del amor. Ingenio e imposibilidad se enfrentan continuamente a medida que su destino se despliega: una pauta que puede cobrar forma en los amores de cualquiera de nosotros.

Si vemos a Tristán como una figura de nuestra tristeza en el amor, y no como una representación literal de su absoluto fracaso, entonces tendremos una imagen que respeta tanto las oscuras profundidades del amor como sus brillantes alturas. Cuando la tristeza del amor nos visita, es Tristán que flota en su esquife, confiado y, sin embargo, acercándose cada vez más al lado trágico de la vida que redime su espíritu ligero. No es necesario que tomemos una píldora ni que busquemos una estrategia terapéutica para apartar de nosotros el sentimiento, porque si lo hacemos desterraremos a un importante visitante del alma. Manifiestamente, el alma necesita de la tristeza de amor. Es una forma de la conciencia que aporta su propia y peculiar sabiduría.

El fracaso, la pérdida y la separación

Cuando leemos la historia de Tristán e Isolda como un mito, nos lleva a reflexionar sobre el fracaso y la complejidad como parte del amor, y no como cosas que le son ajenas.

También nos vemos llevados a una visión menos literal de la separación y la pérdida. La idea de la separación pasa por la mente de muchas personas que viven un pacto de amor, pero la idea no es lo mismo que el acto. La idea de la separación puede sugerir muchas cosas referentes al amor, pero el acto sólo significa una cosa: la destrucción de la relación en su forma actual.

Cuando cuidamos del alma, damos validez y peso a sus fantasías sin reducirlas todas a la acción. Es evidente que a veces tenemos que actuar, pero quizá no con tanta frecuencia ni tan rápidamente. También a nuestras acciones se las puede ver con más imaginación de lo que es habitual. ¿Qué significa, por ejemplo, el hecho de que una relación, por otro lado perfectamente sana, entre dos personas se vea súbitamente invadida por ideas de separación? ¿Significa el final de la relación o sugiere algo más profundo?

Marianne, una mujer sensible, considerada y bien intencionada, vino una vez a verme con una idea en la cabeza.

—Necesito separarme de mi marido —dijo con expresión dolorida—, y no sé si puedo hacerlo.

—¿Qué sucede? —le pregunté.

—Es una maravilla de persona —continuó—, a quien amo y respeto. Pero siento una irresistible necesidad de alejarme de él. Tenemos tres hijos, y él es muy buen padre. Pero mi necesidad de separarme es más fuerte que mi preocupación por los niños.

Observé que usaba una y otra vez la palabra «separación». Hablamos de sus sentimientos y de sus expectativas. Se sentía devastada por la idea de abandonar su matrimonio, pero la necesidad era tan fuerte que sabía que no podría renunciar a ella. Decidí concentrarme en la misma imagen que presentaba su alma, la de la separación.

En sus estudios sobre la alquimia medieval, Jung habla de la separación como de una actividad del alma. La *separatio* era una operación que los alquimistas consideraban esencial para el proceso de convertir los materiales vulgares en oro. Jung entendía la oscura imaginería de la alquimia en un nivel psicológico: para él la *separatio* era una descomposición en partes de los materiales que necesitaban diferenciación en la psique, a los que —quizá porque estaban demasiado apretadamente juntos— no se podía conocer individualmente. Paracelso entendía la *separatio* como la actividad primaria en la creación, tanto en la creación del mundo como en cualquier acto creativo del hombre. Estas antiguas ideas estaban en el trasfondo de mi mente cuando escuchaba las referencias de Marianne a su deseo de separarse.

La causa más obvia de la necesidad de separación en un matrimonio como el de ella es la falta de diferenciación de los dos individuos. Cuando dos personas se enamoran, se juntan y forman un hogar, a veces las fantasías profundas de ambos se enmarañan, y entonces cada uno vive su propio mito por mediación del otro. En una situación así puede ser difícil sentir la propia individualidad. Mientras hablábamos, vi claramente que Marianne tenía otras historias de identificaciones fuertes de las que había intentado liberarse. Sus padres, por ejemplo, le resultaban abrumadores y no le dejaban vivir su propia vida. Además, sentía que su hermana también interfería demasiado en su vida.

Me habló del deseo que había tenido, al comienzo de su matrimonio, de crear su propia familia, separarse de sus padres y liberarse de su influencia. Pero una y otra vez, valiéndose de su apoyo económico, ellos encontraban la manera de constituirse en el centro de su familia. Marianne tampoco parecía tener conciencia de la medida en que no permitía que su marido tuviera su propia individualidad, sino que más bien actuaba con él de la misma forma que sus padres lo hacían con ella. En definitiva, me pareció que necesitaba muchas clases de separación en muchas partes de su vida, y especialmente, desde luego, en su manera de estar con los demás. En cuanto a su propia psique, parecía que estaba ansiosa de liberar su espíritu de la prisión en que se había sentido durante muchos años.

Un día, Marianne vino a decirme que había decidido irse de casa. Dijo que iba a concretar la separación. Habíamos estado hablando durante algún tiempo de los diversos niveles de significado que aparecían en su deseo de separación, y me dijo que estaba incorporando esas ideas, pero que intuitivamente sentía que tenía que hacer algo más que hablar del tema. A mí también me pareció sensata su decisión. A veces, una profundización de la conciencia requiere una medida enérgica en la vida. Vivir sola podía ser una manera de llegar a saber con más precisión qué era lo que estaba buscando su alma.

Marianne se fue de casa, consiguió otro trabajo e hizo amigos nuevos. Salió con algunos hombres y, en general, disfrutó de su nueva libertad. Se sorprendió al descubrir que su marido se adaptaba bien al nuevo acuerdo, y por primera vez en años empezó a tener algún sentimiento de celos. Se dio cuenta de que uno de sus motivos para separarse, hasta entonces totalmente inconsciente, era castigar a su marido, o por lo menos mostrarle lo profunda que era su cólera.

Saboreó la vida fuera de las pautas de su niñez. Por supuesto, sus padres se opusieron enérgicamente a la separación, pero para ella eso fue un beneficio adicional: le gustaba ir en contra de los valores y la aprobación de sus padres. Se había casado joven, y por primera vez en su vida descubría lo que era ser relativamente soltera e independiente. Y le gustaba. Se vio y se sintió a sí misma de otra manera.

Después de tres meses de *separatio* decidió volver a su hogar y a su marido. Varios años después sigue disfrutando de ese hogar sin que le acosen ya las ideas de abandonar su relación de pareja. Otros temas, no menos interesantes pero que poco tienen que ver con el matrimonio, forman ahora parte de su vida. En una esfera, por lo menos, es una persona «separada».

La historia de Marianne nos da un ejemplo de cómo el hecho de estar atentos a los mensajes del alma puede llevarnos a lugares inesperados. Aunque parezca que las ideas de separación se oponen al amor y al matrimonio, quizá formen parte de ellos, tal vez sean el reverso de la medalla, que se puede aceptar con imaginación sin destruir el amor. Hasta el divorcio se puede considerar una especie de cumplimiento del amor, viviendo su plenitud hasta agotarla. El amor nos exige muchas cosas, incluso acciones que parecen totalmente contrarias a los sentimientos de apego y lealtad. Sin embargo, estas características de la sombra pueden, en última instancia, llevar al amor a lo que —aun siendo misterioso e imprevisible— es su verdadero hogar.

Las sombras del amor

A menos que nos enfrentemos con la sombra del amor, nuestra experiencia de él será incompleta. Una filosofía sentimental del amor, que sólo abarque lo romántico y lo positivo, fracasa ante el primer asomo de sombra: las ideas de separación, la pérdida de la fe y la esperanza en la relación, o cambios inesperados en los valores de los miembros de la pareja. Una visión tan parcial también ofrece ideales y expectativas imposibles. Si el amor no puede estar a la altura de esos ideales, se destruye por inadecuado. A mí me gusta tener presente que en nuestra herencia literaria y artística, al amor se lo representa como un niño, a veces con los ojos vendados, o como un ingobernable adolescente. Por naturaleza, el amor se siente deficiente, pero esta deficiencia redondea la amplia gama de emociones del amor. El amor encuentra su alma en el sentimiento de lo incompleto, lo imposible y lo imperfecto.

γ

Como terapeuta, conozco muy bien las sombras del amor. Una persona acude a terapia con la sincera intención de obtener cuidado y cura, y entonces se enamora de su terapeuta. La situación en sí, es decir, los encuentros regulares, una habitación privada, la intimidad de la conversación, puede ser tan eficaz y tan intensa como la poción de amor de Isolda. El paciente se siente atormentado por las fuertes emociones que poca o ninguna respuesta encuentran en su terapeuta.

—¿Por qué no me habla de su vida? —pregunta una paciente en su desesperación—. Usted está ahí, cómodo y seguro, distante, protegido por su profesionalismo, y yo me arranco las vísceras. Me muestro vulnerable y le amo, pero usted no me ama a mí. Soy un número en una serie. Usted debe de ser un *voyeur*.

Fácilmente caemos en fantasías de amor con ciertas personas, especialmente las que ejercen determinadas profesiones: maestros, directivos, enfermeras y secretarias. Para el alma ese amor es real, pero en el contexto de la vida no es pertinente. El amor se produce en el marco de la terapia, la medicina y la educación por obra de la conversación atenta y las confesiones íntimas y por el solo hecho de escuchar. Escuchar a otro e interesarse por su bienestar puede ser una experiencia tan consoladora que la mágica aureola del amor desciende cuando nadie está mirando.

γ

Los griegos contaban una extraña historia de amor oscuro. Admeto era un hombre distinguido que había recibido un favor especial de Apolo por haber ayudado al dios en momentos de dificultad. Como recompensa, se le reveló una manera de esquivar la muerte. Cuando ésta viniera a llevárselo al mundo subterráneo, Admeto tenía el permiso para encontrar a alguien que estuviera dispuesto a ocupar su lugar y morir por él. Pidió a su madre y a su padre, que habían vivido una vida larga y feliz, que murieran en su lugar, pero éstos se negaron, alegando excusas muy razonables. Sin embargo, su esposa Alcestes se mostró de acuerdo y partió con la Muerte. Por casualidad, en ese momento estaba de visita el héroe Heracles, y cuando oyó la historia fue tras la Muerte para luchar con ella. Entonces apareció desde el mundo subterráneo una mujer cubierta con un velo, que parecía ser Alcestes rescatada por Heracles.

Este relato, tal como yo lo entiendo, cuenta uno de los profundos e inexplicables misterios del amor. El amor siempre tiene una íntima relación con la muerte. Tradicionalmente se ha interpretado la historia en el sentido de que el papel de la mujer es dar la vida por su marido. Pero si se la toma literalmente, esa interpretación conduce a la misoginia y a una sumisión superficial. Creo que la muerte de Alcestes es más bien como la muerte de Narciso en su estanque. El amor nos saca de la vida y nos aparta de los planes que habíamos hecho para ella. Alcestes es una imagen de la faz femenina del alma cuyo destino es salir de la vida para ir hacia la profundidad, a la que se percibe como muerte y mundo subterráneo. Entregarse al amor y al matrimonio es decir que sí a la muerte. La sumisión implica una pérdida en la vida, pero también hay una ganancia para el alma. Tal como enseñaban los griegos, la psique está en su casa en el reino de los muertos. Puede parecer que el amor ofrece algunos beneficios al ego y a la vida, pero el alma se alimenta de la intimidad del amor con la muerte. La pérdida de voluntad y de control que se siente cuando uno está enamorado puede ser sumamente nutritiva para el alma.

Aun así, el lado mortal del amor no es fácil. Va en contra de nuestras expectativas y nuestros valores del mundo de los vivos, y contradice la necesidad de estar al mando. Todos podemos ser como los padres de Admeto cuando se nos aparece la muerte, y encontramos excelentes excusas para declinar la invitación. Después de todo, si tengo planes y llevo una vida cómoda, ¿por qué he de ceder a este amor que lo cambiará todo para siempre? También podemos volvernos heroicos y, como Heracles, luchar para rescatar lo que queremos de las garras de la muerte. Quizás en mi corazón haya una Alcestes dispuesta a someterse a las demandas del amor, pero también puede haber un Heracles que se enfurece ante la idea y combate a la muerte con sus músculos.

Además, el relato es ambivalente y misterioso al final. ¿Es Alcestes la que regresa de allá abajo? ¿Por qué se cubre el rostro con un velo? ¿Podría ser que cuando por fuerza devolvemos a la vida lo que se ha perdido por obra del amor lo único que consigamos sea una sombra de su realidad anterior? Quizá nunca podamos tener un éxito completo cuando se trata de devolver el alma a la vida. Tal vez ella esté siempre cubierta con un velo y por lo menos parcialmente protegida de los rigores de la vida real. El amor exige una sumisión total.

En nuestros intentos terapéuticos de llevar el éxito a la vida actuamos como Heracles al rescatar el alma de la muerte. Salvamos a una persona de la depresión implicándola de manera activa en la vida, que es exactamente lo que quiere Heracles. Pero entonces nos encontramos con un alma cubierta con un velo, con alguien que está adaptado pero también camuflado, y que sufre una deformación de su alma. O, cuando ayudamos a una persona a volver a la vida valiéndonos de fármacos, lo que vemos suele ser una persona que está otra vez entre los vivos pero con la cara de un zombie, como la mujer que Heracles devuelve a la vida. La alternativa a esta lucha heroica en nombre de la vida es encontrar en nosotros algo parecido a Alcestes, que esté dispuesto a descender, a someterse a cualquier cosa que el destino quiera exigir del alma.

Creemos que sabemos qué es el amor, tanto teóricamente como en cuanto episodio en la vida. Pero el amor se siente atraído por los misteriosos y oscuros rincones del mundo subterráneo del alma. Su realización es la muerte, es más un final de lo que la vida ha sido hasta ese momento que el comienzo de lo que esperamos que suceda. El amor nos lleva hasta el borde de lo que sabemos y hemos experimentado, y así somos todos Alcestes cada vez que decimos sí al amor y lo acompañamos gustosamente en su aspecto de muerte.

El amor y la comunidad

Una de las necesidades más fuertes del alma es la de comunidad, pero desde el punto de vista del alma, la comunidad difiere un tanto de sus formas sociales. El alma está ávida de apego, de diversidad en la personalidad, de intimidad y de particularidad. Por eso, son éstas las características que busca en la comunidad, no la semejanza de opiniones ni la uniformidad.

En nuestra sociedad hay muchos signos de que carecemos de una experiencia suficientemente profunda de la comunidad. Existe una intensa búsqueda en este tema, y la gente prueba una iglesia tras otra, en la esperanza de ver satisfecha su inexpresada avidez de comunidad. Se quejan de la crisis de la familia y de los barrios, añoran una pasada edad de oro en que la intimidad se podía encontrar en el hogar o en la esquina. La soledad es una de las mayores quejas, y es la responsable de un dolor emocional profundamente arraigado que lleva a la desesperación y a pensar en el suicidio.

Conocí a una mujer de carácter gregario, brillante en la conversación y que se interesaba por muchas cosas. Siempre estaba haciendo algo o yendo a alguna parte, pero por la noche, cuando ya no podía seguir distrayéndose, el demonio de la soledad se apoderaba de ella y no la dejaba dormir. Era la vicepresidenta de una gran empresa, pero en casa padecía tan intensamente su soledad que empezó a tener ideas de suicidio.

Siempre hablaba de lo maravillosa que era la gente y de lo mucho que disfrutaba al estar rodeada de amigos, y a mí me parecía que insistía demasiado en ese punto, como si en realidad sólo deseara que fuese así. Un día me contó un episodio relacionado con una visita a una vieja amiga. Al final de la conversación su amiga intentó abrazarla, pero ella retrocedió. Le parecía que no era apropiado que le demostrara afecto en público, y se preguntaba si no sería bisexual y estaría tratando de insinuársele.

Esto me hizo pensar que la soledad de aquella mujer no tenía nada que ver con la cantidad de personas que había en su vida, y mucho, en cambio, con una especie de autoprotección moralista. Más adelante me contó otro episodio. Ella estaba en una fiesta en la playa con un gran grupo de personas. Como de costumbre, se mostraba servicial, preparando la comida y recogiendo los platos. Cuando algunos empezaron a cantar y hacer parodias e invitaron a los demás a unírseles, ella se retrajo hacia el fondo y la penumbra, pero alguien la vio y la arrastró hacia el centro. Aunque sabía que podía ofrecer una excusa para marcharse, algo se aflojó en ella, y empezó a cantar una cancioncilla que sabía desde pequeña. Nunca antes había hecho algo así, y se sentía avergonzada, pero al grupo le encantó. Ella se quedó con la sensación de que había empezado a salir de su soledad. De las alturas de su moralismo y sus ideales comunitarios había descendido a una auténtica vivencia directa de todo aquello.

Erasmo, el humanista del Renacimiento, dice en su libro *Elogio de la locura* que la gente se une en amistad mediante sus tonterías. La comunidad no se puede mantener en un nivel demasiado alto. Florece mejor en los valles del alma que en las alturas del espíritu. Bill, un sacerdote a quien me volveré a referir en otro capítulo, me habló muchas veces de su orden religiosa, para la cual la comunidad era un ideal existente tan sólo en los libros sobre la vida religiosa y en el transcurso de los retiros. Sin embargo, cuando evocaba su vida de comunidad, eran muy pocos los compañeros que podía recordar que hubieran sido verdaderos amigos; recordaba que él siempre se había sentido solitario a pesar de estar viviendo en plena vida comunitaria. Decía que había pocas oportunidades para la intimidad. Se esperaba que entre ellos hablaran de religión, o quizá de deportes, pero nunca de sí mismos. Bill decía que en medio de sus luchas personales, especialmente cuando soportaba los tormentos dé la escrupulosidad, lo único que oía todos los días al sentarse entre sus compañeros de sacerdocio eran preguntas y comentarios sobre algún equipo de béisbol. Y si uno no podía unirse a estas charlas deportivas, no formaba parte de la «comunidad».

La soledad puede ser el resultado de una actitud según la cual la comunidad es algo que lo recibe a uno. Muchas personas esperan que los miembros de una comunidad las inviten a entrar en ella, y mientras eso no pasa siguen solas. En esto puede haber algo del niño que espera que la familia se haga cargo de él. Pero una comunidad no es una familia. Es un grupo de personas unidas por sentimientos de pertenencia, y esos sentimientos no son derechos hereditarios. «Pertenecer» es un verbo activo, algo que hacemos positivamente. En una de sus cartas, Ficino dice: «El único guardián de la vida es el amor, pero para ser amado debes amar». Una persona oprimida por la soledad puede salir al mundo y empezar a pertenecer a él, no uniéndose a organizaciones, sino viviendo el sentimiento de estar relacionada: con otras personas, con la naturaleza, con la sociedad, con el mundo entero. Estar relacionado es una señal del alma. Al dejar margen a los sentimientos, a veces vulnerables, que implica el hecho de estar relacionada, el alma se derrama en la vida y no tiene que insistir sintomáticamente en sí misma.

Como todas las actividades del alma, la comunidad tiene su conexión con la muerte y con el mundo subterráneo. El cristianismo habla de la «comunidad de los santos», refiriéndose a todas las personas presentes y pasadas con quienes estamos relacionados por el hecho de pertenecer a la comunidad humana. Desde el punto de vista del alma, los muertos forman parte de la comunidad en no menor medida que los vivos. Con un espíritu similar, Jung hace un misterioso comentario en el prólogo a sus memorias: «Otras personas sólo están inalienablemente establecidas en mis recuerdos si sus nombres tuvieron entrada desde el comienzo en los pergaminos de mi destino, de modo que encontrarlas fue al mismo tiempo una especie de recuerdo». La comunidad exterior florece cuando estamos en contacto con las personas internas que pueblan nuestros sueños y nuestros pensamientos. Para superar la soledad, podríamos considerar la posibilidad de liberar en la vida a estas figuras internas: la que canta, la que maldice coléricamente, la más sensual, la más crítica e incluso la que está más necesitada de lo que «a mí» me gustaría admitir. «Admitir» quién soy es «admitir» en la vida a esas personas, de modo que la comunidad interior sirva como punto de partida del sentimiento de pertenencia a la vida. Yo «recuerdo» a personas que encuentro por primera vez porque estoy en contacto con el mundo arquetípico de mi imaginación, y sobre la base de ese conocimiento de mí mismo puedo amar a cualquiera que conozca y, a mi vez, ser amado. Las raíces de la comunidad son inconmensurablemente profundas, y el proceso de pertenencia, en cuanto trata activamente con la soledad, comienza en la profundidad del alma.

γ

El amor mantiene al alma en la senda de su destino, y a la conciencia al borde del abismo de la infinitud que es el alcance del alma. Esto no significa que las relaciones entre las personas no sean importantes para los amores del alma. Muy por el contrario: al reconocer la importancia del amor para el alma, nuestros amores humanos se ennoblecen más allá de toda medida. Esta familia, este amigo, este amante, esta pareja manifiestan la fuerza motivadora de la vida misma, y son la fuente de amor que mantiene al alma viva y plena. No hay otro camino hacia el amor divino que el que pasa por el descubrimiento de la intimidad y la comunidad humanas, ya que se alimentan mutuamente.

El cuidado del alma requiere, pues, una apertura hacia las múltiples formas del amor. No es accidental que tantos de los problemas que llevamos a la terapia tengan sus raíces o sus manifestaciones en el amor. En estos momentos de dificultad, puede ayudarnos recordar que el amor no tiene que ver solamente con la relación, sino que es también asunto del alma. Las desilusiones en el amor, e incluso las traiciones y las pérdidas, sirven al alma en el momento mismo en que en la vida parecen ser tragedias. El alma está parte en el tiempo y parte en la eternidad. Podríamos recordar la parte que reside en la eternidad cada vez que sentimos desesperación por la parte que está en la vida.

5

Los celos y la envidia: venenos que sanan

Aunque el cuidado del alma nada tiene que ver con cambiar, arreglar, adaptar y mejorar, todavía tenemos que encontrar una manera de convivir con los sentimientos que nos perturban, como los celos y la envidia. Estas emociones pueden ser tan desagradables y corrosivas que no queremos dejarlas intactas ni seguir atascados en ellas durante años, sin llegar a ninguna parte. Pero, ¿qué podemos hacer, como no sea tratar de liberarnos de ellas? Es posible encontrar una clave en el disgusto que nos provocan: cualquier cosa tan difícil de aceptar debe tener en sí alguna clase de sombra muy especial, un germen de creatividad envuelto en un velo de repulsión. Como tantas veces hemos visto, en asuntos del alma lo que parece más indigno resulta ser lo más creativo. La piedra que rechazan los constructores se convierte en la piedra angular.

Tanto la envidia como los celos son experiencias corrientes. Son sentimientos totalmente diferentes (uno es el deseo de lo que tiene otra persona; el otro, el miedo de que otra persona se adueñe de lo que tenemos), pero ambos tienen un efecto corrosivo en el corazón. Cualquiera de las dos emociones puede hacer que nos sintamos indignos. En ninguna de las dos hay nada noble. Al mismo tiempo, podemos estar extrañamente apegados a ellas. El celoso obtiene algún placer de sus sospechas, y el envidioso se alimenta de su deseo de poseer lo que tienen los demás.

La mitología sugiere que tanto la envidia como los celos echan profundas raíces en el alma. Hasta los dioses se ponen celosos. El *Hipólito* de Eurípides, por ejemplo, se basa en el mito de un joven que se dedica exclusivamente a Ártemis [Artemisa], la diosa de la pureza. Afrodita está amargamente resentida por su obstinación y su desdén hacia la parte de la vida que ella rige, principalmente el amor y el sexo. Furiosa y presa de los celos, hace que la madrastra de Hipólito, Fedra, se enamore de él. Naturalmente, esto provoca toda clase de complicaciones y crímenes; al final, Hipólito muere pisoteado por sus caballos, aterrorizados por una gigantesca ola en forma de toro creada en el mar por Afrodita. En este final hay cierta justicia poética, ya que Hipólito se había dedicado más a sus caballos, animales que reflejan su energía y su espíritu nervioso, que a las personas, especialmente a las mujeres.

En la tragedia griega, los dioses y las diosas se dirigen directamente a nosotros. Al comienzo de esta obra de Eurípides, Afrodita confiesa: «Yo creo problemas a quienes no me hacen caso o me desprecian por un obstinado orgullo». Aquí encontramos una observación freudiana proveniente del siglo V a. de C: si reprimes la sexualidad, te meterás en problemas. De boca de la diosa aprendemos que lo más profundo de nuestra sexualidad puede verse perturbado cuando, consciente e intencionalmente, no le damos la respuesta que exige. (También Ártemis tiene sus propios sentimientos de celos. Al final de la obra declara, haciendo referencia a Afrodita: «Escogeré a algún gran favorito de ella y lo abatiré con la fuerza de mi arco».)

Hipólito presenta el formato típico de los celos: un triángulo, formado en este caso por dos diosas y un mortal. Esto sugiere que aunque el foco de este sentimiento es la vida normal y corriente, tampoco los grandes temas míticos están libres de él. Tendemos a pensar que los celos son una emoción que podemos controlar con el entendimiento y la voluntad, pero a pesar de nuestros esfuerzos, el alma humana demuestra ser un campo de batalla en el que se libran grandes pugnas, cuya profundidad va mucho más allá del alcance del entendimiento racional. Los celos se sienten como algo tan abrumador porque son mucho más que un fenómeno superficial. Cada vez que aparecen, en lo profundo del alma se agitan problemas y valores, y lo único que podemos hacer es procurar no identificarnos con las emociones y dejar, simplemente, que la pugna se resuelva sola.

Los celos

Si las artes sagradas de la tragedia y la mitología nos dicen que los dioses son celosos, entonces podemos imaginar que hay una necesidad de que esta emoción encaje en el esquema divino de las cosas. Los celos no son simplemente inseguridad o inestabilidad emocional. Si los dioses son celosos, entonces nuestra experiencia de los celos es arquetípica y no queda completamente explicada por la relación, la personalidad o los antecedentes familiares. La tensión que sentimos en los celos puede ser la de una colisión entre mundos mucho más amplios de lo que es posible ver si nos fijamos solamente en nuestra situación personal. Un primer paso para encontrar el alma en los celos es pensar mitológicamente, considerando qué contexto amplio puede haber para la intensidad de las emociones y la profundidad de la reestructuración que sentimos en momentos como ésos.

La historia de Hipólito nos da una pista sobre el propósito de los celos. Tenemos aquí a un hombre que, rutinariamente y a conciencia, descuidaba a una diosa cuya tarea es fomentar una dimensión sumamente importante de la vida humana: el amor, el sexo, la belleza y el cuerpo. Está muy bien, declara la diosa, ser devoto de la pureza y la autosuficiencia de Ártemis, pero también el otro deseo es válido e importante. La cólera celosa de Afrodita y la perdición del joven surgen porque él desdeña la necesidad de ella. Su concentración monoteísta en un único misterio divino —el de la pureza moral y la exclusividad— es un insulto para el otro. El pecado de Hipólito es negar las exigencias politeístas del alma.

Pensando mitológicamente, podríamos imaginar que nuestro propio dolor, nuestras sospechas paranoides y nuestros ataques de celos son la queja de un dios que no está recibiendo la suficiente atención. Podemos estar, como Hipólito, sinceramente dedicados a principios que consideramos absolutos, mientras —sin que nosotros lo sepamos— en nuestro camino se están cruzando también otras exigencias diferentes y aparentemente incompatibles. En la altanera pureza de Hipólito y en su odio feroz por las mujeres se puede ver una negativa a abrirse a un mundo *distinto* de aquel que ha llegado a amar y admirar. Al final, lo que lo destruye son los animales que representan su espíritu de autosuficiencia; lo mata la misma elevación mental de su monoteísmo. Hipólito es demasiado puro, demasiado simple, y se resiste demasiado a las tensiones provenientes de las complejas exigencias que la vida impone al corazón.

Cuando se agitan los celos, es frecuente ver que una persona complicada y sutil se revela, además, como purista y moralista. Los celos demandan el reconocimiento de una nueva exigencia impuesta al alma, mientras el individuo, para defenderse, se ha refugiado en el moralismo. Así y todo, tenemos que tener presente que los celos son una tensión arquetípica, una colisión entre dos necesidades válidas: en el caso de Hipólito, la necesidad de pureza y la de entremezclarse, Ártemis y Afrodita. No es que debamos volvernos en contra de Ártemis en nuestros esfuerzos por liberarnos de los celos o por burlarlos. La idea es, más bien, crear el espacio suficiente y reunir la fuerza de contención necesaria para dejar que estas dos divinidades lleguen a algún acuerdo que les permita coexistir. Ese es el sentido del politeísmo, y una de las principales maneras de andar por el mundo cuidando el alma.

«Hipólito» significa «caballo desatado». Una persona prisionera de este mito es aquella cuyos caballos —animales del espíritu— no están contenidos. Han saltado las vallas del corral. Son bellos, pero peligrosos. Sin embargo, a veces se ve este mismo espíritu de Hipólito en personas, no siempre verdaderamente jóvenes, que son fervientes devotas de un culto o de una causa. Sus motivos, y los objetos de su devoción, son nobles e inmaculados, y su compromiso puede inspirarles auténtica fuerza. Pero es probable que su unidireccionalidad mental esté revelando algo más oscuro: una ceguera para otros valores, e incluso, en ocasiones, un elemento de sadismo y una exhibición de fuerza que justifican con demasiada facilidad.

Pero los celos, como todas las emociones teñidas por la sombra, pueden ser una bendición disfrazada, un veneno que sana. La obra de Eurípides se puede ver como una historia sobre la curación del orgullo de Ártemis. Hipólito, rígido y cerrado, queda desmembrado; es decir que su neurosis espiritual sana al ser desenmarañada. El final parece trágico, pero la tragedia, incluso en la vida cotidiana, puede ser una forma válida de reestructuración. Es dolorosa y en algunos sentidos destructiva, pero también coloca las cosas en un orden nuevo. La única manera de «salir de» los celos es «pasar a través» de ellos. Quizá tengamos que dejar que se salgan con la suya con nosotros y hagan su trabajo de reorientación de los valores fundamentales. El dolor que causan proviene, en parte al menos, de enfrentarnos con un territorio inexplorado y de despojarnos de viejas verdades familiares para ponernos ante nuevas posibilidades, tan desconocidas como amenazadoras.

Trabajé una vez con un joven que se parecía mucho a Hipólito, salvo que en vez de andar a caballo, él montaba en bicicleta. Trabajaba en un restaurante de comida rápida, y estaba enamorado de una de sus compañeras de trabajo. Se consumía por ella, y aunque salían juntos, con frecuencia se sentía mortificado. Cuando hablaba de ella empezaba con un lenguaje de amor, e incluso de adoración, pero no tardaba en pasar a la crítica. Se quejaba de la frialdad de su amada y de su preocupación por sí misma. (No es raro que el celoso se sienta tan altruista y razonable con respecto a su propia vida, tan limpio de todo vicio egoísta, que le parezca que la persona amada sólo piensa en sí misma). Un día, este joven vino a contarme que había perdido el control. Le había gritado desaforadamente a su novia y sentía que podría haberla golpeado si hubiera perdido un poco más los estribos.

Ambos nos quedamos preocupados por la intensidad de su rabia. Una de las razones por las que una persona que tiene de sí misma una imagen exclusiva de pureza puede caer con facilidad en la violencia es precisamente su grado de ceguera para ese potencial suyo. Sin embargo, yo no quería ponerme en contra de su alma, que en ese momento hervía de fantasías celosas. Él fue quien se pronunció en contra de lo que sentía y pensaba, repitiendo incesantemente: «¿Cómo puedo hacer estas cosas y sentir lo que siento?».

Yo tenía la sensación de que sus protestas servían simplemente para resguardar su inocencia. Insistía en que no era capaz de sentir celos, y en que nunca le había pasado nada parecido, y sin embargo sus acciones se volvían cada vez más amenazadoras. Yo quería saber más de sus celos. Cuando se dan sentimientos tan fuertes, se tiende a pensar que no son más que emoción. Entonces se pasa por alto su contenido: las ideas, los recuerdos y las fantasías que nadan en el mar de la emoción. Yo quería saber, entre otras cosas, quién era precisamente, en ese joven, el que estaba celoso. Instruido por Eurípides, me preguntaba si no habría algún altar que él, como Hipólito, estaba desdeñando.

No es suficiente con personalizar los celos y hablar sólo de *mi* inseguridad. Reducirlos a un fallo del ego es pasar por alto su complejidad, y también evitar lo más profundo del alma, donde esta emoción se aloja. Si estuviéramos dispuestos a oír sin reservas a los celos, podríamos descubrir algo sobre su historia en nuestra vida, y quizás en nuestra familia, sobre las circunstancias que han motivado esta vez su aparición, y sobre el mito que en ese momento está en vigor. Como estas cosas nunca son evidentes, tendemos a concentrarnos en las emociones obvias y sus interpretaciones superficiales. Yo quería profundizar más y ver los personajes y los temas que intervenían en la sumaria afirmación «Estoy celoso». Es como si en el cuidado del alma tuviéramos que escribir nuestra propia tragedia para saber con seguridad en qué mito nos encontramos. Esta no es más que una manera de hallar la imaginación en la emoción, y al alma sólo se la puede descubrir mediante la imaginación.

—Creo que ella se está viendo con otro —me dijo al día siguiente de haberle gritado.

—¿Qué se lo hace suponer? —le pregunté.

—Cuando la llamé no estaba en casa, y me había dicho que estaría.

—¿Y la llamaba para verificarlo?

—Sí, no puedo evitarlo —respondió, y los ojos se le llenaron de lágrimas.

—¿Qué es lo que sabe usted de sí mismo y que en sus celos no admite?

—Supongo que no soy digno de confianza. Generalmente no soy muy fiel en una relación.

—¿Qué sucedería si ella lo supiera?

—Estaría en libertad de hacer lo que quisiera.

—Usted no quiere que ella sea libre.

—Por supuesto, aquí en la cabeza, quiero que sea libre. Creo en la libertad, y odio sofocar las relaciones. Pero visceralmente no puedo dejar que tenga ni siquiera un poco de libertad.

—Entonces, los celos lo vuelven menos tolerante.

—Sí, y no me lo puedo creer. Eso va contra todos mis valores.

—¿Y si intentara aprender algo de sus celos? Por ejemplo, que hay cierto valor en ser menos abierto. Tal vez necesite ser menos tolerante en la vida en general.

—¿Hay algún valor en no ser abierto, en ser intolerante?

—Yo puedo imaginármelo —le respondí—. Me da la impresión de que ese niño tan activo e influyente que hay en su alma quiere una apertura y una libertad completas. Eso deja el sentido del orden y del límite en el basurero de la represión, donde se agita, se desata y se vuelve irrazonable y potencialmente violento. Usted insiste en decirme que no es una característica suya ser tan exigente. ¿No podría ser que su capacidad de plantear exigencias esté completamente aislada de usted y que por eso actúe por cuenta propia?

—Yo creo en la libertad —afirmó orgullosamente—. En una relación es necesario que las personas se den mucho espacio la una a la otra.

—Quizá sea hora de volver a evaluar sus creencias. Su cólera y sus sospechas piden alguna especie de reajuste y de reflexión. Con o sin su consentimiento consciente, los celos le están limitando la vida.

—Me convierto en un policía, y eso no es propio de mí. Pero, la criminal es ella. Me siento justificado al castigarla por eso.

γ

Los celos ponen en escena un extraño reparto de personajes: el moralista, el detective, el paranoide, el ultraconservador. En general, la palabra «paranoia» se interpreta etimológicamente en el sentido de un conocimiento *(noia)* que está «al lado» *(para)*: estar al lado de uno mismo, estar loco. Pero yo prefiero considerarla como un conocimiento que está fuera de uno mismo. Estas figuras del alma que pretenden saber tanto —el moralista y todos los demás— quieren descubrir lo que pasa. Suponen que se está tramando algo amenazador y peligroso. Van encarnizadamente sobre la pista de los hechos, pero se comportan como si no conocieran ningún detalle. Si mi joven paciente no se hubiera identificado tan fuertemente con el niño inocente, habría sabido lo que pasaba. Su inocencia era una manipulación y una venda para los ojos. En realidad, él lo sabía, pero al identificarse con el inocente, no tenía que actuar de manera coherente con lo que sabía.

El conocimiento paranoide satisface al masoquista, que se deleita en que lo hieran. Es típico de muchas formas de masoquismo asumir el papel del niño inocente. Esto podría ser un acto *apotropaico*, palabra que se refiere a formas mágicas y rituales de mantener a raya el mal. Al representar el papel del inocente, el joven no tenía que entrar en el complicado mundo de la relación. Podía ocultar sus propios «rasgos desatados» y culpar a su novia por los suyos. Si la hubiera abordado como una persona adulta, con todas sus complicaciones, habría tenido que enfrentarse con su posible rechazo, por sus propias razones, o bien habría tenido que admitir —y afrontar— la complejidad de la naturaleza de su novia. Así, en cambio, podía refugiarse en el lugar del niño, donde, por una extraña paradoja, su protección quedaba asegurada por el hecho de estar herido.

Los sentimientos de violencia del joven demuestran hasta qué punto estaba escindido del poder de su conocimiento. Cegado por una nube de inocencia, parecía no conocer a su novia o no conocerse a sí mismo, o no tener idea de la complejidad de las relaciones en general. Lo único que pedía era atención y afecto, y cuando no los obtenía, se sentía controlado y se quejaba de que estaban jugando con él. Entonces, en vez de un poder más auténtico, lo que expresaba tumultuosamente era una violenta cólera.

Paradójicamente, si pudiera dejar que los celos trabajasen desde dentro a la manera de un detective, en nombre de su alma, en vez de aflorar como un complejo paranoide desenfrenado, descubriría muchas cosas sobre sí mismo y sobre el amor. Si pudiera dejar que el moralista se asentara más profundamente en su alma, podría llegar a una sensibilidad ética flexible y capaz de hacer lugar, al mismo tiempo, a la tolerancia y a la exigencia. El elemento paranoide de sus celos mantiene accesible la posibilidad de un conocimiento más profundo, pero también se disocia de la voluntad y la intencionalidad. Sigue siendo no realista y retorcido, y, sin embargo, es la materia prima de la sabiduría. Este síntoma es tremendamente importante, pero necesita «educación»: que lo saquen fuera para estudiarlo. Tiene que volverse mucho más refinado y alcanzar niveles que trasciendan la violencia y la vacía desconfianza.

En el transcurso de varios meses de sesiones, las emociones primarias de los celos dieron origen a una gran cantidad de historias, recuerdos e ideas. No estábamos buscando una clave vital que explicara la situación y la hiciera desaparecer. Muy al contrario, estos relatos daban cuerpo a los celos, de modo que podían hacerse más generosamente presentes. La idea era dejar que se revelaran solos, permitirles aumentar en vez de disminuir, para que así perdieran parcialmente su compulsión. El aspecto obsesivo de los celos parece ser, en parte, una función de su carácter oculto, puesto que emergen cuando no se los revela y no se les da lugar.

Cuando los sentimientos y las imágenes de los celos se adentran en el corazón y en la mente, tiene lugar una especie de iniciación. La persona celosa descubre nuevas maneras de pensar y una apreciación diferente de las complicadas exigencias del amor. Es un bautismo de fuego en una nueva religión del alma. En este sentido, como muestra con mucho arte el drama de Eurípides, los celos sirven al politeísmo del alma. Su rígido moralismo se manifiesta directamente allí donde se lo puede ver tal como es, y por lo tanto se lo puede atemperar en nombre de la flexibilidad y la exploración de valores.

Mi moderno Hipólito no quería crecer y formar parte de una sociedad heterogénea. En Eurípides, el joven se pasa todo el tiempo con sus compañeros adolescentes y sus caballos. Las mujeres son una amenaza y una contaminación: la «alteridad» personificada. Mi Hombre de la Bicicleta era exquisitamente *puer*: de una pureza infantil en sus pensamientos, pero áspero en su comportamiento. Tenía el extraño carácter numinoso con que nos encontramos cada vez que los opuestos se aproximan el uno al otro. Era puro y brutal, elevado en sus valores y feo en su odio por la mujer. Sus valores idealistas eran tan inmaculados que no veía su propia sombra de altanería y misoginia. La pureza había triunfado sobre su alma, y por eso su alma estaba profundamente perturbada.

Hera: la diosa de los celos

Afrodita y Ártemis no son las únicas imágenes de los celos que nos ofrece la mitología. Todos los dioses y diosas son capaces de cóleras violentas, pero la más celosa es Hera, la esposa de Zeus, siempre pronta a estallar en un ataque de celos a causa del tenorio que tiene por marido. A lo largo de la historia se ha criticado a Zeus como un gran dios que es también un amante infiel. Pero la mitología, aunque esté formulada en imágenes tomadas de la vida mortal, no es un retrato fiel de las cualidades y flaquezas humanas. Siempre tenemos que mirar en profundidad un mito para discernir su necesidad y su misterio. Si lo vemos con ojo poético, nos daremos cuenta de que es coherente que el gobernador del universo quiera tener vinculaciones eróticas con todo lo que hay en el mundo.

Pero, ¿qué significaría ser la esposa de ese deseo desencadenado? En términos humanos, sería como ser la mujer de un artista locamente inspirado o de un político agraciado con un carisma capaz de llevarlo a la posición de líder mundial. ¿Cómo se puede ser la esposa de un deseo de proporciones cósmicas sin sentirse siempre amenazada?

Es curioso que en la mitología griega a la mujer del más grande de los dioses se la conozca principalmente por sus celos. Hera no es la reina que se preocupa por el sufrimiento de sus súbditos. No es la belleza absoluta dotada del poder absoluto. Es una esposa inquieta, escandalosamente enfurecida, traicionada y ultrajada. La cólera de Hera es del color de sus celos en no menor medida que la lujuria es el tono con que Zeus gobierna el mundo. Es como si los celos fueran tan importantes para el mantenimiento de la vida y de la cultura como el consejo y el poder político de Zeus. Mitológicamente, los celos están unidos con las fuerzas que gobiernan en la vida y en la cultura.

Zeus, que zanja las disputas fundamentales de la existencia y sirve como el «dios padre» originario, está ávido de todas las cosas particulares en el mundo que gobierna. Mientras que su deseo se dirige al mundo, la furia de Hera habla en nombre del hogar, la familia y el matrimonio. La tensión entre ellos es el yin y el yang del hogar y el mundo, del «nosotros» y el «otro». Él es el extrovertido, ella la introvertida. La creatividad erótica es lo que forma un mundo, los celos son la preservación del hogar y la interioridad. Si no nos pusiéramos celosos, se producirían demasiados acontecimientos, se viviría demasiada vida, se establecerían demasiadas conexiones sin llegar a profundizarlas. Los celos sirven al alma imponiéndole límites y reflexión.

γ

Una de las piedras con que tropieza el intento de abordar una religión politeísta desde un punto de vista monoteísta es la validación —que en el politeísmo se encuentra por todas partes— de las experiencias improbables. En la religión de Hera, una de las grandes virtudes es la posesividad. Desde su punto de vista no solamente está bien, sino que es una exigencia sentirse ultrajado por la infidelidad. Mi joven paciente violentamente celoso no había descubierto todavía la virtud de la posesividad. La sentía como algo externo a sí mismo y ajeno a sus valores, y por lo tanto su posesividad era compulsiva y abrumadora, y lo tomaba por sorpresa. Su desesperado deseo de contar con la fidelidad de su novia era la compensación de un sentimiento de unión no demasiado profundo. Él jugaba a la intimidad y a estar juntos, pero cuando realmente lo acometían tales sentimientos, los sentía ajenos. No sabía qué hacer con ellos.

En una cultura que premia la libertad y las opciones individuales, el deseo de poseer es un fragmento de la sombra, pero es también un deseo real. Los celos se dan en la auténtica conexión con otra persona. Pero esta conexión plantea graves exigencias. Nos pide que amemos el apego y la dependencia, que nos arriesguemos al insoportable dolor de la separación, y que encontremos la realización en la relación con otra persona, un atributo tradicional de Hera.

Al mismo tiempo, debemos recordar que, a pesar de su posesividad, Hera se siente atraída por el dios de la liberación erótica. Ella encarna la mitad de la dialéctica del apego y de la dispersión del deseo. Entra en juego en la tensión entre tener a otra persona y no tenerla. Vivir esta tensión es una manera de reunir diferentes aspectos de nosotros mismos, la visión que sabe que somos todos individuos, que en última instancia estamos solos en esta vida, y que dependemos totalmente los unos de los otros. Cuando alguna parte de nosotros está ávida de más experiencia, de otras personas y de empezar de nuevo, los celos recuerdan el apego y sienten el infinito dolor de la separación y el divorcio.

La esposa arquetípica

En una cultura en que las mujeres están oprimidas y todo lo femenino es infravalorado, «esposa» no es un título tan honorable como podría serlo. Cuando esta imagen del *anima* no tiene cabida en la psique de los hombres, entonces la condición de esposa se convierte en una dependencia literal, y a la mujer se le dan todas las responsabilidades del hogar y los hijos. Los hombres están libres de las restricciones de la vida hogareña, pero también sufren una pérdida, porque el cuidado del hogar y de la familia devuelve al alma vastas cantidades de sentimiento y de imaginación. Típicamente, los hombres prefieren el camino emprendedor de los negocios, el comercio o su carrera. Y, por supuesto, la mujer de carrera también pierde *anima* si se consagra al mito de la construcción de la cultura. Muchas personas, tanto hombres como mujeres, pueden mirar con desdén la imagen de la esposa y alegrarse de verse libres de su inferioridad. En este contexto, la imagen mitológica de Hera es para nosotros un recordatorio del honor debido a la esposa, puesto que su figura mítica sugiere que la «esposa» es uno de los rostros profundos del alma.

En Hera, la persona tiene más el carácter de individuo cuando se la define en relación con otra, aunque parezca que esta idea vaya en contra de todas nuestras nociones modernas del valor de la independencia e individualidad. En nuestra época se considera que no está bien encontrar la identidad en la relación con otra persona, y sin embargo, éste es el misterio de Hera. Ella es la dependencia a la que se ha conferido dignidad, e incluso divinidad. En tiempos antiguos se le rendían grandes honores y se la adoraba con profundo afecto y mucha reverencia. Cuando la gente se queja de que cada vez que tienen una relación de pareja se vuelven demasiado dependientes, podríamos ver este síntoma como una carencia de la sensibilidad de Hera, y la medicina podría ser cultivar el aprecio de una unión más profunda en el amor y el apego.

Se requiere una habilidad y una sensibilidad especiales para que un hombre o una mujer evoque a la «esposa» en su relación de pareja. Generalmente reducimos la realidad arquetípica a un papel social. Una mujer se introduce en el papel de esposa, y el hombre la trata en consecuencia. Pero hay una vasta diferencia entre el arquetipo y el papel. Se puede introducir a Hera en la relación de tal manera que el hecho de ser atento y servicial con el otro esté vitalmente presente en ambos. O se puede evocar a Hera como la atmósfera de mutua dependencia e identidad en cuanto pareja. En el espíritu de la diosa, tanto el hombre como la mujer protegen su relación y valoran las señales de su mutua dependencia. Por Hera, llamamos por teléfono a nuestra pareja cuando estamos de viaje o fuera de la ciudad, y también por Hera la incluimos en nuestras visiones del futuro.

El sentimiento de celos puede estar relacionado con este elemento de dependencia en la pareja. Los celos forman parte del arquetipo. Hera es amorosa y celosa. Pero cuando no se toma en serio el valor del verdadero compañerismo, la diosa abandona el escenario y la relación se reduce a un mero estar juntos. Entonces los individuos se dividen en el independiente que representa la libertad, y el «codependiente», atormentado por los celos. Si en un matrimonio uno de los miembros es claramente la esposa —y no se trata siempre de la mujer—, entonces no se está rindiendo homenaje a Hera. Si se enfrenta usted con los síntomas de un matrimonio con problemas, examine la situación para ver si Hera está molesta.

γ

El matrimonio que Hera tan fervorosamente reverencia no es sólo la relación concreta entre un hombre y una mujer, sino también cualquier tipo de conexión, emocional o cósmica. Como dice Jung, el matrimonio es siempre un asunto del alma. Hera también puede proteger la unión de diferentes elementos dentro de una persona o en una sociedad.

Frecuentemente, la gente sueña con esposas y maridos. Si no nos limitamos a considerar estos sueños como algo que sólo tiene que ver con el matrimonio real y concreto, pueden llevarnos a contemplar uniones más sutiles. Por ejemplo, un hombre sueña que está en un bar con una mujer que le parece atractiva. Ella lo besa y a él le gusta, pero sigue mirando hacia atrás para ver si su esposa lo observa. En la vida real, este hombre está casado y es feliz, aunque a veces le inquieta sentirse atraído por otras mujeres. También ocasionalmente sueña con el alcohol. En general, en estos sueños se encuentra con alguien que está bebido y él siente repulsión. Este hombre es muy estricto y formal, de modo que no es sorprendente ver que sus sueños se abren en direcciones diferentes. La conciencia que tiene de su «esposa» —todo aquello con lo que está casado— es fuerte y muy útil para él. Si se dejara llevar por todo lo que lo atrae, eso podría ser el fin de su matrimonio, y su vida terminaría sin duda hecha pedazos. Por otra parte, las necesidades dionisíacas y afrodíticas de su alma, expresadas en sus sueños por el alcohol y el sexo, también reclaman cierta atención. Esta es en realidad la principal tensión de su vida en este momento: una lealtad bien ejercida hacia su esposa y su sistema de valores se ve cuestionada por una invitación a experimentar y explorar en una dirección más apasionada.

Una mujer cuenta un sueño en el que su marido y sus tres hijos están merendando en la falda de una verde colina con tres pelirrojas desconocidas. En el sueño, ella sabe que las mujeres son amantes de su marido, y también dedican una cierta atención erótica a los niños. La soñante los ve desde una ventana de su casa y siente a la vez placer, al ver la felicidad de su familia, y celos de las tres mujeres.

Otra vez vemos la dialéctica que es tan típica de Hera. La soñante disfruta de su papel de esposa y madre en el sueño, pero también siente celos ante la proximidad y la nota erótica de las mujeres. La imagen de tres mujeres es común en los sueños y en el arte: las tres gracias o las tres parcas, el pasado, el presente y el futuro. Quizás alguna pasión nueva, ardiente (roja) y fatal —no necesariamente una persona— esté entrando en el alma de la soñante, dando origen a la conocida tensión entre la nueva pasión y las antiguas y amadas estructuras vitales. La soñante está en el papel de observadora, sentada en su hogar, como Hera, vigilando a distancia esta nueva dinámica.

Nuestros amores no siempre son humanos. El poeta Wendell Berry hace una interesante confesión en uno de sus libros. Dice que a veces, cuando viaja, se enamora de un lugar y tiene intensas fantasías de ir a vivir allí, igual que una persona podría acariciar pensamientos eróticos con respecto a una nueva pareja. Pero después Berry habla desde Hera, recomendando fidelidad al hogar. No debemos dejarnos seducir por estos hechizos de afuera, aconseja. No parece que los sueños sobre este tema estén tan seguros de lo que *deberíamos* hacer cuando nos enfrentamos con esta tensión. Simplemente nos presentan la escena y el sentimiento de celos que mantiene la lealtad al hogar. La tensión se da entre el apego a lo que es y la promesa de una nueva pasión. Para cuidar del alma, quizá no nos quede otra opción que la de abrir el corazón lo bastante como para dar cabida a esa tensión y, de forma politeísta, prestar oídos a ambas necesidades.

γ

Unas palabras más sobre Hera: Karl Kerényi, el historiador que fue amigo de Jung y desarrolló su propio enfoque arquetípico de la mitología, hace un comentario interesante en su libro *Zeus y Hera*. La diosa se realizaba, nos dice, al hacer el amor. (El término *realizar* es una palabra especial de Hera; otros términos griegos usados como atributos de Hera se relacionan con la palabra *telos*, que significa finalidad o propósito.) Kerényi nos dice, pues, que en Hera es esencial encontrar su propósito y su realización en el sexo. Puede parecer obvio que la relación sexual forma parte de la condición de esposa, pero quiero insistir en la idea de que este particular aspecto de la sexualidad, es decir, la realización de la intimidad y el compañerismo, tiene su divinidad. A Hera se la honraba como amante de Zeus. El «Himno homérico a Hera» nos dice que ella y Zeus gozaron de una luna de miel de trescientos años. Además, Kerényi menciona que Hera renovaba su virginidad todos los años en la fuente Kanathos (una fuente real en la que se sumergía la estatua de Hera en un ritual anual), de modo que se presentaba a Zeus como una niña para ver realizada su sexualidad.

En lenguaje junguiano podríamos decir que Hera forma parte del *anima* del sexo. En el lecho matrimonial, los miembros de la pareja pueden enfrentarse el uno al otro como si fuera la primera vez, disfrutando así de la posibilidad de la virginidad renovable imaginada por Hera. Si una relación reverencia a esta diosa, es bendecida por los placeres de la realización del vínculo sexual entre dos personas. El problema es que a Hera sólo se la puede invocar en su naturaleza completa, que incluye sus celos y su condición de esposa, que en ocasiones puede ir acompañada por sentimientos de inferioridad y dependencia. Para encontrar alma en la relación de pareja y en la sexual, es necesario apreciar los sentimientos inferiores que forman parte del arquetipo de la «esposa».

Se ha dicho que el dios que trae la dolencia es el que la sana. Es el «sanador que hiere» o el «heridor que sana». Si la dolencia son los celos, entonces la sanadora podría ser Hera, que los conoce mejor que nadie. Por lo tanto, estamos de vuelta en el punto de partida. Si nos queremos curar de los celos, quizá tengamos que adentrarnos homeopáticamente en ellos. Es probable que para poder rendir homenaje a Hera haya que tomarse aún más a pecho esas características que en los celos son tan acusadas: la dependencia, la identidad vivida a través de otra persona, la ansiedad por proteger la unión. Si los celos son compulsivos y abrumadores, entonces quizás Hera esté quejándose de que se la descuida y de que la relación no tenga la plenitud de alma que sólo ella puede aportarle. Lo extraño es que tal vez los mismos celos contengan las semillas de la realización tanto de la sexualidad como de la intimidad.

La envidia

La envidia, similar a los celos en la forma en que apuñala el corazón, es uno de los siete pecados capitales y, sin lugar a dudas, un importante material de la sombra. Una vez más nos planteamos una difícil pregunta: ¿Cómo cuidamos del alma cuando nos presenta la verdosa supuración de la envidia? ¿Podemos examinar este pecado mortal de una manera imparcial y abierta? ¿Podemos percibir qué es lo que quiere el alma cuando nos desgarra con el anhelo de poseer lo que tiene otra persona?

La envidia puede ser devoradora. Puede poblar con su acritud cada pensamiento y cada emoción. Puede hacer que una persona esté como loca, obsesionada, sufriendo por no tener la vida, la posición y las posesiones de otras. «Mis vecinos son felices, tienen dinero, éxito, hijos... y yo, ¿por qué no? Mi amigo tiene un buen trabajo, es guapo, tiene suerte... ¿Qué hay de malo en mí?». En la envidia puede haber una buena dosis de autocompasión, pero lo más amargo es el ansia.

Aunque pueda parecer que está llena de egoísmo, la envidia no es fundamentalmente un problema del ego. Carcome el corazón. En todo caso, el ego es el objeto del poder corrosivo de la envidia. No, no se trata de un exceso de ego; es una actividad del alma, un doloroso proceso que tiene lugar en la alquimia del alma. El problema del ego es cómo responder a la envidia, cómo reaccionar ante los repugnantes deseos que inspira. Frente a ella, nuestra tarea —que a estas alturas ya no debería sorprendernos— es descubrir lo que quiere.

Las compulsiones siempre están hechas de dos partes, y la envidia no es la excepción. Por un lado, es un deseo de algo, y por otro, una resistencia a lo que realmente quiere el corazón. En la envidia, el deseo y la autonegación colaboran para crear un sentimiento característico de frustración y obsesión. Aunque tiene un toque de masoquismo —el envidioso piensa que es víctima de la mala suerte—, interviene también una fuerte testarudez, en forma de resistencia al destino y al carácter. En las garras de la envidia, somos ciegos para nuestra propia naturaleza.

Es obvio que allí donde hay un claro masoquismo, el sadismo no anda lejos. El sádico envidioso lucha fervientemente contra lo que le ofrece el destino. Se siente despojado y estafado. Como está tan desconectado del valor potencial de su propio destino, tiene la rebuscada fantasía de que los demás cuentan con la bendición de la buena suerte.

Lo importante para cuidar del alma envidiosa no es liberarse de la envidia, sino dejarse guiar por ella para volver al propio destino. El dolor de la envidia es como un dolor en el cuerpo: hace que nos detengamos para fijarnos en algo que funciona mal y necesita atención. Lo que funciona mal es nuestra visión de primer plano, que se ha vuelto borrosa. La envidia es una hipermetropía del alma, una incapacidad de ver lo que tenemos más cerca. No llegamos a ver la necesidad y el valor de nuestra propia vida.

Conocí una vez a una mujer que sufrió durante años una aguda, refinada e implacable envidia. Durante todo el día hacía su trabajo en la fábrica, empeñada en mejorar su vida, y por la noche se ocultaba en su casa. Le resultaba insoportable ver la plenitud de la vida que llevaba otra gente a su alrededor. Se sentía inconsolablemente solitaria y del todo desdichada. Una y otra vez, describía detalladamente la felicidad de sus amigos. Se conocía todo lo bueno que les sucedía. Cada vez que se enteraba de algún nuevo éxito o golpe de suerte de alguien, lo sentía como un golpe, como un clavo más remachado en el cofre de pensamientos envidiosos que llevaba consigo continuamente. Sus amigos y amigas tenían dinero, una buena familia, un trabajo satisfactorio, compañerismo, una estupenda vida sexual. Al escucharla se tenía la impresión de que todo el mundo era bienaventuradamente feliz, y ella la única que soportaba la carga de la soledad y la pobreza.

El lado oculto del masoquismo es la tiranía deliberada. La desdicha de aquella mujer disimulaba su rigidez. A esos mismos amigos a quienes envidiaba, los juzgaba sin misericordia alguna. En su propia familia, revoloteaba alrededor de sus dos hijos, que ya habían pasado de los treinta, e intentaba controlar todos sus movimientos. Parecía que consagrara desinteresadamente su vida al bienestar de sus hijos privándose ella de todo, pero además se complacía en hacerse cargo de las vidas ajenas. Su envidia reflejaba su preocupación por la vida de los demás y la forma en que descuidaba la suya.

Cuando vino a verme para que la ayudara, pensé que podría invitar a su envidia para oír qué era lo que tenía que decir. La paciente, por supuesto, afirmaba que deseaba que yo le encontrara una hábil manera de salir de todo aquello. Pero la envidia es como los celos; el envidioso siente por ella un verdadero apego, y le gustaría que todos los demás se vieran arrastrados hacia ella. Una persona que habla de su envidia es como un misionero que trata de ganar conversos para su religión. El mensaje oculto en el relato de la envidia es: «¿No estás tan escandalizado como yo?». Pero yo no quería dejarme atrapar por esa dimensión del mensaje, sino saber qué estaba haciendo allí la envidia, y con qué intenciones.

Era verdad que esa mujer se había criado en una familia que no tenía mucho dinero ni medios suficientes para ellos y sus hijos. Además, su estricta educación religiosa le había dejado muchas inhibiciones referentes a la sexualidad y al dinero, y una serie de ideas fijas sobre la obligación de sacrificarse por los demás. Había pasado por dos matrimonios y los consiguientes divorcios, difíciles y dolorosos. Pero estos hechos no bastaban para explicar su abrumadora envidia. Por el contrario, al recitar su lista de desdichas cada vez que podía, la mujer racionalizaba su estado. Aquellos convincentes argumentos formaban parte de su complejo; le servían para mantener la envidia bien aceitada y en perfecto funcionamiento.

Irónicamente, las coléricas explicaciones que se daba por su mala suerte no le permitían sentir el dolor de su pasado. A menudo, los síntomas son evidentemente dolorosos, pero es probable que al mismo tiempo estén protegiendo de un dolor más profundo, asociado con la necesidad de reconocer y afrontar las realidades fundamentales del destino. Era como si su envidia absorbiera dentro de sí misma todo aquel dolor y le proporcionara una extraña manera de no reconocer su pasado.

Empezamos nuestro trabajo pasando revista lentamente a sus muchísimas historias de privación. Yo estaba atento a las maneras que tenía de distanciarse sutilmente del sufrimiento y no tomar conciencia de él. Por ejemplo, buscaba excusas para su familia: «Lo hicieron lo mejor que sabían. Tenían buenas intenciones». Procuré ir más allá de estas racionalizaciones de modo que ambos pudiéramos sentir la tristeza y el vacío que habían acompañado su pasado, y reconocer además las limitaciones y los fallos de sus padres.

En presencia del sufrimiento que genera la envidia, es fácil caer en la tentación de dar ánimos: «Usted es capaz de hacerlo. Puede tener cualquier cosa que se proponga. Es tan inteligente como cualquier otra persona».

Pero esta manera de abordar el problema cae directamente en la trampa que tiende la envidia: «Yo intentaré encarrilar mi vida, pero sé que el proyecto está condenado al fracaso desde el principio». El verdadero problema no reside en la capacidad del individuo para llevar una buena vida, sino en su capacidad para no llevarla. Si evitamos la maniobra compensatoria que representa caer en el pensamiento positivo y de apoyo, podemos aprender en cambio a honrar el síntoma y dejar que sea éste el que nos guíe hacia la mejor forma de cuidar del alma. Si en la envidia la persona lamenta que su vida no sea mejor, entonces tal vez sea buena idea sentir profundamente ese vacío. Los deseos pueden ser triviales instrumentos de represión, que llaman la atención sobre posibilidades superficiales y nada realistas como defensa contra el vacío, que es tan doloroso. Estaba bastante claro que lo que le faltaba a esta mujer era la capacidad de sentir su propio sentimiento de desolación y vacío.

Una vez que empezó a hablar con mayor sinceridad de su vida hogareña y con más realismo de sus amigos, que tenían tanta mala suerte como puede tener cualquiera, el tono quejumbroso de la envidia en su voz cedió el paso a algo más sólido y sobrio. Entonces esta mujer pudo asumir mejor la responsabilidad de su situación, hasta que con el tiempo llegó a mejorarla.

Tanto en los celos como en la envidia, las fantasías son poderosa y totalmente cautivadoras, y sin embargo, flotan en una atmósfera en cierto modo apartada de la vida real. Son ilusiones, imágenes a las que se mantiene a raya para que no puedan afectar directamente a la vida. Pero entretenerse en una vida imaginaria es una manera de esquivar el alma, que está siempre, de alguna manera, ligada con la vida. Como síntomas, los celos y la envidia mantienen la vida a una distancia segura; como invitaciones para el alma, ofrecen maneras de adentrarse en el propio corazón, allí donde es posible recuperar el amor y el apego.

El hecho de que tanto los celos como la envidia se resistan a la razón y a los esfuerzos humanos por arrancarlos de raíz es una bendición. Así nos piden que nos hundamos más profundamente en el alma, más allá de las ideas de salud y felicidad, en el seno del misterio. Son los dioses quienes se ponen celosos y envidiosos, y sólo si llega a tocar ese lugar profundo de la actividad divina puede el individuo hallar una respuesta que lo transforme, que lo lleve a un lugar desconocido donde se agita el impulso mítico. En última instancia, estas inquietantes emociones nos abren un camino hacia una vida vivida con más profundidad, madurez y flexibilidad.

Nuestra tarea es cuidar del alma, pero también es verdad que el alma cuida de nosotros. De manera que la expresión «cuidado del alma» se puede entender en dos sentidos. En uno de ellos, hacemos todo lo que podemos por reconocer y honrar lo que el alma nos presenta; en el otro, el alma es la que nos cuida. Incluso en su patología, y quizás especialmente en ella, el alma cuida de nosotros ofreciéndonos un camino de salida que nos aparte de un estrecho secularismo. Su sufrimiento sólo puede ser aliviado por el restablecimiento de una sensibilidad mítica particular. Por lo tanto, su sufrimiento inicia un avance hacia un aumento de la espiritualidad. Irónicamente, la patología puede ser un camino hacia una religión plena de alma.

6

El alma y el poder

En el alma, el poder no funciona de la misma manera que en el ego y en la voluntad. Cuando queremos alcanzar algo egoístamente, reunimos nuestras fuerzas, planeamos una estrategia y concentramos todos nuestros esfuerzos. Este es el tipo de comportamiento que James Hillman describe como heroico o hercúleo. Aquí la palabra está usada en el mal sentido: valerse de la fuerza bruta y de una visión estrecha y racionalista. En contraste, el poder del alma se parece más a un gran embalse o, según la imagen tradicional, a la fuerza del agua en un río que corre formando rápidos. Es natural, no está manipulado y brota de una fuente ignota. Con esta clase de poder, nuestro papel se limita al de un observador atento que toma nota de la forma en que el alma quiere precipitarse en la vida. También es nuestra tarea encontrar medios ingeniosos de expresar y estructurar ese poder, asumiendo la plena responsabilidad de él, pero confiando también en que el alma tenga intenciones y necesidades que tal vez entendemos sólo parcialmente.

Ni la voluntad centrada en el ego, por una parte, ni la pura pasividad, por la otra, sirven al alma. El trabajo con el alma requiere a la vez mucha reflexión y un duro esfuerzo. Piense en todas las culturas antiguas que derrocharon montones de dinero, materiales y energía en la construcción de pirámides, megalitos, templos y catedrales en nombre del teatro sagrado o de la santa imaginación. El truco está en encontrar la perspectiva llena de alma que alimenta la acción valiéndose tanto de la pasión como de la contemplación de lo imaginario.

Esto me recuerda el constante intento de Jung, tanto en su teoría como en su propia vida, de descubrir la «función trascendente», como él la llamaba, o sea, un punto de vista que abarca tanto las misteriosas profundidades del alma como el entendimiento y la intención conscientes. Para Jung, éste era exactamente el significado del sí mismo: un punto de apoyo de la acción y de la inteligencia que siente tanto el peso del alma como el del intelecto. Esto no es una mera construcción teórica. Puede ser, como demostró Jung en el trabajo con su propia alma, un modo de vida. El poder que proviene de esta nueva situación de la fuente de la acción tiene profundas raíces y no está atrapado destructivamente en motivos narcisistas. El *Tao te king* (cap. 30) dice: «El gran general logra su resultado y eso es todo; no se vale de la ocasión para a partir de ella obtener fuerza». Utilizar el poder del alma no tiene nada que ver con la necesidad de llenar huecos en el ego ni de compensar precariamente su falta de poder.

¿Cuál es la fuente de este poder del alma, y cómo podemos acceder a él? Creo que con frecuencia proviene de lugares inesperados. En primer lugar, de vivir cerca del corazón, en vez de estar reñido con él. Por lo tanto, paradójicamente, el poder del alma puede generarse en el fracaso, la depresión y la pérdida. La regla general es que el alma aparece en las brechas y los agujeros de la experiencia. Por lo común, es tentador encontrar alguna sutil manera de negar estos agujeros, o de distanciarnos de ellos. Pero todos hemos experimentado momentos en los que el hecho de haber perdido un trabajo o de haber superado una enfermedad ha servido para encontrar una inesperada fuerza interior.

Otras fuentes de un poder profundamente arraigado son simplemente algunas peculiaridades concretas de la personalidad, del cuerpo o de las circunstancias. Una persona tiene una voz profunda y resonante que le proporciona su lugar en el mundo. Otra es lista, inteligente a su manera e imaginativa. Hay quienes tienen un atractivo sexual que no necesitan explotar para generar poder en su vida.

A veces una persona joven y necesitada de poder lo busca en lugares convencionales, sin hacer caso de sus propias cualidades inherentes. No sin cierta timidez, trata de hablar con tranquilidad y de aparentar que está a gusto, cuando en realidad está nerviosa e insegura de sí misma. Hay sitios donde se supone que si podemos mostrar una fachada de tranquilidad, la consecuencia segura será el poder. Pero estas burdas evocaciones de la fuerza y la confianza en nosotros mismos se desmoronan inevitablemente, y quedamos inmersos de forma todavía más profunda en la tinaja de la inseguridad.

A los escritores se les enseña a «escribir de lo que saben». El mismo consejo es válido en la búsqueda del poder del alma: sé bueno en aquello para lo que eres bueno. Son muchas las personas que gastan tiempo y energía en tratar de ser algo que no son. Pero esto es una maniobra en contra del alma, porque la individualidad surge de ella tal como el agua surge de las profundidades de la tierra. Somos quienes somos debido a la especial mezcla que constituye nuestra alma. Pese a su contenido universal y arquetípico, el alma de cada individuo tiene su propia idiosincrasia. El poder comienza conociendo esta alma especial, que puede ser completamente diferente de nuestras fantasías sobre quiénes somos o lo que queremos llegar a ser.

Un amigo me presentó una vez al público ante el cual yo iba a dar una conferencia.

—Voy a deciros —les anunció— todo lo que Tom no es. No es un artista, no es un erudito, no es un filósofo, no es...

Me sentí un poco mortificado al oír tantas cosas que no era. En aquel momento estaba enseñando en una universidad y eso suponía por lo menos la ilusión de que era un erudito. Sin embargo, yo sabía que no lo era. La insólita presentación de mi amigo fue sensata, y absolutamente correcta. Quizás a todos nos viniera bien, de vez en cuando, vaciarnos de nuestra identidad. Si consideramos quiénes no somos, tal vez tropecemos con la sorprendente revelación de quiénes somos. De nuevo ese testamento absoluto del vacío lleno de alma que es el *Tao te king* (cap. 22) nos dice en palabras en las que también resuenan ecos de Jesús: «Cuando estés torcido, estarás derecho; cuando estés vacío, estarás lleno».

El vacío lleno de alma no siente ansia. Es más, el poder se vierte dentro cuando cultivamos el sentimiento del vacío y nos resistimos a las tentaciones de llenarlo prematuramente. Tenemos que contener ese vacío. Con demasiada frecuencia perdemos este preñado vacío buscando en cambio sustitutos del poder. Podríamos decir que la tolerancia de la debilidad es un requisito previo al descubrimiento del poder, porque cualquier ejercicio de fuerza motivado por el intento de evitar la debilidad no es auténtico poder. Esta es una regla básica. El alma no tiene un lugar donde presentarse si continuamente llenamos todos los huecos con actividades ficticias.

Conocí a un joven que quería ser escritor. Algo en él lo movía a viajar y a llevar una vida bohemia, pero miró a su alrededor y vio que todos sus compañeros seguían estudiando. Entonces decidió desoír su deseo de viajar y hacer algunos cursos universitarios. Como era de esperar, fracasó, y entonces inició un largo viaje. Es fácil pasar por alto las obvias y persistentes indicaciones del alma, en este caso las fantasías y los anhelos de viajar, e intentar en cambio fabricarse poder con esfuerzos tan duros como costosos.

La lógica y el lenguaje del alma

Una de las principales dificultades que implica embarcarse en el cuidado del alma es captar la naturaleza de su manera de expresarse. El intelecto trabaja con la razón, la lógica, el análisis, la investigación, las ecuaciones, los pros y los contras. Pero el alma practica una clase diferente de matemáticas y de lógica. Presenta imágenes que no son inmediatamente inteligibles para la mente que razona. Insinúa, ofrece impresiones fugitivas, persuade más bien con el deseo que con la razón. Para tener acceso al poder del alma, hemos de familiarizarnos con su estilo y, además, estar alerta. Las indicaciones del alma son muchas, pero por lo general sumamente sutiles.

Hay dos cuentos sufíes que demuestran lo extraña que puede parecerle la lógica del alma a la mente razonadora y heroica. En el primero, Nasrudin acude a un maestro para tomar lecciones de música.

—¿Cuánto cuestan las lecciones? —le pregunta.

—Quince dólares la primera, y las siguientes diez dólares cada una.

—Perfecto —responde Nasrudin—. Empezaré por la segunda.

γ

No sé si hay una lectura preceptiva del cuento, pero para mí describe el carácter mercuriano del ingenio del alma, que puede generar mucho poder, y presenta al mismo tiempo esa lógica especial que va contra las expectativas naturales. Los alquimistas enseñaban que el trabajo con el alma es un *opus contra naturam*, es obrar contra la naturaleza. Este cuento es un ejemplo de cómo la manera que tiene el alma de entender las cosas es «antinatural». En algún sentido, es como la parábola de Jesús en la que a los labradores que llegan a trabajar al caer el día se les paga lo mismo que a los que han estado trabajando desde el amanecer.

El alma no se beneficia necesariamente de un trabajo largo y difícil, ni de ningún tipo de justicia. Sus efectos se logran más bien mediante la magia que mediante el esfuerzo. El solo hecho de que hayas trabajado mucho tiempo y con dedicación no significa que el alma obtendrá los beneficios que deseas. Tampoco debes iniciar inocentemente un trabajo de esta clase, aceptando trabajar duro y después esperar algo por tu esfuerzo. Es probable que tengas que ser como Nasrudin, que astutamente trata de conseguir más con el menor gasto. En terapia, una persona dirá: «Hace un año que estoy trabajando en ello. A estas alturas ya debería haber conseguido algo». Otra pensará: «He escogido un psicoanalista muy caro, de modo que debería tener el mejor tratamiento posible». Esta lógica del consumidor, basada en la equidad y lo razonable, no tiene nada que ver con la forma en que funciona el alma y puede ser la menos eficaz de las maneras de descubrir su poder.

El otro cuento sufí es más misterioso.

Nuri Bey era un albanés, reflexivo y respetado, que se casó con una mujer mucho más joven que él.

Una noche que regresó a casa antes de lo habitual, un fiel sirviente vino a decirle:

—Vuestra esposa, nuestra señora, está actuando de manera sospechosa. Está en sus habitaciones con un enorme arcón que perteneció a vuestra abuela, lo bastante grande como para ocultar a un hombre. No debería contener más que unos bordados antiguos, pero creo que ahora podría haber dentro mucho más que eso. Ella no ha permitido que yo, el más viejo de vuestros servidores, mirara en su interior.

Nuri fue a la habitación de su mujer y la encontró sentada, con aire de desconsuelo, junto al gran arcón de madera.

—¿Quieres mostrarme lo que hay en ese arcón? —le preguntó.

—¿A causa de las sospechas de un sirviente, o de que tú no confías en mí?

—¿No sería más fácil abrirlo, simplemente, sin pensar en matices y sutilezas? —preguntó Nuri.

—No me parece posible.

—¿Está cerrado con llave?

—Sí.

—¿Dónde está la llave?

Ella se la mostró, diciendo:

—Despide al sirviente y te la daré.

El sirviente fue despedido. La mujer entregó la llave a Nuri, con evidente preocupación, y se retiró.

Nuri Bey estuvo largo rato pensando. Después llamó a cuatro de sus jardineros. Juntos llevaron el arcón por la noche, sin abrirlo, hasta una parte remota de su propiedad, y allí lo enterraron.

Jamás se volvió a hablar del asunto.

γ

He aquí un relato fascinante y misterioso. Tampoco en este caso sé si hay una interpretación preceptiva. A mí me muestra al alma, representada típicamente por la mujer, como el receptáculo del misterio. El hombre mayor, el *senex*, quiere abrirlo para encontrar la explicación del misterio. También, como en el cuento de la lección de música, el relato tiene su sombra, la sugerencia de que podría haber un hombre en el arcón. ¿O es que cualquier receptáculo que tenga la esposa puede contener humanidad o a una persona, como si fuera la envoltura del alma humana? La esposa, hablando otra vez en nombre del alma, indaga en las fantasías de su marido sobre el arcón. Pero, de un modo típico de Hércules, el hombre quiere desentenderse de matices y sutilezas para ir directamente a una solución literal: abrir el arcón y punto.

¿Cuántas veces nos perdemos una ocasión de trabajar con el alma y preferimos dar un salto hacia delante en busca de soluciones finales, sin detenernos a paladear las sutilezas? Queremos enterarnos rápidamente del desenlace, y por ello nos perdemos oportunidades de conocer nuestros motivos y nuestros secretos y, por lo tanto, de conocernos mejor. Desde el punto de vista de la mujer, simplemente no es posible limitarse a abrir el arcón sin tener en cuenta matices ni sutilezas.

Pero ella tiene la llave. Jung dice que el *anima* es el rostro del alma. En este cuento ella es la única que puede abrir y cerrar el arcón, y la tensión se centra en la cuestión de si el hombre la forzará o no a hacerlo. ¿Necesitamos revelar todo lo que está oculto? ¿Necesitamos entender todos los misterios? Estamos acostumbrados a que nos hablen de las grandes revelaciones de la ciencia —el descubrimiento de los átomos, de las partículas y del ADN— y naturalmente, pensamos que los misterios están ahí para que los resolvamos. La alternativa parece extraña, pero al mismo tiempo tiene su propio atractivo: usemos nuestra inteligencia y nuestra habilidad para preservar los misterios.

Este es un cuento didáctico, porque al final se nos enseña cómo hemos de tratar con el material de que está hecha el alma. Nuri Bey piensa durante largo rato. Con su reflexión se crea su propio espacio interior, y entonces está preparado para la clase de acción adecuada para el alma. Llama a cuatro jardineros —aquí Jung habría entendido el número cuatro como símbolo de totalidad—, que por la noche se llevan el arcón a un lugar distante donde lo entierran y nunca más se vuelve a hablar del asunto. Pensamos que el poder proviene de entender y revelar. Pero por la historia de Edipo deberíamos saber que este enfoque sólo funciona hasta cierto punto. Edipo resolvió el enigma de la esfinge, pero después quedó ciego, y sólo más adelante, lentamente, llegó a apreciar los misterios que están más allá del alcance de la razón. Desde el punto de vista del alma es igualmente importante, o tal vez más, contener la urgencia de la curiosidad y de la desconfianza, permitir que ciertas cosas sigan estando distantes y enterradas, confiar al compañero del alma o al alma gemela las cosas que no se han de traer a la luz del día.

Un hombre me habló una vez de la mujer de quien estaba enamorado. Habían tenido una pelea y, en el acaloramiento de su angustia, él le había enviado una carta áspera y desconsiderada. Antes de que la carta llegara a su destino, telefoneó a la mujer para pedirle que no la leyera. Más tarde ella le dijo que había recibido la carta y la había roto inmediatamente. Había sentido una enorme curiosidad, y en los arrugados trozos de papel arrojados a la papelera podía distinguir los trazos de su letra. Le confesó que había tenido la tentación de leer la carta, pero no lo había hecho. En ese momento, me contó el hombre, sintió que el vínculo entre ellos seguía intacto. El respeto que ella había demostrado había fortalecido su relación. Yo pensé en Nuri Bey y en la especial lección sobre el poder del alma que aprendió en los momentos en que estuvo pensando, cuando decidió que el arcón permaneciera cerrado.

Estos relatos demuestran que el poder no siempre se revela en la acción. Nuri Bey podría haber dominado fácilmente a su mujer y descubierto sus secretos, pero al respetar su intimidad mantuvo su poder. En general, mantenemos nuestro poder cuando protegemos el poder de los demás.

La violencia y la necesidad de poder

La palabra *violencia* proviene del latín *vis*, que significa «fuerza vital». Su misma raíz sugiere que en la violencia el impulso vital se hace visible. Sin embargo, si esa vitalidad fundamental no está presente en el corazón, se muestra deformada por nuestras represiones y nuestras concesiones, por nuestros miedos y nuestras manipulaciones narcisistas.

Sería un error abordar la violencia con la simple idea de liberarse de ella. Es probable que si intentamos erradicarla nos privemos también del profundo poder que sustenta la vida creativa. Además, el psicoanálisis nos enseña que con la represión nunca conseguimos lo que queremos. Lo reprimido siempre retorna de una forma monstruosa. La corriente vital del alma, su *vis*, es como la fuerza natural de la vida vegetal, como la hierba que crece a través del cemento y en un tiempo relativamente corto arrasa con los grandes monumentos de la cultura. Si intentamos domesticarlo y encerrarlo, este poder innato encontrará, inevitablemente, su camino hacia la luz.

Creo que «represión de la fuerza vital» es un diagnóstico que se adaptaría a la mayor parte de los problemas emocionales que presenta la gente en terapia. Hoy en día es común que los terapeutas animen a sus pacientes a expresar su cólera, casi como si hacerlo fuese una panacea. Pero sospecho que la rabia y su expresión no son más que un camino hacia el interior de la *fuerza* de la vida que ha quedado atenuada y que nos resulta difícil sentir en nuestra sociedad moderna. Los médicos del Renacimiento colocaban tanto la cólera como la fuerza vital bajo la égida de un único dios, Marte. Todas las personas, enseñaban, tienen dentro de sí una fuerza explosiva pronta a descargarse en el mundo. El simple hecho de ser nosotros mismos —de dejar salir nuestra propia individualidad y nuestros peculiares dones— es una manifestación de Marte. Cuando nos permitimos existir verdadera y plenamente, *aguijoneamos* al mundo con nuestra visión y lo desafiamos con nuestra propia manera de ser.

En el mundo del espectáculo y en la vida política vemos a veces personas de un talento excepcional que irrumpen públicamente en escena con una energía y una imaginación irreprimibles; sólo por el hecho de ser quienes son, nos asombran con su brillo. Una metáfora que se usa con frecuencia para describir su aparición en escena es «meteórica». Destellan, se queman y dejan su huella en nuestro mundo tímido y domesticado. De esa gente decimos que tiene «carisma», una palabra que significa favor y dones divinos. Su poder no proviene del ego. Lo que vemos en personas como éstas es una luz divina que arde en su personalidad y en sus actos.

Pero a lo largo de la historia humana se ha percibido la expresión de la individualidad como una amenaza para el orden establecido. Pese al entusiasmo con que se declara defensora del individuo, nuestra cultura favorece de muchas maneras el conformismo. La insipidez y la previsibilidad de la vida moderna nos tranquilizan agradablemente. Dondequiera que vayamos, nos costará encontrar una tienda o un restaurante que tenga algo que lo distinga. En las zonas comerciales, restaurantes, cines, en todas partes nos encontramos con la misma ropa, las mismas marcas, los mismos menús, las mismas películas, la misma arquitectura. En la costa este de Estados Unidos nos podemos sentar en un restaurante idéntico a aquel donde estuvimos sentados en la costa oeste. Sin embargo, según dice el psicoanálisis, la repetición es la muerte. Nos defiende del ajetreo de la vida individual, buscando la mortífera paz de una cultura que ha desterrado la sorpresa.

Algo tan simple como una comida nueva puede ser amenazador, y es bien sabido que las nuevas modas en la vestimenta pueden ser declaraciones tanto de conformismo como de anarquía. Los grupos políticos han llegado a identificarse por la largura del pelo. En la vida diaria, esas opciones tienen un auténtico poder, y una sociedad preocupada por el orden y por funcionar de un modo uniforme puede ir haciéndose, gradual e inconscientemente, cada vez más insulsa a causa de lo que parece ser el bien de todos.

No es nada raro que las fuerzas y los síntomas reprimidos terminen por reaparecer como objetos; es decir, nuestra fantasía llega a cristalizar en una cosa que tiene el poder y el hechizo de un fetiche. En este sentido, nuestros arsenales nucleares, con su misterio y su amenaza, son los oscuros portadores de aquello de lo que no hemos hecho caso en el alma.

Las bombas y los misiles nos ofrecen una asociación constante y cotidiana con nuestra propia destrucción. Son los recordatorios de que no todo se puede contener y controlar, de que como sociedad podemos autodestruirnos, borrar del mapa a otros pueblos y también aniquilar el planeta. Esto configura un fetiche de poder sin precedentes. El analista junguiano Wolfgang Giergerich ha establecido un paralelo entre la bomba atómica y el «becerro de oro» del Génesis. Ambos son ídolos. Giergerich observa que el becerro era en realidad un toro, una imagen de poder animal ilimitado. Pero, dice, en aquel momento mítico en que Moisés destruyó el toro, los hombres desterramos del mundo el poder de la oscuridad y empezamos a erigir altares solamente a la luz. Nuestras bombas son, entonces, una continuación del desterrado becerro de oro. Como nos hemos negado a asociarnos con las fuerzas oscuras, las hemos obligado a convertirse en fetiches, y en esa forma perduran, fascinantes y letales.

Yo veo, por consiguiente, una conexión entre nuestra violencia, aparentemente imposible de resolver, y la repetitiva insipidez que atesoramos. Según nos ha enseñado durante siglos la tradición, el alma necesita de la profunda y desafiante gracia de Marte, que lo enrojece todo a su alrededor con el resplandor apasionado de la vida, aporta a toda acción un punto de creatividad y siembra a cada momento y en cada suceso las semillas del poder. Cuando se hace caso omiso de Marte y se lo devalúa, se lo está forzando a aparecer en forma de fetiche y a expresarse en comportamientos violentos. Marte es infinitamente más grande que la expresión personal de la cólera. Creativo y destructivo, es la vida lista para la lucha.

No existe la neutralidad en el alma. Ella es la sede y la fuente de la vida. O bien respondemos a lo que nos presenta en sus fantasías y deseos, o este descuido de nosotros mismos nos hará sufrir. El poder del alma puede arrojar a una persona en el éxtasis o en la depresión. Puede ser creativo o destructivo, tierno o agresivo. El poder se incuba dentro del alma y después hace sentir su influencia en la vida como expresión del alma. Si no hay plenitud de alma, entonces no hay auténtico poder, y si no hay poder, no puede haber auténtica plenitud de alma.

El sadomasoquismo

Cuando se descuida el poder del alma, se lo usurpa o se juega con él, caemos en la situación verdaderamente problemática del sadomasoquismo, que puede ir desde el extremo de aparecer como un síndrome clínico hasta el de asumir la apariencia de una dinámica que opera en las transacciones más simples y comunes. En el sadomasoquismo, el auténtico poder —en el que no hay, literalmente, tiranos ni víctimas— se descompone en dos partes: la violencia y la condición de víctima, el dominador y el sometido. Por más que superficialmente pueda parecer una fuerza genuina, el sadomasoquismo es un fracaso del poder. Siempre que una persona hace de otra su víctima, el verdadero poder se ha perdido y ha sido reemplazado por un drama peligroso para ambas partes.

La escisión sadomasoquista del poder tiene las características de todo comportamiento sintomático: es literalmente destructiva, e implica una polarización en la que un lado de la escisión se ve con claridad, mientras que el otro permanece oculto. La gente que se vuelca hacia la violencia es visiblemente controladora; lo que es menos obvio son sus debilidades y sus sentimientos de impotencia. Por otra parte, las personas que habitualmente desempeñan el papel de víctimas pueden no tener conciencia, en absoluto, de sus propios y más sutiles métodos de control. Por eso es tan difícil hacer frente a los manejos del poder: porque las cosas no son lo que parecen. Los débiles se engrandecen y tratan de actuar como si fueran fuertes; los duros ocultan sus puntos vulnerables; los demás no llegamos a ver más allá de la superficie. Suponemos que las ficciones de poder que nos rodean por todas partes son genuinas, y caemos víctimas de ellas.

En mi calidad de terapeuta, me enfrento diariamente con esta escisión. Una mujer, casada desde hacía diez años, vino una vez llorando a contarme que su marido tenía una aventura amorosa. De entrada, era evidente que quería que yo me compadeciera de su terrible sensación de haber sido traicionada, que criticara a su marido y que, finalmente, encontrara alguna manera de hacerlo volver al buen camino. Pero yo mantuve las distancias, porque desde el primer momento me di cuenta de dos cosas: lo exagerado de sus sentimientos de víctima y el empeño con que intentaba controlarme. A medida que ella iba hablando, estos dos aspectos se fueron mostrando con más claridad. En ese momento estaba tan compenetrada y tan plenamente identificada con el papel de víctima que no tenía la menor conciencia de sus esfuerzos por controlar a su marido y por controlarme a mí. Cuando se lo señalé, me dijo que estaba equivocado, y que no volvería. Como no retrocedí ante esta manifiesta amenaza, finalmente empezamos a aclarar las cosas. En unas pocas semanas, el marido dio por terminada su aventura amorosa y se restableció hasta cierto punto la armonía. Me sorprendió la rapidez con que se aquietaron las cosas, pero la mujer me contó que años atrás, en una terapia anterior, ya habían aparecido esos problemas de control, y que ella había pensado —como lo hacemos muchos— que podía «resolver» de una vez por todas esos problemas. Su verdadera fuerza residía en su capacidad para mantener a raya su sensación de ultraje y dirigir la mirada sobre sí misma en un momento en que era fácil echarle toda la culpa al marido.

El oscuro ángel de la destrucción

La violencia tiene mucho que ver con la sombra, en particular con la sombra del poder. Para muchas personas nacidas y criadas en Estados Unidos, la inocencia —la ausencia o el rechazo de la sombra— es un grave obstáculo para tomar conciencia del poder del alma. Cuando la gente habla de poder e inocencia, con frecuencia se refieren a su educación religiosa, que de una manera u otra les enseñó a ofrecer la otra mejilla y a sufrir. David Miller ha señalado que la imagen de los fieles como un rebaño de ovejas mantiene sutilmente la idea de que ser bueno es ser débil y sumiso.

Otra manera de perder poder es identificarse con la fantasía del *puer*, que tanta fuerza tiene en la psique de los estadounidenses. El espíritu juvenil del idealismo, la noción del crisol de razas, la idea de que todo el mundo tiene su oportunidad y de que todos somos iguales, estos dogmas del ideal estadounidense no sólo proyectan una sombra oscura, sino que también hacen que a muchas personas el poder les parezca indeseable. Queda entonces reprimido como material de la sombra, y el resultado de ello es que muchas luchas por el poder tienen lugar en secreto, de una manera solapada.

Con frecuencia los sueños nos presentan imágenes de un poder oscuro, y el soñante es o bien el que esgrime las armas o bien su víctima. Por ejemplo, un hombre de edad mediana me contó este sueño: Se encontraba de pie frente a la puerta de un banco, esperando que abrieran. Le acompañaba una amiga, y a su lado había algunas otras personas. De pronto advirtió que dos hombres próximos a él tenían pistolas en los bolsillos: podía ver cómo asomaban las culatas y advirtió que las estaban sacando lentamente para entrar en acción. Ante la idea de un tiroteo, instintivamente echó a correr, presa del pánico, dejando allí a su amiga, sin preocuparse de ella, y se despertó sintiéndose culpable por su cobardía.

El hombre entendía su sueño como una imagen de su miedo a la violencia. Tenía grandes dificultades en las confrontaciones más comunes. Era característico de él, me contó, ser sumamente solícito con sus amigas, pero en el sueño el pánico superaba su altruismo y se retiraba con sorprendente rapidez. Mencionó otros sueños en los que la presencia de armas de fuego le provocaba pánico y su única preocupación era su propia protección. En sus sueños nunca participaba en un combate, y él pensaba que eso era una debilidad de carácter.

A veces es útil entender que las figuras de los sueños son como ángeles. Parecen humanas, pero su mundo es el dominio de la imaginación, donde las leyes naturales y morales de la vida real están en suspenso. Sus acciones pueden ser misteriosas, y no se las puede tomar al pie de la letra. Yo veía a los dos hombres del sueño como ángeles oscuros, que hacían algo que al soñante jamás se le ocurriría hacer. A él le asustaban sus armas y escapaba de ellos, pero tal vez eso no fuera mostrarse cobarde. La fuga parece una reacción sensata en presencia de armas de fuego, especialmente cuando uno no las tiene. También se podría ver el hecho de alejarse de su amiga como algo que sucede cuando él intuye la violencia. Entonces ya no está en contacto con el mundo femenino y sensible al que habitualmente considera que debe proteger.

En el sueño no sólo había pistolas, sino también el asalto a un banco. Se lo podía ver como una lección sobre la necesidad de robar. A veces tenemos que ponernos una máscara oscura y llevar un arma en el bolsillo —en la región fálica o entre los pechos— para seguir adelante.

La religión está llena de enigmáticos episodios de arreglos financieros amorales. Como hemos visto, Jesús cuenta la historia del administrador que pagaba el mismo salario a las personas que trabajaban una hora que a las que trabajaban todo el día. Los griegos celebraban que Hermes, el primer día de su vida, robara el ganado de su hermano Apolo. Es probable que para que disfrutemos de los dones de Hermes tengan que robarnos nuestros valores apolíneos. El cuento de Nasrudin y las lecciones de música suena como una invitación a la estafa. En el relato del Evangelio y en innumerables cuadros de la crucifixión se muestra a Jesús entre dos ladrones, de uno de los cuales dice que estará con él en el paraíso. A veces se interpreta esta imagen como la humillación de Jesús, pero la historia también puede ser una elevación del robo.

La carta de Oscar Wilde desde la prisión, conocida como *De Profundis*, es un ejemplo extraordinario de teología romántica, y en ella analiza el lugar de la sombra en la imagen de Jesús:

> El mundo siempre había amado a los santos como la mayor aproximación posible a la perfección de Dios. Parece que Cristo, merced a algún instinto divino, hubiera

> amado siempre al pecador como la mayor aproximación posible a la perfección del hombre. Su principal deseo no era reformar a la gente ni tampoco aliviar el sufrimiento. [...] Pero en un sentido que el mundo aún no ha entendido, consideraba el pecado y el sufrimiento como cosas que en sí mismas eran bellas y sagradas, y modos de la perfección.[5]

Si nos dejamos guiar por Oscar Wilde para entender, desde el punto de vista teológico, el sueño del hombre, podríamos considerar que los dos pistoleros son los dos ladrones compañeros de Jesús. Pueden ser ángeles caídos cuyo trabajo es asaltar bancos. Puede ser que estén expresando la difícil verdad de que a veces, para llegar a ser ricos de alma, tenemos que desvalijar, violenta y oscuramente, el depósito de la riqueza. No es suficiente conseguir lo que esperamos o aquello por lo que hemos luchado o sufrido. Es probable que nos encontremos, como le pasó a Jesús, en compañía de ladrones y pistoleros exactamente cuando creemos ser más inocentes y estar de ánimo protector y cerca de la mujer.

La sombra es una realidad aterradora. Cualquiera que hable con sospechosa facilidad de integrarla, como si uno pudiera relacionarse con ella del mismo modo que se aprende una lengua extranjera, no conoce la oscuridad que siempre la caracteriza. El miedo nunca está muy lejos del poder. Y la auténtica inocencia se encuentra siempre en las inmediaciones de la culpa que origina el derramamiento de sangre. Las tres cruces del Gólgota no representan simplemente el triunfo de la virtud sobre el vicio. Son un reflejo de la trinidad, la imagen más atesorada del cristianismo. Apuntan al gran misterio que señala Oscar Wilde: el hecho de que la virtud jamás es auténtica cuando se define como algo distinto del mal. No haremos más que apoyar la violencia en nuestro mundo si nos negamos a admitir el lugar que ocupa en nuestro propio corazón y nos identificamos solamente con la inocencia.

La gente me cuenta con frecuencia sueños de armas, ya sean de fuego o de otros tipos. No creo que eso sea tanto una compensación de la inocencia en la vida como un signo de que el alma ama el poder. Los sueños nos proporcionan una visión menos censurada del potencial del alma que el autoanálisis consciente de una persona. También en la sociedad hay signos dc que las armas de fuego son objetos rituales. Al mismo tiempo que se las prohíbe, se las adora. Un arma de fuego es uno de los más numinosos, misteriosamente fascinantes y perturbadores de los objetos que nos rodean. Es probable que quienes se oponen a que se las proscriba estén defendiendo una infrecuente imagen del poder que mantiene ante nuestros ojos la fuerza *—vis—* de la vida. Un arma de fuego no sólo es peligrosa porque amenace nuestra vida, sino también porque materializa y convierte en fetiche nuestro deseo de poder, manteniendo al poder al alcance de la vista y al mismo tiempo apartado de su presencia llena de alma en nuestra vida cotidiana. En nuestra sociedad, la presencia de las armas de fuego es una amenaza, y nosotros somos sus víctimas: un signo de que nuestro fetiche está trabajando en contra nuestra. Esos viejos cañones pintados que en nuestras ciudades ocupan lugares privilegiados —siempre me encuentro con uno en la calle, camino de casa, en un pueblo tranquilo— demuestran la reverencia con que honramos a este objeto sagrado, el sacramento de nuestra capacidad para ejercer un poder asesino.

Se dice con frecuencia que el arma de fuego es un símbolo fálico. Lo más probable es lo contrario: que el falo sea un símbolo del arma. Nos sentimos fascinados por el poder de las armas, y es interesante señalar que la palabra fascinación se refería originariamente al falo. Pero yo no creo que el arma de fuego sea tan masculina como parece. La palabra *gun* (en inglés, cualquier clase de arma de fuego, sea cual fuere su tamaño) proviene del nombre de una mujer, Gunnhilda, que en lengua escandinava significa «guerra». A otro famoso cañón se lo llamó «Gran Berta», una sugerencia de que un arma como ésta puede ser la irradiación del poder del alma femenina.

El alma es explosiva y poderosa. Por medio de ella, la imaginación, que es siempre un requisito previo a la acción y es la fuente del significado, puede llevar a cabo todas las cosas. En la fuerza de sus emociones, el alma es un arma de fuego, potencialmente llena de poder y de efecto. La pluma, que expresa la pasión del alma, es más poderosa que la espada porque la imaginación puede cambiar la vida de una persona desde sus mismas raíces.

Si no reclamamos para nosotros el poder del alma, nos convertimos en sus víctimas. Sufrimos nuestras emociones en vez de sentir que trabajan para nosotros. Contenemos interiormente nuestras pasiones y nuestros pensamientos desconectándolos de la vida, y ellos agitan nuestros problemas internos, haciéndonos sentir profundamente desazonados o, al parecer, convirtiéndolos en enfermedad. Todos sabemos lo que se siente al contener la cólera en el corazón, cuando se consolida y se transforma en una rabia y un resentimiento corrosivos. Incluso el amor inexpresado crea una presión que exige que la liberemos dándole alguna forma de expresión.

γ

Si la violencia es la fuerza vital reprimida que se manifiesta en forma de síntoma, entonces la cura de la violencia consiste en cuidar del poder del alma. Es una imprudencia negar los signos de este poder —la individualidad, la excentricidad, la autoexpresión, la pasión—, porque no se los puede reprimir verdaderamente. Si hay crimen en nuestras calles, esto no se debe sólo, desde el punto de vista del alma, a la pobreza y la dificultad de las condiciones de vida, sino al fracaso del alma y de su espíritu en despojarse de sus velos.

Sócrates y Jesús, dos maestros de la virtud y el amor, fueron ejecutados a causa del poder perturbador y amenazante de su alma, que se revelaba en su vida personal y en sus palabras. Aunque no llevaban armas, eran una amenaza, porque no hay nada más poderoso que la revelación de la propia alma. Y esta es otra razón para que pusieran a Jesús entre dos ladrones. A los ojos de una autoridad que negaba el alma, él era inequívocamente un criminal. Cuando no se las lleva a la acción en forma de violencia, la criminalidad y la transgresión son oscuras virtudes del corazón, necesarias para la presencia plena de un individuo sobre la tierra. Sólo cuando las reprimimos, las encontramos merodeando por las calles de una ciudad como encarnaciones de la sombra rechazada.

γ

En una vida llena de alma nunca falta la sombra, y parte del poder del alma se genera en las características de la sombra. Si queremos vivir desde nuestras profundidades —en plenitud de alma—, entonces, a medida que la sombra se oscurece, tenemos que renunciar a toda pretensión de inocencia. La recompensa principal del abandono de la inocencia, con el fin de que el alma pueda expresarse plenamente, es un aumento de poder. En presencia del poder profundo, la vida se robustece y se vuelve apasionada, signos de que el alma está comprometida y expresándose. Marte, cuando se le rinde homenaje, da un profundo matiz rojo a todo lo que hacemos, y nos anima la vida con intensidad, pasión, energía y coraje. Cuando lo descuidamos, padecemos los embates de una violencia incontenida. Por lo tanto, es importante reverenciar al espíritu marciano y dejar que el alma irrumpa en la vida: en la creatividad, la individualidad, la iconoclastia y la imaginación.

7

Los dones de la depresión

El alma se presenta en diversos colores, incluyendo todos los matices del gris, el azul y el negro. Para cuidar del alma debemos observar toda la variedad de su colorido, y resistirnos a la tentación de aprobar solamente el blanco, el rojo y el anaranjado... los colores brillantes. La «brillante» idea de colorear las viejas películas en blanco y negro concuerda con el rechazo, generalizado en nuestra cultura, de lo oscuro y lo gris. En una sociedad que se defiende contra el sentimiento trágico de la vida, se presenta la depresión como un enemigo, como una enfermedad irredimible; y sin embargo, en una sociedad como ésta, consagrada a la luz, la depresión adquiere, en compensación, una fuerza excepcional.

El cuidado del alma nos exige que apreciemos esta manera que tiene de presentarse. Es probable que, enfrentados con la depresión, nos preguntemos: «¿Qué hace aquí? ¿Acaso desempeña algún papel necesario?». Especialmente cuando nos enfrentamos con la depresión, un estado anímico afín con nuestros sentimientos de mortalidad, debemos guardarnos de la negación de la muerte, en la que tan fácil es deslizarse. Más aún, es probable que hayamos de desarrollar un gusto por este estado anímico, un respeto positivo por el lugar que le cabe en los ciclos del alma.

Hay pensamientos y sentimientos que parecen emerger solamente en un estado anímico sombrío. Si lo suprimimos, suprimiremos también esas ideas y reflexiones. La depresión puede ser un canal tan importante para los sentimientos «negativos» valiosos como pueden serlo las expresiones de afecto para las emociones del amor. Los sentimientos amorosos dan origen naturalmente a gestos de afecto. De la misma manera, el vacío y la grisura de la depresión movilizan una forma de conciencia y una expresión de los pensamientos que de otra manera permanecen ocultas bajo la pantalla de estados anímicos más alegres. A veces una persona llega a una sesión de terapia con ánimo sombrío y dice: «Hoy no debería haber venido. La semana que viene me sentiré mejor, y entonces podremos seguir». Pero yo me alegro de que haya venido, porque juntos oiremos sus pensamientos y percibiremos su alma de una manera que no es posible en los estados de ánimo alegres. La melancolía proporciona al alma una oportunidad de expresar un aspecto de su naturaleza que es tan válido como cualquier otro, pero que ocultamos a causa del disgusto que nos causan su oscuridad y su amargura.

El hijo de Saturno

En la actualidad parece que preferimos hablar de «depresión» más bien que de «tristeza» o de «melancolía». Tal vez la forma latina suene más clínica y más seria, pero hubo una época, hace quinientos o seiscientos años, en que se identificaba la melancolía con el dios romano Saturno. Estar deprimido era estar «en Saturno», y a quien estaba crónicamente predispuesto a la melancolía se lo llamaba «hijo de

Saturno». Como se identificaba la depresión con este dios y con el planeta que lleva su nombre, se la asociaba también con las otras características de Saturno. Por ejemplo, a éste se lo conocía como el «anciano», que presidía la edad de oro. Cada vez que hablamos de los «años dorados» o de los «buenos tiempos de antaño», estamos invocando a Saturno, que es el dios del pasado. La persona deprimida cree a veces que los buenos tiempos pertenecen al pasado, que ya no queda nada para el presente o el futuro. Estos pensamientos melancólicos están profundamente arraigados en la preferencia de Saturno por los días pasados, por el recuerdo y por la sensación de la fugacidad del tiempo. Tristes como son, estos pensamientos y sentimientos favorecen el deseo del alma de estar a la vez en el tiempo y en la eternidad, y así, de una manera extraña, pueden ser placenteros.

A veces asociamos la depresión con el hecho de envejecer, pero más exactamente se refiere a la maduración del alma. Saturno no sólo nos trae un afecto por los «buenos tiempos de antaño», sino que también sugiere la idea, más sustancial, de que la vida sigue adelante: nos hacemos más viejos, tenemos más experiencia, quizá somos incluso más sabios. A partir de los treinta y cinco años, más o menos, suele suceder que alguien, en una conversación, de repente hace una referencia a algo que pasó veinte años atrás y se detiene, entre sorprendido y asustado:

—¡Jamás había dicho eso antes! Veinte años... Me estoy haciendo viejo.

Este es el don de Saturno, el de la edad y la experiencia. Tras haberse sentido identificada con la juventud, el alma asume ahora las importantes cualidades de la edad, que son positivas y provechosas. Si se niega la edad, el alma se pierde en un inadecuado aferramiento a la juventud.

La depresión concede el don de la experiencia no como un hecho literal, sino como una actitud hacia uno mismo. Se tiene la sensación de haber sobrevivido a algo, de ser mayor y más sabio. Se sabe que la vida es sufrimiento, y este conocimiento es importante. Ya no se puede seguir disfrutando de la bulliciosa y despreocupada inocencia de la juventud, y darse cuenta de ello trae consigo tristeza por la pérdida, pero también el placer de un nuevo sentimiento de autoaceptación y de conocimiento de uno mismo. Esta percepción consciente de la edad está rodeada de un halo de melancolía, pero también le es conferido un cierto grado de nobleza.

Naturalmente, esta incursión de Saturno que llamamos depresión genera resistencia. Es difícil desprenderse de la juventud, porque es una liberación que exige el reconocimiento de la muerte. Sospecho que quienes opten por la eterna juventud se estarán buscando sus buenos ataques de depresión. Cuando tratamos de retrasar el homenaje que debemos a Saturno, lo invitamos a que nos haga una visita personal. Entonces la depresión saturnina imprime su color, su profundidad y su sustancia al alma que, por una razón u otra, se ha entretenido largo tiempo con la juventud. Saturno madura y envejece naturalmente a una persona, del mismo modo que la temperatura, los vientos y el tiempo desgastan los graneros. En Saturno, la reflexión se profundiza, los pensamientos abarcan un tiempo más largo, y los acontecimientos de una larga vida se van destilando hasta condensarse en un sentimiento de la propia naturaleza esencial.

En los textos tradicionales se caracteriza a Saturno como frío y distante, pero tiene también otros atributos. Los libros de medicina lo llamaban el dios de la sabiduría y de la reflexión filosófica. En una carta a Giovanni Cavalcanti, conocido estadista y poeta, Ficino se refiere a Saturno como «un don único y divino». A finales del siglo XV, Ficino escribió un libro en que advertía, particularmente a los eruditos y a la gente estudiosa, que tuvieran cuidado de no dar demasiada acogida a Saturno dentro de su alma; debido a sus ocupaciones sedentarias, los eruditos pueden llegar a deprimirse gravemente, decía, y entonces necesitarán encontrar maneras de contrarrestar esos estados anímicos sombríos. Pero también se podría escribir otro libro sobre los peligros de vivir sin estudio ni especulación, y sin reflexionar sobre la vida. Los estados de ánimo que propicia Saturno pueden ser peligrosos porque son oscuros, pero su contribución a la economía del alma es indispensable. Si usted deja que su depresión lo visite, sentirá el cambio en el cuerpo, en los músculos y en el rostro como un alivio de la carga del entusiasmo juvenil y de la «insoportable levedad del ser».

Tal vez pudiéramos apreciar más el papel que tiene la depresión en la economía del alma si fuéramos capaces de prescindir de las connotaciones negativas de esta palabra. ¿Y si la depresión fuera simplemente un estado del ser, ni bueno ni malo, algo que el alma hace cuando le parece bien y por sus propias y buenas razones? ¿Y si fuera simplemente uno de los planetas que giran alrededor del sol? Una ventaja de usar la imagen tradicional de Saturno en vez del término clínico «depresión» es que podemos ver la melancolía más bien como una manera válida de ser que como un problema que es necesario arrancar de raíz.

La madurez destaca los aromas y sabores de una personalidad. El individuo emerge con el tiempo, tal como crece y madura la fruta. En la visión del Renacimiento, la depresión, la maduración y la individualidad van juntas: la tristeza de envejecer forma parte del proceso de convertirse en individuo. Los pensamientos melancólicos van tallando un espacio interior donde la sabiduría puede instalar su residencia.

A Saturno también se lo identificaba tradicionalmente con el plomo, que proporciona peso y densidad al alma, permitiendo que los elementos ligeros, llenos de aire, tomen cuerpo. En este sentido, la depresión es un proceso que favorece una valiosa coagulación de pensamientos y emociones. A medida que envejecemos, nuestras ideas, antes ligeras, desordenadas y sin relación entre sí, se van reuniendo más densamente para formar unos valores y una filosofía que dan sustancia y firmeza a nuestra vida.

Debido a su doloroso vacío, suele ser tentador buscar una forma de salir de la depresión. Pero penetrar en el estado de ánimo y los pensamientos que la caracterizan puede ser profundamente satisfactorio. A veces se describe la depresión como un estado en el que no hay ideas... nada a lo cual aferrarse. Pero tal vez tengamos que ampliar nuestra visión y advertir que el sentimiento de vacío, la pérdida de los puntos de referencia familiares y de las estructuras vitales y la desaparición del entusiasmo son elementos que, aunque parezcan negativos, pueden ser apropiados, y que es posible usarlos para aportar una nueva imaginación a la vida.

Cuando, como profesionales o como amigos, observamos la depresión y nos enfrentamos al reto de encontrar una manera de ayudar a otras personas a afrontarla, podríamos abandonar la idea monoteísta de que la vida siempre tiene que ser alegre, y dejarnos instruir por la melancolía. Podríamos aprender de sus cualidades y seguir su liderazgo, volviéndonos más pacientes en presencia de ella, disminuyendo expectativas exageradas, adoptando una actitud de vigilancia a medida que esta alma afronta con una total seriedad y con gravedad su destino. En nuestra amistad, podríamos ofrecerle un receptáculo, un lugar de aceptación. Es cierto que a veces la depresión, como cualquier otra emoción, puede trascender los límites habituales y convertirse en una verdadera enfermedad. Pero también en los casos extremos, incluso en medio de intensos tratamientos, podemos seguir buscando a Saturno en el centro de la depresión, y encontrar maneras de favorecerlo.

La depresión va acompañada de una gran angustia: el temor de que jamás terminará, de que la vida nunca volverá a ser alegre y activa. Este es uno de los sentimientos que forman parte de la pauta: la sensación de estar atrapado, inmovilizado para siempre en los remotos lugares que frecuenta Saturno. En mi práctica profesional, cada vez que me encuentro con este miedo reconozco el estilo de Saturno, una de las maneras de funcionar del alma, que se siente constreñida, sin tener adónde ir. Tradicionalmente, hay un tema inevitable en los estados de ánimo saturninos, una ansiedad que parece disminuir cuando dejamos de luchar con los elementos saturninos de la depresión e intentamos en cambio aprender de ella y tomar algunas de sus sombrías cualidades como aspectos de la personalidad.

Las insinuaciones de la muerte

Saturno es también el segador, el dios de la cosecha, del tiempo que se acaba y de su festival, las saturnales; de acuerdo con ello, los períodos de depresión pueden estar impregnados de imágenes de muerte. A veces, personas de todas las edades dicen, llevadas por su depresión, que su vida está acabada, que sus esperanzas para el futuro han demostrado no tener base alguna. Están desilusionadas porque los valores y criterios por los que se han regido durante años de pronto ya no tienen sentido. Las verdades más queridas se hunden en la tierra negra de Saturno como el rastrojo en la época de la cosecha.

El cuidado del alma exige que se acepte toda esta muerte. La tentación es defender hasta el último momento nuestras ideas comunes sobre la vida, pero puede ser necesario que finalmente renunciemos a ellas para introducirnos en el movimiento de la muerte. Si el síntoma se percibe como la sensación de que la vida ha terminado y de nada sirve continuar, entonces una manera afirmativa de abordar este sentimiento podría ser ceder consciente y hábilmente a las emociones y pensamientos de conclusión que la depresión ha movilizado. Nicolás de Cusa, ciertamente uno de los teólogos más profundos del Renacimiento, nos cuenta cómo viajando en un barco comprendió súbitamente, en una especie de visión, que debemos reconocer nuestra ignorancia de las cosas más profundas. Descubrir que no sabemos quién es Dios ni qué es la vida, dice, es el aprendizaje de la ignorancia: de la ignorancia del sentido y el valor de nuestra vida. He aquí un punto de partida sorprendente para llegar a una clase de conocimiento más firme y abierto, que jamás se encierra en opiniones fijas. Valiéndose de sus metáforas favoritas, tomadas de la geometría, Nicolás de Cusa dice que si al conocimiento pleno de la base misma de nuestra existencia se lo pudiera describir como un círculo, lo mejor que podemos hacer es llegar a un polígono, es decir, a algo que se aproxima pero que no llega a ser un conocimiento seguro.

El vacío y la disolución del significado que con frecuencia se hallan presentes en la depresión demuestran hasta qué punto podemos apegarnos a nuestra manera de entender y de explicarnos la vida. Nuestra filosofía y nuestros valores personales a menudo dan la impresión de ser paquetes demasiado bien atados, que dejan poco margen para el misterio. Entonces viene la depresión y nos rompe el esquema. Los antiguos se imaginaban a Saturno como el más remoto de los planetas, extraño y maravilloso en la lejanía del espacio helado y vacío. La depresión agujerea nuestras teorías y suposiciones, pero incluso este doloroso proceso merece respeto por ser una fuente, necesaria y valiosa, de sanación.

Esta verdad saturnina es la que evoca Oscar Wilde, quien —pese a todo el énfasis que puso en la plenitud del estilo como preocupación central de la vida— sabía lo importante que es vaciarse. Desde la celda de la prisión con que lo castigaron porque amaba a un hombre, escribió su extraordinaria carta «De Profundis», en la que dice: «El misterio final es uno mismo. Cuando se ha pesado al Sol en la balanza, y medido los pasos de la Luna, y trazado estrella por estrella el mapa de los siete cielos, aún sigue quedando uno mismo. ¿Quién puede calcular la órbita de su propia alma?». Es probable que tengamos que aprender, como hizo Nicolás de Cusa, esta verdad: que no podemos calcular (obsérvese la imagen matemática) la órbita de nuestra propia alma. Quizás este género peculiar de educación —el aprendizaje de nuestros límites— no sea solamente un esfuerzo consciente; tal vez nos sobrevenga como un fascinante ánimo depresivo, que por lo menos momentáneamente haga desaparecer nuestra felicidad y nos remita a evaluaciones fundamentales de nuestros conocimientos, nuestras suposiciones y los objetivos de nuestra existencia.

En los textos antiguos se solía tachar a Saturno de «ponzoñoso». Al encomiar algunos efectos positivos de los estados de ánimo saturninos, no quiero pasar por alto el terrible dolor que pueden causar. Por otro lado, las formas menores de la melancolía no son las únicas que ofrecen sus dones al alma; también los accesos profundos y duraderos de depresión aguda pueden clarificar y reestructurar los credos en nombre de los cuales hemos vivido. Entre los «hijos de Saturno» se incluía tradicionalmente a los carpinteros, a quienes se muestra en algunos dibujos poniendo los cimientos y construyendo la estructura de las casas nuevas. En nuestra melancolía puede estar haciéndose una construcción interior que va despejando lo viejo y fortaleciendo lo nuevo. De hecho, con frecuencia los sueños nos presentan edificios y estructuras en proceso de construcción, lo que sugiere una vez más que el alma se *hace*: es el producto del trabajo y del esfuerzo inventivo. Freud señaló que durante los accesos de melancolía la vida exterior puede dar una impresión de vacío, pero que al mismo tiempo se puede estar produciendo, y a toda velocidad, un trabajo interior.

Llegar a un acuerdo con la depresión

En lenguaje junguiano se puede considerar a Saturno como una figura del *animus*, una parte profunda de la psique que arraiga ideas y abstracciones en el alma. Muchas personas son fuertes en *anima*: llenas de imaginación, próximas a la vida, empáticas y conectadas con la gente que las rodea. Pero esas mismas personas pueden tener dificultades para tomar, con respecto del compromiso emocional, la distancia necesaria para ver qué es lo que está sucediendo y para relacionar sus experiencias vitales con sus ideas y valores. Su experiencia es «húmeda», para expresarlo con otra antigua metáfora sobre el alma, debido a su gran inmersión emocional en la vida, de modo que una excursión por las remotas regiones del frío y la sequedad de Saturno podría ser muy beneficiosa para ellas.

Esta sequedad puede separar la conciencia de las húmedas emociones características de un íntimo compromiso con la vida. Es la evolución que vemos en los ancianos que reflexionan sobre su pasado con cierta distancia y objetividad. En realidad, el punto de vista de Saturno puede ser a veces bastante despiadado, e incluso cruel. En la melancólica obra de Samuel Beckett *La última cinta de Krapp*, encontramos una imagen humorística y mordaz de la reflexión saturnina. Krapp, el protagonista, ha ido grabando una serie de cintas a lo largo de su vida, y escucha con considerable tristeza sus voces del pasado. Después de escuchar una de las cintas, se sienta a grabar otra: «Al estar oyendo a ese estúpido hijo de puta a quien hace treinta años tomaba por mí mismo, se me hace difícil creer que alguna vez haya sido tan malo. De todas maneras, gracias a Dios eso se ha acabado».

Estas pocas líneas revelan una distancia entre el pasado y el presente, además de una visión más desapasionada y una *deconstrucción* de los valores. En la mayoría de las obras de Beckett, los personajes expresan su depresión y su desesperanza, su incapacidad para encontrar el menor resto de anteriores significados; sin embargo, ofrecen también una imagen de la noble locura que forma parte de una vida hasta tal punto acribillada por el vacío. En la absoluta tristeza de estos personajes podemos captar un misterio de la condición humana. No es una aberración literal, aunque pueda sentirse así, descubrir súbitamente que el significado y el valor desaparecen, y quedarse abrumado por la necesidad de retirarse y por las vagas emociones de la desesperanza. Estos sentimientos tienen un lugar y efectúan una especie de magia en el alma.

Krapp, apellido que sugiere la desvalorización de la vida humana que produce la depresión [la palabra permite una fácil asociación con el inglés *crap*, «mierda»], demuestra que no se ha de tomar el frío remordimiento y el implacable juicio de uno mismo como síndromes clínicos, sino como una locura necesaria en la vida humana, que de hecho hace algo por el alma. La psicología profesional puede considerar la autocrítica de Krapp como una forma de masoquismo neurótico, pero Beckett muestra que incluso en su fealdad y su locura tiene una especie de sentido.

Krapp, que oye sus cintas y masculla maldiciones, es también una imagen de nosotros mismos cuando, en un proceso de destilación, damos vuelta mentalmente, una y otra vez, a nuestros recuerdos. Con el tiempo, de esta reducción saturnina emerge algo esencial: el oro en el cieno. A Saturno se lo llamaba a veces *sol niger*, el sol negro. En su oscuridad se ha de encontrar un brillo precioso, nuestra naturaleza esencial que, destilada por la depresión, es quizás el mayor de los dones de la melancolía.

Si persistimos en nuestra manera moderna de tratar la depresión como una enfermedad que se ha de curar por medios mecánicos y químicos, es probable que nos perdamos los dones del alma que sólo la depresión puede proporcionar. En particular, la tradición enseñaba que Saturno fija, oscurece, concreta y consolida todo aquello que esté en contacto con él. Si nos libramos de los estados anímicos saturninos, es probable que nos resulte agotador el intento de mantener la vida brillante y cálida a toda costa. Hasta puede ser que nos veamos entonces más abrumados por la creciente melancolía invocada por la represión de Saturno, y que perdamos la agudeza y la sustancia de la identidad que Saturno otorga al alma. Dicho de otra manera, los síntomas de una pérdida de Saturno pueden incluir un débil sentimiento de identidad, la imposibilidad de tomarse en serio la propia vida y un malestar o aburrimiento general que es un pálido reflejo de los profundos y sombríos estados anímicos saturninos.

Saturno localiza la identidad en la profundidad del alma, y no en la superficie de la personalidad. Se siente la identidad como la propia alma que encuentra su peso y su medida. Sabemos quiénes somos porque hemos descubierto el material de que estamos hechos, y que ha sido tamizado por el pensamiento depresivo, «reducido» —en el sentido químico— a la esencia. Meses o años de estar centrado en la muerte han dejado un espectral residuo blanco que es el «yo», seco y esencial.

γ

El cuidado del alma requiere un cultivo de ese mundo más vasto que representa la depresión. Cuando hablamos clínicamente de depresión, pensamos en un estado emocional o una conducta, pero cuando nos imaginamos la depresión como una visita de Saturno, entonces se hacen visibles las múltiples cualidades de su mundo: la necesidad de aislamiento, la coagulación de la fantasía, la destilación de la memoria y la acomodación con la muerte, por no nombrar más que algunas.

Para el alma, la depresión es una iniciación, un rito de pasaje. Si pensamos que la depresión, tan vacía y opaca, está despojada de imaginación, es probable que pasemos por alto sus aspectos iniciáticos. Quizás nos estemos imaginando la imaginación misma desde un punto de vista ajeno a Saturno; el vacío puede estar lleno de sentimiento, de imágenes de catarsis y de emociones de pesadumbre y pérdida. En cuanto matiz del estado anímico, el gris puede ser tan interesante y tan rico como lo es en la fotografía en blanco y negro.

Si convertimos la depresión en algo patológico y la tratamos como un síndrome que es preciso curar, entonces a las emociones saturninas no les queda otro lugar adonde ir que el comportamiento y la acción. Una alternativa sería, cuando Saturno llama a la puerta, invitarlo a entrar y darle un lugar apropiado para estar. Algunos jardines renacentistas tenían una glorieta dedicada a Saturno: un lugar oscuro, sombreado y apartado donde una persona podía retirarse y ponerse la máscara de la depresión sin miedo de que la molestaran. Podríamos tomar este tipo de jardines como modelo para nuestra actitud y nuestra manera de tratar con la depresión. A veces la gente necesita retraerse y mostrar su frialdad. Como amigos y consejeros podemos brindar el espacio emocional necesario para tales sentimientos, sin tratar de cambiarlos ni de interpretarlos. Y como sociedad, podríamos dar cabida a Saturno en nuestros edificios. Una casa o un edificio comercial bien podrían tener una habitación o incluso un jardín donde una persona pudiera retirarse para meditar, pensar o, simplemente, quedarse sentada a solas. Parece que la arquitectura moderna, cuando intenta tener en cuenta el alma, tendiera a favorecer las formas circulares o cuadradas donde uno se reúne con la comunidad. Pero la fuerza de la depresión es centrífuga: se aleja del centro. Con frecuencia nos referimos a nuestros edificios e instituciones llamándoles «centros», pero Saturno preferiría probablemente un puesto de avanzada, alejado de los demás. A menudo en hospitales y escuelas hay «salas comunes», pero les sería igualmente fácil tener «salas no comunes», lugares para la soledad y el retiro.

Dejar el televisor encendido cuando nadie lo mira o tener la radio en funcionamiento el día entero pueden ser defensas contra el silencio de Saturno. Queremos terminar con el espacio vacío que rodea a ese remoto planeta, pero al ir llenándolo, es probable que estemos obligando a Saturno a asumir el papel de síntoma, y terminará alojado en nuestras clínicas y hospitales como una plaga, en vez de hacer de sanador y maestro, que son sus funciones tradicionales.

¿A qué se debe que no lleguemos a apreciar esta faceta del alma? Una razón es que la mayor parte de lo que sabemos de Saturno nos llega por vía sintomática. El vacío aparece demasiado tarde y en forma demasiado literal para tener alma. En nuestras ciudades, las casas abandonadas y los comercios en crisis señalan la «depresión» social y económica. En esas áreas «deprimidas» de nuestras ciudades, el deterioro está aislado de la voluntad y de la participación consciente, y aparece sólo como una manifestación externa de un problema o de una enfermedad.

También vemos la depresión, económica y emocionalmente, como un fracaso y una amenaza literales, una sorpresa que se abate sobre nuestros planes y expectativas más saludables. ¿Y si en cambio esperásemos que Saturno y sus vacíos espacios oscuros tengan un lugar en la vida? ¿Y si propiciáramos a Saturno incorporando sus valores a nuestro modo de vida? (Propiciar significa a la vez reconocer y ofrecer respeto como medio de protección.)

También podríamos honrar a Saturno mostrando más sinceridad frente a las enfermedades graves. Quienes trabajan con enfermos graves saben bien cuánto puede ganar una familia cuando se habla abiertamente de la deprimente realidad de una enfermedad terminal. También podríamos tomar nuestras propias enfermedades, nuestras visitas al médico y al hospital, como recordatorios de nuestra mortalidad. En estas situaciones, no estamos cuidando del alma cuando nos protegemos de su impacto. No es necesario ser *solamente* saturnino, pero unas pocas palabras sinceras sobre los sentimientos melancólicos que sin duda se tienen en juego podrían propiciar a Saturno.

Como la depresión es uno de los rostros del alma, reconocerla y hacer de ella parte de nuestras relaciones favorece la intimidad. Si negamos o encubrimos cualquier cosa que se sienta en el alma, no podemos estar plenamente presentes con los demás. El resultado de ocultar los lugares oscuros es una pérdida de alma; hablar de ellos y en su nombre abre un camino hacia una comunidad y una intimidad auténticas.

Los poderes sanadores de la depresión

Hace algunos años, Bill —el sacerdote de quien hablé en otro capítulo— me contó algo notable. A los sesenta y cinco años, treinta de ellos pasados en el sacerdocio, y en su condición de comprensivo pastor de una iglesia rural, había dado a dos de sus feligresas lo que en su opinión era una ayuda perfectamente adecuada. Su obispo, sin embargo, pensaba que había administrado mal los fondos de la iglesia y que había demostrado falta de criterio en otros aspectos, de manera que después de toda una vida merecedora de respeto, le dieron dos días para hacer las maletas y marcharse de la diócesis.

Cuando empezó a hablarme de su situación, Bill se mostraba muy vivaz e interesado en sus experiencias. Había respondido bien a una terapia de grupo en la que había encontrado, en particular, maneras de sacar afuera parte de su enojo. Incluso decidió en cierto momento formarse como terapeuta, con la idea de que así podría ayudar a sus compañeros sacerdotes. Pero al hablarme del problema en que se había metido, me dio explicaciones y excusas que me parecieron ingenuas.

—Lo único que yo intentaba era ayudarla. Ella me necesitaba. Si no le hubiera hecho falta mi atención, yo no se la habría prestado —me dijo, hablando de una mujer.

Yo sabía que tenía que buscar una manera de abarcar y contener, sin juzgarlas, todas las experiencias e interpretaciones fuera de lo común de que me hablaba Bill. Dedicamos mucho tiempo a sus sueños, y no tardó en volverse experto en la lectura de sus imágenes. Además le sugerí que me trajera las pinturas y los dibujos que había hecho durante su terapia de grupo. Al hablar de ellos durante largas semanas, llegamos a una cierta comprensión en profundidad de su naturaleza. Gracias a ese trabajo artístico, Bill tuvo también la oportunidad de estudiar de cerca su historia familiar y algunos de los acontecimientos que habían tenido un papel clave en su decisión de hacerse sacerdote.

Entonces sucedió algo curioso. A medida que pensamientos más sustanciales sobre los temas principales de su vida iban reemplazando a las primeras explicaciones ingenuas de su comportamiento, su estado anímico se volvió más sombrío. A medida que expresaba con menos reticencia su enojo por la forma en que lo habían tratado durante su vida de seminarista y de sacerdote, perdió gran parte de su ánimo cordial y alegre. Entretanto se había mudado a un hogar para sacerdotes, donde se mostraba muy retraído. Se identificó con su soledad y decidió no participar en las actividades del hogar; poco a poco, las heridas producidas por sus recientes experiencias se convirtieron en una auténtica depresión.

A estas alturas, Bill hablaba en tono crítico de las autoridades eclesiásticas y veía con más realismo a su padre, que había intentado ser sacerdote y no lo había conseguido. En alguna medida, Bill pensaba que la naturaleza no le había otorgado madera de sacerdote, que había ocupado el lugar de su padre, intentando realizar los sueños de él y no los suyos propios.

Confió en su depresión en la medida suficiente para reservarle un lugar central en su vida. En un estilo auténticamente depresivo, empezaba todas sus conversaciones diciendo:

—Esto no sirve para nada. Estoy acabado. Soy demasiado viejo para obtener lo que quiero. Me he pasado toda la vida cometiendo errores, y ahora ya no puedo remediarlos. Lo único que quiero es quedarme a leer en mi habitación.

Pero continuó en terapia, y semana tras semana hablaba desde y de su depresión.

Mi estrategia terapéutica, si es que se la puede llamar así, consistió simplemente en aportar a su depresión una actitud de aceptación e interés. Yo no tenía ninguna técnica ingeniosa. No lo insté a que se inscribiera en talleres sobre la depresión ni a probar fantasías guiadas para contactar con la persona interior deprimida. El cuidado del alma no recurre a remedios tan heroicos. Simplemente, intenté apreciar la forma en que se estaba expresando su alma en esos momentos. Observé los lentos y sutiles cambios de tono y de enfoque que Bill incorporaba a sus gestos, sus palabras, sus sueños y las imágenes de su conversación.

Cuando en su depresión, me dijo que él jamás debería haber sido sacerdote, no me tomé su declaración al pie de la letra porque sabía cuánto había significado para él, a lo largo de los años, su sacerdocio. Pero ahora estaba descubriendo la sombra en su vocación. Su vida como sacerdote se iba profundizando, iba adquiriendo alma, al reflexionar nuevamente sobre sus limitaciones. Bill se estaba enfrentando, por primera vez en su vida, con los sacrificios que había hecho para ser sacerdote. Y no se trataba de que repudiara totalmente su sacerdocio, sino de una integración. Observé que incluso mientras descubría, muy despacio, los sacrificios que había hecho, por muy intensamente que lamentara haberse dedicado al sacerdocio, al mismo tiempo hablaba de su lealtad a la Iglesia, de su continuado interés por la teología y de su preocupación por la muerte y la vida ultraterrena. En algunos sentidos, sólo en ese momento estaba descubriendo el núcleo auténtico de su sacerdocio. El sacerdote dócil y compulsivamente servicial se iba extinguiendo, para ser reemplazado por un hombre más fuerte, más individualizado y más resistente a la manipulación.

Desde su estado deprimido, Bill no podía ver más que la muerte, la terminación de una vida que para él era familiar y el hecho de que se estaba vaciando de valores y de conceptos apreciados y cultivados durante mucho tiempo. Pero era obvio que la depresión corregía su ingenuidad. Para la mayoría de las personas, su virtud cardinal es también su fallo fundamental. La preocupación infantil de Bill por todos los seres animales, vegetales y humanos era la fuente de su compasión y de su sensibilidad altruista. Pero su vulnerabilidad lo hacía además objeto de las bromas de sus compañeros sacerdotes, que jamás se dieron cuenta de lo mucho que le hacían sufrir sus burlas. Su generosidad era ilimitada, y en cierto sentido lo había destruido, pero su depresión lo fortaleció, dándole una firmeza y una solidez nuevas.

Por obra de su depresión, Bill pudo, además, ver mejor quiénes eran los villanos en su vida. Antes, su punto de vista ingenuo aprobaba benévolamente a todos los que formaban parte de su experiencia. En ella no había ni auténticos héroes ni enemigos inequívocos. Pero en su depresión Bill empezó a sentir con mucha mayor profundidad las cosas, y su hostilidad hacia sus colegas afloró por fin con auténtica aspereza.

—Espero que se mueran todos jóvenes —masculló una vez entre dientes.

«Soy viejo —solía decirme con convicción—. Admitámoslo. Tengo setenta años. ¿Qué me queda? Aborrezco a los jóvenes. Me siento feliz cuando esos granujas enferman. No me diga que me queda mucha vida por vivir, porque no es así.

Bill se sentía fuertemente identificado con su condición de viejo. ¿Cómo podía discutírselo cuando me decía y se decía a sí mismo que había que afrontar los hechos y no negar su edad? Pero yo creía que la claridad de su afirmación era una forma de no considerar otras opciones por identificar, y que aquello, paradójicamente, le servía para protegerse de las dimensiones inferiores de su depresión. Al renunciar precisamente en aquel momento, no tenía que pensar ni experimentar los pensamientos y sentimientos que lo esperaban entre bastidores.

Un día me contó el siguiente sueño. Él bajaba un abrupto tramo de escaleras, y después otro, pero este último era demasiado estrecho, y no quiso seguir. Desde atrás, una figura de mujer insistía en que avanzara, mientras él se resistía. La imagen era un cuadro del estado de Bill en aquellos momentos. Se encontraba claramente en un proceso de descenso, pero al mismo tiempo no quería sumergirse más en él.

Su constante queja («Soy un viejo y no me queda ningún futuro») no expresaba en realidad el establecimiento de Saturno en su vida. Aunque sonara como una afirmación de su edad, era más bien un ataque a la edad. Cuando decía eso, yo me quedaba pensando si durante los muchos años pasados como seminarista y sacerdote le habrían negado toda oportunidad de crecer. Él me contó que de alguna manera se había sentido siempre como un niño, sin preocuparse nunca por el dinero ni por la supervivencia, sin tomar decisiones vitales, sino siguiendo simplemente las órdenes de sus superiores. Ahora el destino lo había empujado a un lugar de profunda inquietud y de reflexión. Por primera vez se lo estaba cuestionando todo, y ahora crecía a una velocidad alarmante.

—El sueño en que desciende por una estrecha escalera con una mujer que lo apresura desde atrás —le dije—... creo que podríamos ponernos freudianos y verlo como un intento de nacer.

—Eso no se me había ocurrido —manifestó, interesado.

—En su melancolía, parece que estuviera usted en un estado *bardo*. ¿Sabe lo que es?

—No, jamás he oído hablar de eso.

—El *Libro tibetano de los muertos* describe como *bardo* el tiempo que transcurre entre las encarnaciones, la etapa previa al regreso a la vida.

—En estos momentos no tengo ningún interés por los acontecimientos de la vida.

—A eso me refiero —corroboré—. Usted no quiere participar en la vida. Se encuentra entre dos vidas. Quizás el sueño lo esté invitando a descender por el canal.

—Yo me siento muy renuente en ese sueño, y la mujer me inquieta.

—Como a todos —respondí, pensando en lo difícil que es volver a nacer a la vida, especialmente cuando la primera vez fue tan dolorosa y, al parecer, no tuvo éxito.

—No estoy preparado —dijo, y su tono indicaba comprensión y convicción.

—Está bien —respondí—. Usted sabe dónde está, y es importante que se encuentre precisamente ahí. El *bardo* requiere su tiempo; no se lo puede apresurar. No tiene ningún sentido un nacimiento prematuro.

Bill se levantó para regresar a su «caverna», como llamaba a su habitación en el monasterio.

—No hay nada más que hacer, ¿verdad? —me preguntó.

—No, creo que no —respondí, deseando poder darle alguna esperanza específica.

γ

Bill había «medido los pasos de la Luna» en sus clases de teología, y pensaba que sabía lo que era bueno para el alma. Pero ahora, tras haber aprendido la lección de su depresión, expresaba una verdad más sólida.

—Nunca más volveré a decirle a nadie cómo vivir —me dijo—. Sólo puedo hablarle a cada uno de su misterio.

Como Oscar Wilde en su depresión, estaba hallando un punto de vista más amplio, una nueva apreciación del misterio. Aunque se podría pensar que un sacerdote es la persona más familiarizada con el misterio, creo que la depresión de Bill representó un paso adelante en su educación teológica.

Finalmente, la depresión desapareció y Bill se mudó a otra ciudad donde empezó a trabajar no sólo como sacerdote, sino como consejero psicológico. Su período de escolarización en las verdades saturninas tuvo cierto efecto. Ahora podía ayudar a la gente a mirar con sinceridad su vida y sus emociones, mientras que antes habría tratado de animarlos a que salieran de sus tinieblas brindándoles un apoyo puramente positivo. También sabía lo que era sentirse privado de respeto y de seguridad, y por eso podía entender mejor el desaliento y la desesperación de muchas personas que acudían a contarle su trágica historia.

γ

Cuidar del alma no significa solazarse en el síntoma, sino tratar de aprender, a partir de la depresión, qué cualidades necesita el alma. Más aún, es un intento de entretejer esas cualidades depresivas en la trama de la vida, de modo que la estética de Saturno —el frío, el aislamiento, la oscuridad, el vacío— aporte su contribución a la textura de la vida cotidiana. Al aprender de la depresión, una persona podría, para representar su estado anímico, vestirse con el color negro de Saturno. Podría irse de viaje sola, como respuesta a un sentimiento saturnino, o construirse una gruta en el jardín, un lugar de retiro. O, más internamente, podría simplemente dejar en paz sus pensamientos y sentimientos depresivos. Todas estas acciones serían una respuesta positiva en presencia de la emoción depresiva de Saturno. Serían maneras concretas de cuidar del alma en su belleza más oscura. Al hacerlo, podríamos encontrar un camino hacia el interior del misterio de este vacío del corazón. También podríamos descubrir que la depresión tiene su propio ángel, un espíritu guía cuya misión consiste en transportar al alma a sus lugares remotos, donde encuentra una peculiar comprensión intuitiva y disfruta de su visión especial.

8

El cuerpo y la poética de la enfermedad

El cuerpo humano es una fuente inmensa de imaginación, un campo en el que ésta juega desenfrenadamente. El cuerpo es el alma presentada en su forma más rica y expresiva. En él vemos al alma, expresada en el gesto, el vestido, el movimiento, la forma, la fisonomía, la temperatura... en erupciones de la piel, tics, enfermedades y otras innumerables formas expresivas.

Los artistas han intentado comunicar los poderes expresivos del cuerpo de muchas maneras diferentes, desde odaliscas hasta retratos formales, desde los tonos carnales de Rubens hasta la geometría de los cubistas. La medicina moderna, por su parte, está totalmente centrada en la cura, y el arte inherente al cuerpo no le interesa en absoluto. Lo que quiere es erradicar todas las anomalías antes de tener la oportunidad de leerlas en busca de su significado. Convierte al cuerpo en química y anatomía, de tal modo que su expresividad quede oculta tras una maraña de gráficos, esquemas, números y diagramas estructurales. Imaginémonos un criterio médico más acorde con el arte, que se interese por las resonancias simbólicas y poéticas de una enfermedad o de un órgano que funciona mal.

En una ocasión mantuve con una dietista una conversación sobre el colesterol que planteó algunas de estas cuestiones. Personalmente, siempre he sentido una fuerte resistencia a hacer de la preocupación por el colesterol el principal factor de mi relación con el corazón y la alimentación.

—Pero el colesterol es un problema importante —me señaló—. La gente que ha tenido problemas cardíacos, especialmente, debe entender la importancia de controlar el colesterol en su dieta.

—Yo no dudo de que el colesterol sea un hecho —le dije—, pero me pregunto si no es un hecho al que damos demasiada importancia.

—Y lo sorprendente es —continuó ella— que una simple aspirina puede controlar sus malos efectos; basta con una cada dos días.

—¿Usted recomienda que todos tomemos regularmente una aspirina para el colesterol?

—Si lo tiene alto o si ha tenido problemas cardíacos, sí —me respondió muy convencida.

—¿Por qué? —quise saber.

—Para vivir más.

—Entonces, combatir el colesterol es una maniobra contra la muerte.

—Sí.

—¿No es una negación de la muerte? —le pregunté con toda la intención—. Recuerdo que Iván Illich dice que él no quiere morirse de ninguna enfermedad. Quiere morirse de muerte.

—Quizá sea una negación de la muerte —admitió.

—¿Es posible —le pregunté— advertir que tenemos un problema con el colesterol, y sin embargo imaginarlo de diferente manera, de modo que no sea otra forma de luchar contra la mortalidad?

—No tengo idea —me dijo—. Asumimos ciertas cosas sin cuestionarlas.

Ese es el problema con el cuerpo. Asumimos ciertas cosas sin reflexionar sobre ellas. Si lo hiciéramos, podríamos imaginarnos el colesterol de diferente manera.

—¿No podría tener algo que ver con los atascos en las carreteras? —sugirió su marido, psicoanalista—. Tal vez no nos gusten los atascos en ninguna parte. Estamos ávidos de libre circulación, en la carretera y en nuestras arterias.

El comentario me pareció valioso porque nos sacaba del dominio literal de la química y trataba el síntoma como un símbolo, una lente a través de la cual se podía ver el problema en un contexto completamente diferente. No quiero decir con esto que los atascos en las carreteras sean la *causa* de los bloqueos arteriales. Generalmente, el pensamiento causal obstruye la posibilidad de reflexionar por medio de imágenes. Sin embargo, al ver la comparación metafórica se puede comenzar a conceder un peso poético al cuerpo.

Hace varios años, en Dallas, James Hillman dio una conferencia sobre el corazón. Señaló que la tendencia actual a imaginárselo como una bomba mecánica o como un músculo es demasiado estrecha, y que esa estrechez puede tener su papel en la difundida incidencia de problemas cardíacos. Cuando hablamos de esa manera estamos perdiendo de vista las imágenes llenas de alma del corazón como sede del coraje y del amor. Si pensamos en él como un objeto, lo sacamos a caminar o a correr para que haga ejercicio, pero así pierde todo su poder metafórico y queda reducido a una función. Mientras Hillman iba diciendo esto, un hombre sentado en una de las primeras filas de la sala de conferencias se levantó. Iba vestido con un chándal y protestó en voz alta que el corazón es efectivamente un músculo y que hay que mantenerlo en forma si no queremos tener un ataque cardíaco.

Lo que básicamente señalaba Hillman era que estamos atacando al corazón cuando lo tratamos como si no fuera más que un órgano físico, y no algo que la poesía y las canciones han tratado durante siglos como la sede del afecto. A nosotros, tan imbuidos de las categorías del pensamiento moderno, no nos resulta fácil recordar nuestra propia predisposición en este asunto. Por supuesto que el corazón es una bomba. Eso es un hecho. Nuestro problema está en que no podemos ver más allá de las estructuras de pensamiento que dan valor a lo concreto, y, al mismo tiempo, tratamos la reflexión poética como algo no esencial. En cierto sentido, este punto de vista es, en sí mismo, un fallo del corazón. Pensamos con la cabeza, y ya no con el corazón.

Robert Sardello, colega de Hillman, también señala que concedemos inteligencia y poder al cerebro, y después reducimos el corazón a la condición de un músculo. Pero, dice Sardello, el corazón tiene su propia inteligencia. Sabe qué hacer sin recibir órdenes del cerebro. El corazón tiene razones que pueden o no movilizar un eco de simpatía en el cerebro. Y tiene su propio estilo, dice Sardello: late con una fuerza especial en estados de pasión, como la cólera y el ardor sexual. El cerebro tiene pensamientos tranquilos sobre la fría realidad, mientras que el corazón piensa en ritmos acalorados.

El corazón es sólo uno de los muchos órganos cuyas funciones y formas han originado a lo largo del tiempo una gran riqueza metafórica. Históricamente, se ha encontrado al alma en el bazo, el hígado, el estómago, la vesícula, los intestinos, la pituitaria y los pulmones. Consideremos la palabra *esquizofrenia*, que significa *phrenes* (pulmones) «cortados» o «divididos». ¿Se trata de una mera licencia poética, o del poder del cuerpo, en sus múltiples y diversas partes, para crear un campo policéntrico para el alma? Hillman y Sardello sugieren que la función del cuerpo es darnos emociones e imágenes adecuadas a la gran expresividad de sus, órganos.

Los síntomas y la enfermedad

El psicoanálisis ha hecho elaborados intentos de cartografiar las conexiones entre la experiencia psicológica y las dolencias físicas, pero generalmente tanto la psicología como la medicina se han mostrado renuentes a leer estas conexiones poéticas. En el siglo XV, Marsilio Ficino hizo la observación de que Marte deshace los intestinos. Hoy, con un lenguaje diferente pero tal vez con la misma comprensión intuitiva, pensamos que hay una relación entre la cólera reprimida y la colitis. En general, sin embargo, no tenemos más que una comprensión elemental de la relación entre un síntoma físico determinado y las emociones.

Síntoma tiene que ver con símbolo. Etimológicamente, un símbolo son dos cosas que «son arrojadas juntas», mientras que un síntoma son cosas que «caen juntas», como por accidente. Pensamos que los síntomas aparecen de la nada, y rara vez «arrojamos juntas» las dos cosas: la enfermedad y la imagen. La ciencia prefiere las interpretaciones unívocas. Sólo desea una lectura única. La poesía, por otra parte, nunca quiere dejar de interpretar. No busca un final del significado. Una respuesta poética a la enfermedad puede parecer inadecuada en el contexto de la ciencia médica, porque la ciencia y el arte difieren radicalmente desde el punto de vista de la interpretación. Por consiguiente, una lectura poética del cuerpo, tal como éste se expresa en la enfermedad, requiere una apreciación nueva de las leyes de la imaginación, y en particular una disposición a dejar que la imaginación siga adentrándose en comprensiones intuitivas siempre nuevas y cada vez más profundas.

En estos últimos años, se han oído opiniones en contra de una visión metafórica de la enfermedad porque se quiere evitar que «culpemos» a los pacientes de sus problemas físicos. Si el cáncer se relaciona con el modo de vida de una persona, aducen, haremos responsable al individuo de una enfermedad sobre la que no tiene control alguno. Es verdad que culpar a una persona de su enfermedad sólo conduce a la culpa, y no favorece en absoluto la imaginación. Sin embargo, como dice Sardello: «El objeto del tratamiento terapéutico es conseguir que la imaginación regrese a las cosas que se han vuelto únicamente físicas». Cuando utilizamos la culpa, vamos en busca de un chivo expiatorio para un trastorno real que es difícil de localizar, y en el que nosotros mismos, como individuos y como sociedad, estamos implicados. La culpa es un sustituto defensivo de un sincero examen de la vida que procura encontrar orientación en nuestros propios errores. Y fundamentalmente, es una manera de impedir que tomemos conciencia del error. Sardello recomienda que si el corazón nos está atacando, o si el cáncer nos inunda de fantasías de muerte, debemos escuchar estos síntomas y reencauzar nuestra vida en consecuencia. En vez de culpar, podríamos responder. Escuchar los mensajes del cuerpo no es lo mismo que culpar al paciente.

Recientemente tuve una experiencia que a pequeña escala muestra la relación entre cuerpo e imagen. Había estado sintiendo un dolor en la parte baja del costado izquierdo. El médico no estaba seguro de qué era, pero como a lo largo de varias semanas no empeoró, me sugirió que lo siguiera vigilando sin administrar ningún tratamiento. Yo estuve totalmente de acuerdo. Me fui a ver a una pareja que practican una forma de masaje suave y que tienen sensibilidad para los contextos vitales más amplios en que se presenta el dolor.

Como era mi primera visita, me hicieron algunas preguntas generales: qué comía, cómo me sentía físicamente en esos días, si estaba sucediendo algo en mi vida que me pudiera parecer relacionado con el dolor... Si el dolor pudiera hablar, ¿qué diría?

Yo valoré el hecho de que la sesión se iniciara con una contextualización del dolor. Comprobé que aquel simple diálogo me hizo un profundo efecto. Me orientó hacia la observación del mundo que rodeaba al dolor, y me hizo escuchar su poética.

Después, cuando me tendí en la mesa de masaje, los dos empezaron a masajearme suavemente, uno a cada lado. Pronto caí en una profunda relajación, que me llevó a un lugar de la conciencia muy lejano de aquella habitación y de mi pueblo. Mis sentidos seguían captando los sonidos de la realidad, pero mi atención se había sumergido en un ámbito que me resguardaba de la vida.

Sentía cómo las manos me recorrían el cuerpo, lentamente y sin mucha presión. Después sentí los dedos en el lugar del dolor. Había supuesto que en ese momento saldría de mi retiro para protegerme del contacto, pero en cambio me mantuve en ese ámbito de conciencia distante.

De pronto, de una jaula salieron con ágiles saltos varios tigres, imponentes, de brillante colorido. Estaban tan cerca de mí que no podía verles todo el cuerpo. Su color era más brillante que cualquier cosa que pudiera existir en el mundo natural, y parecían a la vez juguetones y feroces.

—¿Cómo se siente cuando le toco esa zona? —me preguntó uno de los masajistas.

—Han aparecido unos tigres —respondí.

—Hable con ellos —me sugirió—. Averigüe cuál es su mensaje.

Me habría encantado descubrirlo, pero para mí era obvio que a esos tigres no les interesaba hablar en inglés conmigo.

—No creo que hablen —respondí.

Mientras yo hablaba con la masajista, los tigres siguieron jugando en el fragmento de selva que se había abierto en la penumbra de la habitación. No me hice amigo de ellos; era obvio que su intención no era convertirse en animales de compañía. Pero los estuve observando un rato, impresionado por la fuerza y el brillante color de esos enormes cuerpos. Cuando el masaje terminó y los tigres desaparecieron, me dijeron que en esa sala de masaje con frecuencia aparecían animales.

Me fui pensando que debía pasarme varias semanas por lo menos cavilando sobre aquella visita. Las sensaciones principales que me inspiraron los tigres eran coraje, fuerza y dominio de mí mismo, cualidades del corazón que seguramente necesitaba en aquel momento. Me pareció que no era su significado, sino su presencia, lo que me infundía confianza y fuerza. Mucho después, cuando me di cuenta de que el mismo dolor volvía a insinuarse, recordé los tigres y el recuerdo me dio cierto coraje. También pensé que de ellos podría aprender a mostrar mis verdaderos colores, con un poco de brillo y de jactancia.

Cuando abordamos el cuerpo con imaginación, no podemos esperar explicaciones de diccionario ni soluciones claras para los problemas. Con frecuencia se define y se trata un símbolo como si fuera un emparejamiento superficial de dos cosas, como en los libros de sueños que nos dicen que una serpiente es siempre una referencia al sexo. Sin embargo, más profundamente, un símbolo es el acto de unir dos cosas incongruentes y de vivir en la tensión que existe entre ellas, atento a las imágenes que emergen de esa tensión. En esta manera de abordar el símbolo no hay un punto donde tengamos que detenernos, ni término para la reflexión, ni un significado único, ni tampoco instrucciones claras sobre lo que hemos de hacer después.

No puede haber diccionarios de las imágenes del cuerpo. Mi tratamiento no fue tanto un trabajo para hacer desaparecer el dolor cuanto un estímulo para mi imaginación, de manera que pudiera reflexionar con más riqueza sobre mi cuerpo y mi vida. Y eso es un síntoma: el cuerpo y la vida que «caen juntos» como si fuera por accidente. La respuesta está en contener esta coincidencia. De este mismo modo también se podrían leer las múltiples imágenes andróginas que encontramos en el arte y en la mitología: el macho y la hembra en un cuerpo único que representa el intento de contener la dualidad y de vivir su tensión, a veces grotesca. La poesía, ya sea que se dé en la literatura o en el cuerpo, siempre nos exige que mantengamos unido lo que aparentemente debe estar separado.

Sacar la poesía de la biblioteca para llevarla a la clínica conduce al interior del cuerpo y a su dolor de forma más profunda que todas las mediciones e interpretaciones unívocas y puramente físicas, pero la poesía no nos ofrece necesariamente claridad. La claridad no es uno de sus dones. Lo que sí nos brinda es profundidad, visión interior, sabiduría, amplitud de visión, lenguaje y música, aunque simplemente no pensamos mucho en estas cualidades cuando nos enfrentamos con la enfermedad.

Un tratamiento poético y sensible de las imágenes apoya la intuición, que se relaciona con la emoción y la conducta de un modo más directo que una interpretación racional. Como beneficio adicional, las imágenes se mantienen intactas. Mis tigres, mucho después del «tratamiento», siguen siendo para mí fuente de maravilla y de visión interior. No han sido vencidos por ningún mensaje o significado particular que yo haya extraído de ellos. Generalmente, esa cirugía intelectual es fatal para el animal que sale de esa jungla tan especial en la que me había aventurado.

Patricia Berry señala algo importante sobre el cuerpo y las imágenes. En sí mismas, las imágenes tienen cuerpo, dice, pero nosotros, al haber llegado a centrarnos tanto en los hechos, no apreciamos este cuerpo sutil de la imaginación. Siempre queremos encontrar algún corolario literal en la vida como manera de dar cuerpo a una imagen. Un sueño debe tener algo que ver con lo que sucedió durante el día. Un cuadro se refiere a la vida del pintor. El dolor que tengo en el costado debe ser por algo que he comido. Se necesita una imaginación muy vívida para darse cuenta de que las imágenes tienen su propio cuerpo. Aquellos tigres brillaban con sus franjas de color naranja, y tenían cuerpos macizos y pesados. En la medida en que concedemos a ese tipo de imágenes su propia entidad física, disminuye la inclinación a convertirlas en abstracciones.

Quizás estemos más «en nuestro cuerpo», como se suele decir, no sólo cuando hacemos ejercicio, bailamos o recibimos un masaje, sino también cuando contemplamos los cuerpos de la imaginación. Yo no sé qué «significaban» los colores de los tigres, ni tampoco estoy seguro de lo que implicaba la fuerza de sus músculos. Parecía importante dejar que tuvieran su cuerpo, y en ese proceso, por el hecho de que ellos de alguna manera habían sido creados por o a partir de mi imaginación, llegué a un estrecho acuerdo con *mi* propio cuerpo, sea lo que fuere.

El placer corporal

Si me duele el colon porque estoy angustiado, eso quiere decir que este órgano no es simplemente un trozo de carne con funciones biológicas. Tiene algún vínculo con la conciencia y su particular modo de expresión. Sándor Ferenczi, el conocido colega húngaro de Freud, afirmó en su descripción de las partes del cuerpo que tienen su propio «erotismo orgánico». Tal como yo lo entiendo, quería decir que cada órgano tiene su propia vida privada y, se podría decir, una personalidad que disfruta de sus actividades. Mi colon se sentía desdichado, y si yo era capaz de atender a sus quejas podría empezar a comprender en qué consistía su malestar.

Las imágenes del cuerpo son como las de los sueños. Si me tocan el costado, aparece una jungla. Muchas personas que van al médico tienen su propio «mapa cognitivo» de su cuerpo, su propia imagen de qué aspecto interior tiene y qué le está sucediendo en el momento de la enfermedad. Si no insistiéramos tanto en la necesidad de encontrar significados unívocos, si no quisiéramos sólo opiniones de especialistas —en las que hay tanta fantasía como en los pensamientos del enfermo—, podríamos prestar más atención a lo que la imaginación del paciente puede decirnos de la enfermedad. Hasta la hipocondría se podría tomar seriamente como una auténtica expresión del malestar del alma.

La expresión de Ferenczi («erotismo orgánico») sugiere que las partes del cuerpo no sólo funcionan, sino que además obtienen placer de lo que hacen. En este caso, no nos preguntemos si el órgano está *funcionando* bien, sino si se lo está *pasando* bien. Ferenczi nos invita a cambiar la base mítica de nuestro concepto sobre los órganos del cuerpo, para que pase del funcionamiento al placer. Puedo imaginarme entrevistando a mis riñones: ¿Os sentís relajados? ¿Disfrutáis hoy de vuestra actividad, o estoy haciendo algo que os deprime?

La palabra *disease* [enfermedad] significa «no tener los codos en posición relajada». «Ease» proviene del latín *ansatus*, «que tiene asas», o está con «los codos hacia afuera» o los brazos «en jarras», o sea en una postura relajada y cómoda. «Dis-ease» significa sin codos, sin lugar para moverlos, es decir, estar incómodo. *Ease* [que también puede traducirse como «comodidad»] es una forma de placer, *disease* una pérdida de placer. Un especialista en *disease* podría iniciar sus preguntas para hacer un diagnóstico haciendo un examen del placer. ¿Disfruta usted de la vida? ¿En qué aspectos no le resulta placentera? ¿Se defiende del placer en alguna parte de su cuerpo que lo está buscando? La historia de la filosofía demuestra el notable hecho de que siempre que se sitúa al alma en el centro de interés, el placer es uno de los factores más destacados en la discusión.

También es curioso que siempre que el placer se vincula con el alma en los escritos de los filósofos, no esté separado de la moderación. Epicuro, tal como hemos visto, llevaba una vida sencilla y enseñaba una filosofía del placer. Ficino, que en su juventud *abrazó* explícitamente la filosofía epicúrea (más adelante la vivió, pero sin hablar abiertamente de ella), asignó un lugar elevado al placer, y sin embargo era vegetariano, comía frugalmente, no viajaba y atesoraba, por encima de cualquier otra posesión, amigos y libros. El lema de su academia florentina aparecía en un estandarte que anunciaba PLACER EN EL PRESENTE. En una de sus cartas daba este epicúreo consejo: «No dejes que tu meditación se adelante al placer, y procura incluso que vaya un poco atrás».

Podríamos imaginarnos la enfermedad como algo que no es un mero fenómeno físico sino un estado de la persona y del mundo, como el fracaso del cuerpo en el encuentro con su placer, que no se refiere necesariamente a la gratificación de los sentidos ni a la persecución frenética de nuevas experiencias, posesiones o diversiones. El verdadero epicúreo se consagra al placer prestando atención al alma, y por consiguiente, no de forma compulsiva. Si unimos el erotismo orgánico de Ferenczi con la moderación epicúrea, podríamos vivir en un mundo donde los oídos no sufrieran el perpetuo asedio de ruidos ásperos y disonantes, o de la música ambiental. Pensamos en la contaminación como un envenenamiento químico, pero al alma se la puede envenenar por el oído. Y también podríamos tener conciencia del valor de las esencias y los aromas. Ficino recomendaba el refinado cultivo de flores y especias como una poderosa manera de poner alma en el mundo.

Podríamos imaginar que gran parte de nuestras enfermedades actuales se deben a que el cuerpo se está haciendo valer en un contexto de entumecimiento cultural. El estómago no obtiene placer alguno de alimentos congelados o en polvo. La nuca se queja de las almohadas de poliéster. Los pies se mueren de aburrimiento porque nunca andan por lugares interesantes. Al cerebro le deprime que lo consideren un ordenador, y seguramente al corazón no le divierte nada que lo traten como si fuera una bomba mecánica. Hoy en día, el bazo no tiene muchas oportunidades de hacer ejercicio, y el hígado ya no es la sede de la pasión. Todos estos nobles órganos, de gran riqueza poética, llenos de poder y de significado, han sido reducidos a meras funciones.

Quizá seamos la única cultura que considera al cuerpo con semejante pobreza de imaginación. Nuestra época es también la única de la historia que ahuyenta el misterio del cuerpo y de su manera de expresarse: la enfermedad. En el siglo XVI, Paracelso dio a los médicos el siguiente consejo: «El médico debe hablar de lo invisible. Lo visible ha de formar parte de su conocimiento, y él debe reconocer las enfermedades, tal como cualquiera que no es médico las reconoce por sus síntomas. Pero esto no hace de él un médico; sólo se convierte en médico cuando conoce aquello que no tiene nombre, que es inmaterial e invisible, y sin embargo tiene su efecto».[6]

Estas palabras de Paracelso serían difíciles de aplicar en el contexto médico moderno, donde a lo invisible que tiene efecto se lo ve por el microscopio o por medio de los rayos X. La medicina moderna convierte lo invisible en algo literal, confía en que el microscopio le revele las raíces de la enfermedad, pero la visión del microscopio no alcanza la profundidad suficiente. El médico de la escuela de Paracelso tendría en cuenta los factores invisibles que operan en la enfermedad: las emociones, los pensamientos, la historia personal, las relaciones, la nostalgia, el miedo, el deseo y muchos más.

En el quinto libro de la *Ilíada* encontramos la descripción de unas heridas que nos transporta a las profundidades del mundo invisible. En medio de una furiosa batalla, hasta los dioses resultan heridos. Afrodita en la mano, Hera en el pecho con una flecha de tres puntas, e incluso Hades recibe un flechazo. A este libro se lo suele llamar «La canción de los dioses heridos».

¿Qué significa que un dios resulte herido? Con frecuencia se le atribuye a Jung el haber dicho que ahora los dioses han vuelto a nosotros en forma de enfermedades. Yo diría, en cambio, que los propios dioses sufren nuestras heridas. Son ellos quienes soportan la carga de nuestras compulsiones, y la enfermedad es la expresión de su dolor. En el mundo de la medicina, todo nuestro lenguaje tan altamente tecnificado entona la canción de los dioses heridos. En la heroica lucha por «ser alguien», por conseguir que la vida funcione y por encontrar la felicidad, se pueden hacer cosas que acaben causando heridas a algo mucho más profundo que el «yo». Los cimientos mismos de la existencia pueden terminar viéndose afectados, y así el malestar y la enfermedad aparecen como si brotaran de algún lugar profundo y misterioso, como si fueran una aparición divina.

La enfermedad es algo que arraiga en buena medida en causas eternas. La doctrina cristiana del pecado original y las Cuatro Nobles Verdades de Buda nos enseñan que la vida humana está esencialmente herida, y que el sufrimiento pertenece a la naturaleza de las cosas. Estamos heridos por el simple hecho de formar parte de la vida humana, por ser hijos de Adán y Eva. Pensar que no tener heridas es el estado natural o adecuado es una ilusión. Cualquier medicina motivada por la fantasía de deshacernos de nuestra condición de heridos trata de evitar la condición humana.

Si tenemos presente esta dimensión más amplia, podríamos examinar nuestra vida para ver de qué manera nuestras acciones pueden estar ofendiendo a las raíces mismas de nuestra existencia. Podríamos buscar la contradicción con —y la alienación de— nosotros mismos. No es mi intención sugerir que tengamos la culpa de nuestros síntomas, sino que podríamos fijarnos en nuestros problemas físicos como guías para poner nuestra vida de acuerdo con nuestra naturaleza o, en términos mitológicos, con la voluntad de los dioses. Y lo mismo podríamos hacer como sociedad. Si nos estamos matando con el tabaco, preguntémonos qué es lo que tratamos de lograr fumando. Si el cáncer es un crecimiento celular que se descontrola, ¿habrá entonces un dios del crecimiento a quien estemos agraviando con nuestro fanatismo por el desarrollo económico y tecnológico? Quizás al discernir el principio divino en lo profundo de nuestras actividades podamos encontrar la «cura» de nuestra enfermedad. Los antiguos griegos enseñaban que el dios que sana es el mismo que inicialmente produjo la enfermedad.

Si atendiéramos a la mitología de nuestras enfermedades, podríamos considerarlas desde un punto de vista religioso. No se trata tanto de llevar la religión al sufrimiento como de ver que éste inspira religión. Nuestras heridas nos traen el recuerdo de los dioses. Si nos dejamos guiar por la enfermedad, nos maravillará la base misma de la experiencia y reforzaremos nuestra espiritualidad. Al aceptar que estamos heridos, negociamos con la vida de otra manera que si nuestra única preocupación es vencer a la herida. Cuando respondemos a la misteriosa aparición de una enfermedad, vivimos con responsabilidad hacia nuestro destino.

Si en nuestras enfermedades aparecen los dioses, y si en nuestras batallas iliádicas (la lucha por la vida) los dioses están heridos, entonces no tiene sentido evitar la vida con el fin de evitar sus heridas. Sin complacernos en ella con ánimo masoquista, podríamos encontrar en la enfermedad un valor nuevo y profundo. Podríamos arriesgarnos a luchar. También en nuestra vida psicológica podríamos postergar los paliativos y las técnicas para aliviar el sufrimiento durante el tiempo suficiente para descubrir quién es el dios que ha sido herido y restablecer la armonía en nuestra relación con él. La enfermedad nos abre un sendero para adentrarnos en esa forma de religión que proviene directamente de la participación en los niveles más profundos del destino y la existencia.

La enfermedad, amiga del alma

En su libro sobre Asclepio, el dios griego de la medicina, Kerényi reproduce una fascinante escultura antigua que muestra a un médico curándole el hombro a un paciente. En el fondo, como si se tratara de un sueño (totalmente apropiado para Asclepio, que sanaba mediante los sueños), una serpiente —la forma animal del dios— está tocando con la boca el hombro del hombre. Se consideraba que este gesto resultaba especialmente eficaz para sanar. La imagen sugiere que los diversos tratamientos que emplean los médicos en el plano físico tienen su correspondencia en el alma. En el sueño, la sanación la produce con frecuencia una forma animal y no un procedimiento racional y técnico. Como aparece a menudo en los relatos de sueños, la serpiente se limita a morder a la persona donde le duele, y así vacuna al paciente con su contacto inmediato y potencialmente venenoso.

Esta imagen nos enseña que toda enfermedad es estereofónica. Resuena tanto en el plano real de los tejidos corporales como en el plano del sueño. Toda enfermedad tiene un sentido, aunque quizá nunca se lo pueda traducir a términos totalmente racionales. Lo que importa no es entender la causa de la enfermedad para poder resolver el problema, sino aproximarse a ella en la medida suficiente para restablecer la peculiar conexión religiosa con la vida que la enfermedad sugiere. Es necesario que sintamos la mordedura del dios que está dentro de la enfermedad para que la dolencia pueda curarnos. En un sentido muy real, no curamos las enfermedades, sino que ellas nos curan a nosotros, restableciendo nuestra participación religiosa en la vida. Si en nuestras enfermedades aparecen los dioses, de ello se infiere que quizás estemos llevando una vida demasiado seglar y necesitemos de su visita.

El siguiente sueño me lo contó una mujer inteligente y sensible, con estudios de medicina. Ella está en cama junto con dos médicos vestidos con bata blanca, y hablan de una enfermedad degenerativa de la que nadie podrá escapar. A uno de los médicos le interesa el hecho de que en las primeras etapas de la enfermedad el paciente se queda sordo, y dice que es una oportunidad de saber por experiencia qué se siente al ser sordo. A la soñante le preocupa quién va a cuidar de la gente si todos contraen la enfermedad. Después la escena cambia y ella entra en el consultorio de otro médico. Sobre el escritorio hay una figura femenina de porcelana. La soñante la levanta y se la apoya contra el pecho. Advierte que el doctor tiene objetos artísticos en todo el consultorio, y le llama especialmente la atención una estatuilla de marfil que representa a una mujer, con el pelo y el vestido recubiertos de oro. Al apartarse del pecho la figura de porcelana, ve que se le ha desprendido un brazo, y se siente mal.

El sueño sugiere de varias maneras el antiguo tema del «sanador herido». Los médicos están en cama con la paciente. Todos, incluso ellos, contraerán la enfermedad. A uno de los médicos hasta le seduce la idea de experimentar los síntomas. La paciente/soñante no entiende la misteriosa verdad de que la enfermedad es inevitable. ¿Cómo se podrá tratar si todo el mundo se contagia? A los, médicos este problema no les preocupa. Parecen entender y aceptar el hecho de que la enfermedad es universal.

El sueño muestra también que quienquiera que nos cure tiene que estar «en cama» con nuestra enfermedad. Los médicos no se «divorcian» de la enfermedad, convirtiendo a la enferma y su problema en algo ajeno a ellos. No se puede decir que traten la enfermedad, pero intiman con ella y expresan el deseo de experimentarla también. Si, como psicoterapeuta, me distancio defensivamente de los problemas que me explican mis clientes, los obligo a cargar con la enfermedad universal mientras yo procuro tener poder sobre la dolencia para protegerme de ella. Sin embargo, sanar es algo que puede exigir más del médico. Puede requerir de él la disposición a abordar la enfermedad con la actitud de un amigo íntimo, como alguien interesado en el misterio, y como un miembro de la comunidad humana afectado por esa enfermedad. ¿Cuántas veces hablamos de los alcohólicos o de los drogadictos como si no formaran parte de nuestra comunidad, como si su problema no tuviera absolutamente nada que ver con nosotros?

Afortunadamente para la soñante, el tercer médico se parece a Paracelso y a Ficino. Tiene objetos de arte en su consultorio. Es obvio que sabe que la medicina es más bien un arte que una ciencia, y que ese arte desempeña un papel en su práctica. Eso me recuerda el consultorio de Freud, con su celebrada colección de piezas de arte antiguo. Como demuestra la medicina tradicional de muchos pueblos, se puede tratar los males con imágenes. La paciente, por su parte, necesita ver las imágenes de su sanación, tal como cualquiera que sufra podría indagar cuáles son los relatos y las imágenes implícitas en sus dolencias. Pero no debe acercarse demasiado a ellos ni hacerlos demasiado personales, porque se le desintegrarán. Sólo podemos aproximarnos a los dioses por medio de la poesía, y si la enfermedad es el disfraz de los dioses, entonces nuestra medicina tendrá que estar llena de arte y de imágenes.

«Cada enfermedad es un problema musical, y su cura una solución musical. Cuanto más rápida y completa es la solución, mayor es el talento musical del médico», dijo Novalis. Muchos de los antiguos médicos a quienes me he referido, como Robert Fludd y Ficino, también eran músicos. Les interesaban los ritmos, las tonalidades, las disonancias y las concordancias entre el cuerpo y el alma. Enseñaban que un médico, cuando trata cualquier mal, debe saber algo de la música del paciente. ¿Cuál es el *tempo* de esta enfermedad? ¿Con qué elementos de la vida está en contrapunto? ¿Cuál es la naturaleza de la disonancia que el paciente siente como dolor e incomodidad?

Como dijo Paracelso: «La enfermedad desea a su esposa, que es la medicina. La medicina debe estar adaptada a la enfermedad, y ambas han de unirse para formar un todo armonioso, tal como en el caso del hombre y la mujer».[7] El sueño en que los médicos están en cama al igual que la paciente, está en la línea de Paracelso. La enfermedad se realiza y se completa en su matrimonio con el tratamiento. O, para decirlo de otra manera, la «esposa» —el *anima*, la imagen, el relato o el sueño— de la enfermedad es su medicina.

Ahora bien, ¿de qué manera pueden ayudarnos estas oscuras imágenes en nuestra práctica moderna? Si pensamos en la esposa-medicina de que habla Paracelso, podríamos conceder más importancia a lo que contamos sobre nuestras enfermedades y a la historia de nuestro cuerpo. Podríamos fijarnos en los sueños que tenemos cuando estamos enfermos. Podríamos acallar las masculinas hazañas de la moderna práctica de la medicina y conceder cierta libertad a nuestra imaginación. Un paciente también podría tomar la actitud de invitar —metafóricamente— al médico a que se meta en la cama con la enfermedad, en vez de dejarla en sus manos como en las de una autoridad. La metáfora de la cama, con sus connotaciones eróticas, es muy diferente de las metáforas de la autoridad y el poder con que generalmente nos aproximamos al mundo de los médicos.

Si examináramos poéticamente nuestras enfermedades, quizás hallaríamos una riqueza de imágenes que podrían hablar a nuestra manera de vivir. Siguiendo con este tipo de imágenes, podríamos armonizar nuestra vida y permitir a la enfermedad que nos corrija. A eso me refiero cuando digo que sin la enfermedad no nos curaríamos, ni física ni psicológicamente. Por ejemplo, al estudiar las imágenes del cáncer, Sardello llega a la conclusión de que su mensaje es que vivimos en un mundo donde las cosas han perdido cuerpo, y por consiguiente, individualidad. Una respuesta a esta enfermedad podría ser abandonar la cultura masiva de las reproducciones de plástico y recuperar la sensibilidad para las cosas de calidad e imaginación. Si atacamos a la naturaleza con nuestros métodos de producción contaminantes, y dejamos que la calidad de vida vaya disminuyendo en nombre de la rapidez y la eficacia, entonces pueden aparecer los síntomas. Según la descripción de la enfermedad que ofrece Sardello, nuestro cuerpo refleja el cuerpo del mundo o participa en él, de modo que si dañamos ese cuerpo externo, el nuestro también sentirá los efectos. Esencialmente, no hay distinción entre el cuerpo del mundo y el cuerpo humano.

Cuerpo y alma

En la Florencia del siglo XV, el cuerpo humano era completamente diferente de los cuerpos que vemos hoy en la Nueva York de la década de los noventa. En la actualidad, el cuerpo es una máquina eficiente que hay que mantener en forma para que sus órganos funcionen sin tropiezos y durante tanto tiempo como sea posible. Si algo anda mal con la parte que sea, se la puede reemplazar con un sustituto mecánico, porque esa es la forma en que vemos el cuerpo: como una máquina.

Según la visión florentina del mundo, el cuerpo humano es una manifestación del alma. Se podía tener una noción «des-almada» del cuerpo, pero se lo consideraba una aberración, porque en ese caso el cuerpo estaba separado, de forma antinatural, del alma. Podríamos llamarlo esquizoide: sin vida, sin sentido y sin poética. Pero un cuerpo con alma recibe su vida del cuerpo del mundo, como decía Ficino: «El mundo vive y respira, y nosotros podemos interiorizar su espíritu». Lo que hacemos al cuerpo del mundo, también se lo hacemos al nuestro. No somos los dueños de este mundo: participamos de su vida.

Cuando nos relacionamos con nuestro cuerpo como portador de alma, nos ocupamos de su belleza, de su poesía y de su expresividad. El hábito mismo de tratar al cuerpo como a una máquina cuyos músculos son como poleas y sus órganos como motores, hace pasar a la clandestinidad su poesía, de modo que nuestra vivencia del cuerpo es la de un instrumento y sólo vemos su poética en la enfermedad. Por fortuna, todavía tenemos unas pocas instituciones que favorecen una visión imaginativa del cuerpo. La moda, por ejemplo, le aporta una cantidad considerable de fantasía, aunque la vestimenta actual de los hombres ni siquiera se aproxime al colorido y la diversidad de estilos que la caracterizarón en otras épocas. Las mujeres disponen de la perfumería y la cosmética, que pueden ser un importante aspecto del cultivo del alma del cuerpo.

Hacer ejercicio es otra actividad que podría estar más llena de alma si hiciéramos hincapié en la fantasía y la imaginación. Generalmente se nos dice cuánto tiempo hemos de dedicar a tal o cual ejercicio, qué ritmo cardíaco debemos alcanzar y en qué músculos hemos de concentrarnos para tonificarlos. Quinientos años atrás, Ficino daba consejos un poco diferentes para el ejercicio físico: «Se ha de caminar con tanta frecuencia como sea posible entre plantas que tengan gratos aromas, y pasar diariamente un tiempo considerable entre cosas semejantes».[8] Ponía el énfasis en el mundo y los sentidos. En otras épocas, el ejercicio era inseparable de la vivencia del mundo, de caminar por él, de olerlo y percibirlo sensorialmente, mientras el corazón recibía el masaje que le proporcionaba el hecho de pasear. Emerson, un gran caminador de Nueva Inglaterra, escribió en su ensayo *Naturaleza*: «El mayor deleite que nos proporcionan los campos y los bosques es la sugerencia de una relación oculta entre el hombre y el reino vegetal. Yo no ando a solas ni de incógnito. Las plantas me saludan, y yo a ellas». En el programa de ejercicios de Emerson, el alma interviene en la percepción de una intimidad entre la personalidad humana y el cuerpo común del mundo.

Si nos liberamos de las garras de la visión mecánica que tenemos de nuestro propio cuerpo y del cuerpo del mundo, asomarán a la luz muchas otras posibilidades. Podremos ejercitar no solamente los músculos, sino también la nariz, los oídos y la piel. Podremos escuchar la música del viento en los árboles, las campanas dé la iglesia, las locomotoras a la distancia, los grillos y el pululante silencio musical de la naturaleza. Podremos enseñar a nuestros ojos a mirar con compasión y aprecio. El alma nunca está lejos del afecto por las pequeñas cosas; un ejercicio corporal lleno de alma nos conduce siempre a una relación afectuosa con el mundo. Henry Thoreau, que ejercitaba su cuerpo en el contexto de sus retiros en Walden, escribió: «Me alegro de que haya búhos. Dejemos que ululen, aunque a los hombres les parezca un ruido idiota y maníaco. Es un sonido admirablemente adecuado para la media luz de pantanos y bosques a donde el día no llega, y sugiere una naturaleza vasta y sin explotar que los hombres no han reconocido».[9] El ejercicio corporal es incompleto si se concentra exclusivamente en el músculo y está motivado por el ideal de un físico no deformado por la grasa. ¿De qué sirve un cuerpo esbelto que no es capaz de oír los búhos de Thoreau o devolver el saludo a las ondulaciones de los trigales de Emerson? El cuerpo que tiene alma está en comunión con el cuerpo del mundo, y en esa intimidad encuentra su salud.

Un yoga orientado hacia el alma podría recorrer sus múltiples posturas y formas de respirar mientras presta atención a los recuerdos, las emociones y las imágenes que surgen en conjunción con el movimiento físico y las posturas. En el ejercicio, las imágenes interiores son tan importantes para el alma como son para el caminante las imágenes de la naturaleza y de la cultura. Con frecuencia se practica el yoga con un ideal de trascendencia. Queremos ajustar y modelar el cuerpo para que coincida con una imagen perfecta de nosotros mismos. O deseamos poderes físicos o psíquicos que van más allá de lo normal o de aquello a lo que estamos acostumbrados. Por detrás de la práctica del yoga puede haber una fantasía perfeccionista o unas imágenes de pureza. Pero el alma no se ocupa de la trascendencia. El yoga del alma quiere más intimidad entre ésta y la conciencia, entre nuestro cuerpo y el cuerpo del mundo, y entre nosotros y nuestros semejantes. Disfruta con la imaginación que aportan sus métodos, sin esperar que las imágenes y los recuerdos tengan como meta ningún progreso ni mejoramiento.

Pintamos el cuerpo, lo fotografiamos, bailamos con él y lo adornamos con cosméticos, joyas, telas, vestidos, tatuajes, sortijas y relojes. Sabemos que el cuerpo es un mundo de la imaginación, y que ésa es la esencia de su alma. Podemos hacer más por su salud contemplando con seriedad obras de arte que revelen algo de la capacidad expresiva del cuerpo que tomando vitaminas o haciendo ejercicio. Un cuerpo no imaginado va camino de la enfermedad. En momentos de malestar también podemos considerar el sufrimiento del cuerpo como el sueño de su crisis.

Generalmente nuestros hospitales no están equipados para atender al alma doliente. Pero no se necesitaría mucho para cambiarlos, porque el alma no requiere una costosa tecnología ni expertos con formación especial. No hace mucho que el administrador de un hospital me pidió algunas ideas para mejorar su funcionamiento. Le recomendé algunas cosas muy simples. El plan que tenían era permitir que los pacientes leyeran su hoja de registros clínicos todos los días, y además darles folletos con la descripción de los aspectos químicos y biológicos de sus respectivas enfermedades. Le sugerí que en vez de darles una cartilla de temperaturas y medicaciones, animaran a los pacientes a anotar sus impresiones y emociones durante el tiempo que permanecían en el hospital y, más importante aún, a explicar por escrito sus sueños todos los días. También le recomendé que instalaran una sala de arte donde los pacientes pudieran pintar, esculpir y quizá danzar sus fantasías durante el tratamiento. Lo decía pensando más bien en un estudio de arte que en una sala de arte-terapia en el sentido habitual. También le recomendé que reservaran una hora y un lugar para que los pacientes pudieran contar historias sobre sus enfermedades y su hospitalización, ciertamente no con un experto que reforzara el estilo médico, técnico, sino quizás con un narrador profesional o, en todo caso, con alguien que conociera la importancia de dejar que el alma hable y encuentre sus imágenes.

La palabra *hospital* proviene de *hospes*, que significa a la vez «extraño» y «huésped», y *pito*, es decir, «señor» o «poderoso». El hospital es un lugar donde el extraño puede encontrar descanso, protección y cuidados. Quizá la enfermedad sea el extraño que viene al hospital, y tal vez el hospital como tal no sea más que la forma concreta de nuestra propia capacidad para albergar al extraño que es la enfermedad. El término latino *hospes* significa también «enemigo», y no quiero descuidar este elemento de la sombra en la enfermedad. La enfermedad es un enemigo, pero ese es un mito al que ya hemos sobrevivido. Puede que ahora sea el momento de considerarla como al extraño que necesita un lugar donde estar y donde lo cuiden.

Hacia el final de su libro lleno de alma *Love's Body* [El cuerpo del amor], Norman O. Brown dice: «Lo que siempre está hablando silenciosamente es el cuerpo».[10] Nuestra tarea como huéspedes de nuestra propia dolencia y como cuidadores de nuestro cuerpo es afinar el oído que percibe lo que nos dice. Evidentemente, no se trata de un oído concreto que escuche el habla silenciosa del cuerpo, no tiene que ver con el estetoscopio ni con un escáner. La tecnología de este oído es más sutil y perceptiva que ningún instrumento que se haya inventado. Es el oído del poeta, es decir, de cualquier persona que contemple el mundo con imaginación. Emerson dice que sólo el poeta conoce los hechos de la astronomía, la química y las demás ciencias, «porque los toma como signos».

Podemos entender el cuerpo como una colección de hechos, pero si además reconocemos su alma, es una fuente inagotable de «signos». Cuidar del cuerpo en su condición física, pero además con imaginación, es una parte importante del cuidado del alma. Pero un proyecto como éste requiere un enfoque desde un ángulo difícil de conjurar en la era de los hechos: desde la poética médica. ¿Llegará el día en que Paracelso, Ficino y Emerson figuren en los primeros lugares de la lista de lecturas que se les exijan a los estudiantes de medicina? ¿En que el futuro médico tenga que hacer un estudio serio y profundo del cuerpo en el arte? ¿En que una visita al médico incluya una revisión de los momentos decisivos de la historia del paciente, de sus sueños y sus fantasías personales sobre la enfermedad?

Es probable que ese día llegue, porque ya ha existido. El equipo de Ficino, el terapeuta renacentista, incluía un laúd con el que podía dar forma artística a la desazón de su paciente. A Keats le resultó fácil cambiar de carrera, pasando de la medicina a la poesía. Emerson exploró como filósofo los misterios de la enfermedad. Parece que en algunos sectores, el tenso dominio que la fantasía técnica de la vida ha tenido sobre la conciencia moderna se fuera relajando. Quizás haya llegado el momento de que el cuerpo se libere, deje de ser identificado como un *corpus* —un cadáver— y, animado por una apreciación nueva de su propio arte, vuelva a sentir una vez más el calor vital del alma.

9

La economía del alma: el trabajo, el dinero, el fracaso y la creatividad

El cuidado del alma requiere que se preste una atención constante a todos los aspectos de la vida. Esencialmente consiste en cultivar lo común y corriente, de tal manera que el alma se vea alimentada y favorecida. La terapia tiende a centrarse en las crisis o en los problemas crónicos. Jamás he sabido de nadie que acuda a un terapeuta para hablar de jardinería, examinar los problemas del alma en una casa que se está construyendo, o prepararse para ser concejal del ayuntamiento. Y sin embargo, todas estas cosas cotidianas tienen mucho que ver con el estado del alma. Si no las atendemos consciente y cuidadosamente, los asuntos del alma siguen siendo en gran parte inconscientes, quedan sin cultivar y, por eso mismo, a menudo son problemáticos.

Entre nuestras actividades diarias, una de las más inconscientes desde la perspectiva del alma es el trabajo y el lugar donde se desarrolla: la oficina, la fábrica, la tienda, el taller o el hogar. En mi práctica profesional he comprobado durante años que las condiciones laborales tienen por lo menos tanto que ver con las perturbaciones del alma como el matrimonio y la familia. Sin embargo, es tentador limitarse a hacer ajustes en respuesta a los problemas que plantea el trabajo, sin reconocer la profundidad de lo que hay en juego. Es indudable que dejamos que el lugar de trabajo esté dominado por la funcionalidad y la eficacia, con lo que nos hacemos vulnerables a las quejas del alma descuidada. Psicológicamente, podríamos beneficiarnos de una mayor conciencia de la poesía del trabajo, que incluye su estilo, las herramientas, los horarios y el ambiente.

Hace varios años di una conferencia sobre la idea medieval de que el mundo es un libro que espera que lo leamos. Los monjes solían usar la expresión *líber mundi*, el «libro del mundo», para referirse a una especie de alfabetización espiritual. Después de la conferencia me telefoneó una mujer que había asistido a ella, un ama de casa, que me preguntó si estaría dispuesto a visitarla para leer su casa desde ese punto de vista. Yo jamás había participado en nada semejante, pero en terapia había hecho durante años lecturas de sueños y de dibujos, de modo que la idea me atrajo.

Recorrimos juntos las habitaciones, observándolas con atención y hablando tranquilamente de nuestras impresiones. La «lectura» no fue un análisis ni una interpretación. Era más bien algo así como «seguir soñando la casa», parafraseando una expresión de Jung: «seguir soñando el sueño». Mi idea era ver la poesía y el alfabeto de la casa, entender los gestos que hacía en su arquitectura, sus colores, sus muebles, su decoración y el estado en que se hallaba en aquel preciso momento. La mujer estaba realmente consagrada a su hogar y quería dar a las labores domésticas un lugar de dignidad en su vida.

Algunas de las imágenes que nos llegaban eran personales. Oí relatos de un matrimonio anterior, de hijos y visitantes, y de la infancia de mi anfitriona. Otros tenían que ver con la arquitectura del edificio y con la historia del país, y algunos se referían a cuestiones filosóficas relacionadas con la naturaleza de los conceptos de vivienda y abrigo.

Recuerdo en particular un cuarto de baño inmaculado con suaves azulejos y colores frescos. El cuarto de baño es una habitación llena de intensas imágenes y de contenido psicológico: desechos corporales, higiene, intimidad, cosméticos, ropa, desnudez, tuberías conectadas con instalaciones subterráneas y agua corriente. Es el escenario preferido de muchos sueños, un indicio de su especial atractivo para la imaginación. Aquel cuarto de baño me pareció excepcionalmente ordenado y limpio, y como yo había accedido a hacer una lectura sincera y fiel de la casa, hablamos de los esfuerzos que hacía mi anfitriona por mantener impecable aquella habitación.

En la lectura de su casa, yo no me propuse descubrir quién era aquella mujer, ni encontrar algo que no encajara, ni sugerirle ninguna manera nueva de vivir. Estábamos simplemente mirando su hogar de un modo especial para tener algunos atisbos del alma que se oculta en lo común y cotidiano. Al final de nuestro recorrido, los dos nos sentíamos excepcionalmente conectados con el lugar y con sus cosas. Yo, por mi parte, estaba motivado para reflexionar sobre mi propia casa y para pensar con mayor profundidad en la poética de la vida cotidiana.

El hogar es un lugar de trabajo cotidiano, independientemente de que tengamos o no un trabajo «afuera». Si el lector se pusiera a leer su propia casa, en algún momento se encontraría frente a las herramientas del trabajo doméstico: la aspiradora, los trapos de sacar el polvo, jabones, esponjas, el fregadero, el martillo, el destornillador... Son todas cosas muy simples, y sin embargo son fundamentales para sentir que se está en casa. Jean Lall, astróloga y terapeuta de Baltimore, da conferencias sobre el alma del trabajo doméstico, al que llama «un sendero de contemplación», y dice que si denigramos el trabajo que hay que hacer todos los días en el hogar, desde cocinar hasta lavar la ropa, perdemos nuestro afecto por el mundo inmediato. Hay también una relación muy estrecha, dice, entre el trabajo cotidiano de la casa y la responsabilidad por nuestro entorno natural.

Se lo podría expresar de esta manera: hay dioses del hogar, y nuestro trabajo diario es una manera de reconocer a estos espíritus hogareños que tan importantes son para el sostenimiento de nuestra vida. Para ellos, una fregona es un objeto sacramental, y cuando la utilizamos con cuidado le estamos dando algo al alma. En este sentido, limpiar el cuarto de baño es una forma de terapia, porque hay una correspondencia entre la habitación real y una cierta cámara del corazón. El cuarto de baño que se nos aparece en sueños es a la vez la habitación que hay en casa y un objeto poético que describe un espacio del alma.

No es mi intención engrandecer las cosas simples de la vida con un significado y un formulismo exagerados, pero podría estar bien que recordáramos el valor que tiene para el alma realizar con atención y con espíritu detallista nuestras tareas cotidianas. Todos sabemos que en cierto grado el trabajo diario influye en el carácter y la calidad global de la vida, pero generalmente pasamos por alto la forma en que la plenitud de alma puede adherirse al trabajo doméstico y los dones que éste puede aportar al alma. Si encargamos a otras personas que hagan nuestro trabajo, nos perdemos algo irreemplazable, y finalmente podemos llegar a tener la vivencia de ese elemento que nos falta como un doloroso sentimiento de soledad o de desamparo.

«Lea» la casa de su vida laboral externa de la misma manera que yo leí el hogar de aquella mujer: examinando el entorno, mirando con atención las herramientas, considerando de qué manera se organiza el tiempo y observando los estados anímicos y las emociones que suelen acompañar al trabajo. La forma en que usted pasa su jornada laboral —lo que mira, dónde se sienta y con qué trabaja— tiene importancia, no sólo en función de la eficiencia, sino por su efecto en la sensación que tiene de sí mismo y en la dirección que sigue su imaginación. Hay empresas donde la falta de alma en su concepción del trabajo se esconde tras un barniz de paredes falsas, plantas de plástico y seudoarte. Si eso es lo que aportamos al lugar de trabajo en nombre de la belleza, esa será también la medida de plenitud de alma que tendremos en nuestra labor. El alma no es algo que se pueda falsificar sin graves consecuencias. En su poema «El jardín», Andrew Marvel se refiere a «un pensamiento verde en la sombra verde». Si estamos rodeados de helechos de plástico, estaremos llenos de pensamientos de plástico.

El trabajo como opus

En muchas tradiciones religiosas el trabajo no está separado de los recintos de lo sagrado. No es «pro-fano» —es decir, no está enfrente del templo—, sino que está en el templo. En los monasterios cristianos y en los del budismo zen, por ejemplo, el trabajo —tal como aprendí durante mi noviciado en una orden religiosa— forma parte de la vida cuidadosamente ordenada del monje, al igual que la plegaria, la meditación y la liturgia. Un novicio es un monje en potencia, un aprendiz de las complejidades de la vida espiritual de oración, meditación, estudio y... trabajo. Recuerdo especialmente un día que me encargaron que podara los manzanos. Era un día frío, en Wisconsin, y yo estaba montado en una rama, serrando los brotes de otras ramas que crecían a mi alrededor como minaretes. Me tomé un minuto para descansar, esperando que la rama no se rompiera de repente, y me pregunté por qué estaba haciendo aquello. Se suponía que tenía que aprender oración, meditación, latín y canto gregoriano. Pero allí estaba, con las manos heladas, sin ninguna sensación de seguridad en la copa de un árbol, con los dedos sangrando por algún resbalón de la sierra, haciendo algo que nadie me había enseñado. La respuesta —como ya sabía— era que el trabajo es un componente importante en la vida espiritual. En algunos monasterios, los monjes se encaminan a su trabajo en procesión, con sus largos hábitos con capucha, y en total silencio. Los escritores monásticos describen el trabajo como el sendero hacia la santidad.

La religión formal siempre nos sugiere alguna dimensión profunda de cualquier cosa de la vida cotidiana, en este caso, la idea de que el trabajo no es, como supone el mundo moderno, una empresa laica. Ya sea que lo hagamos con arte y concentración, o bien con una inconsciencia total, el trabajo afecta profundamente al alma. Está lleno de imaginación y habla con el alma en muchos planos diferentes. Puede, por ejemplo, conjurar ciertos recuerdos y fantasías que tienen una importancia especial y que pueden estar relacionados con mitos, tradiciones e ideales familiares. O bien puede ser un medio de ir ordenando cosas que poco tienen que ver con el trabajo mismo. Puede ser una respuesta al destino. Quizá nuestro trabajo ha sido, durante generaciones, el trabajo de la familia, o tal vez apareció en nuestra vida después de múltiples coincidencias y circunstancias casuales. En este sentido, cualquier trabajo es una vocación, una llamada desde un lugar que es la fuente del significado y de la identidad, y cuyas raíces están más allá de la intención y la interpretación humanas.

γ

También la etimología, el examen de las imágenes y mitos profundos que residen en el interior del lenguaje ordinario, nos aclara el significado del trabajo.

A veces hablamos del trabajo como de una «ocupación», una palabra interesante que significa «estar tomado y capturado». En el pasado, esta palabra tenía fuertes connotaciones sexuales. Nos gusta pensar que hemos escogido nuestro trabajo, pero quizá fuera más exacto decir que él nos ha encontrado. Los relatos de la mayoría de las personas cuando hablan de la forma en que llegaron a su «ocupación» actual, parecen urdidos por el destino: cuentan cómo el trabajo llegó a ocuparlas, a residir en ellas. El trabajo es una vocación: algo nos llama a él. Pero además, nuestro trabajo nos ama. Puede excitarnos, reconfortarnos y hacernos sentir realizados, igual que un amante. El alma y lo erótico van siempre juntos. Si nuestro trabajo no tiene para nosotros cierto matiz erótico, es probable que además le falte alma.

El nombre técnico de los rituales que tienen lugar en la iglesia, como el bautismo o la eucaristía, es «liturgia», término que viene de las palabras griegas *laos* y *ergos*, cuya combinación se puede traducir simplemente como «el trabajo ordinario de una persona» o «la labor del laicado». Los rituales que tienen lugar en la iglesia son el trabajo del alma: en el ritual se está creando algo del alma. Aun así, no hay necesidad de separar este trabajo del que se hace «en el mundo». Desde un punto de vista profundo, todo trabajo es liturgia. También las acciones comunes y corrientes hacen algo por el alma. Lo que sucede en la iglesia o en el templo es un modelo para lo que tiene lugar en el mundo. La iglesia destaca la naturaleza profunda y a veces oculta de la actividad mundana. Podríamos decir, entonces, que todo trabajo es sagrado, ya se trate de construir una carretera, cortarle el pelo a alguien o sacar la bolsa de la basura.

Podemos salvar la brecha entre el mundo sagrado de la iglesia y el mundo secular si de vez en cuando ritualizamos las cosas cotidianas al hacerlas. No es necesario vestir de religiosidad el trabajo de todos los días para convertirlo en algo sagrado; el ritual formal no es más que un modo de recordarnos las cualidades rituales que de todas maneras posee el trabajo. Por lo tanto, igual que un sacristán que reverencia todo aquello que cuida, podríamos comprar herramientas de buena calidad —bien hechas, agradables a la vista y que se adapten a la mano— y productos de limpieza que respeten el medio ambiente. Un determinado mantel puede ayudar a ritualizar una cena, y un escritorio de diseño especial o de madera selecta puede convertir un lugar de trabajo en un ámbito profundamente imaginativo. Con frecuencia los espacios laborales están desprovistos de imaginación, de modo que a los trabajadores se los deja con un sentimiento puramente secularizado que no constituye un alimento para el alma.

Además, los trabajadores dan por supuesto que su tarea es algo puramente secular y funcional, pero incluso trabajos tan normales como la carpintería, los servicios de secretaría y la jardinería se relacionan tanto con el alma como con su función. En la Edad Media, cada uno de estos trabajos tenía como patrón a un dios —Saturno, Mercurio y Venus, respectivamente—, como indicación de que, en cada caso, en el trabajo cotidiano nos encontramos con asuntos de profunda importancia para el alma. Podríamos aprender de nuestros antepasados que las tareas familiares que forman parte de un trabajo común y corriente tienen un dios que las preside y, en relación con ese dios, constituyen una liturgia.

También la mitología nos ofrece algunas sugerencias para pensar de un modo profundo en el trabajo. A Dédalo, por ejemplo, se lo conocía como el ingenioso fabricante de muñecas y otros juguetes que cobraban vida cuando un niño jugaba con ellos. Hefesto, uno de los dioses verdaderamente grandes, hacía muebles y joyas, entre otras cosas, para los demás dioses. Nuestros propios hijos juegan con sus juguetes como si éstos estuvieran vivos, y así mantienen vivo el mito. Desde el punto de vista mitológico tendría mucho sentido que los fabricantes de juguetes miraran profundamente su trabajo y comprendieran que Dédalo participa en él. Si tuvieran un sentido profundo de la naturaleza verdaderamente mágica de lo que producen, podrían cuidar del alma de los niños con sagrada imaginación, y lo mismo vale para todas las profesiones y todas las labores.

Cuando pensamos en el trabajo no consideramos más que la funcionalidad, de manera que los elementos del alma quedan librados al azar. Donde no hay una conciencia artesanal y artística de la vida, hay un debilitamiento del alma. Me parece que el problema de la fabricación moderna no está en la falta de eficiencia, sino en la pérdida de alma.

Como no comprenden el alma, las empresas se fijan en el trabajo de otras culturas e intentan imitar sus métodos, sin darse cuenta de que el método no es lo único. Quizás otra cultura tiene éxito en la fabricación y la comercialización porque todavía está atenta a las necesidades del corazón. Tal vez no baste con copiar estrategias superficiales, haciendo caso omiso de esa evaluación más profunda del sentimiento y de la sensibilidad que es lo que da al trabajo un arraigo en el corazón humano, y no sólo en el cerebro.

γ

Otra manera de enriquecer la imaginación del trabajo es seguir el camino que señaló Jung en su trabajo con la alquimia. En el proceso alquímico, se colocaba un material en bruto en una vasija donde se lo calentaba, se lo observaba atentamente, se lo calentaba un poco más, se lo sometía a diversas operaciones y se lo volvía a observar. Al final, el resultado era un producto arcano del que se imaginaba misteriosamente que era oro, la piedra filosofal o un poderoso elixir. Desde el punto de vista de Jung, la alquimia era una práctica espiritual que se llevaba a cabo en beneficio del alma. Su juego con las sustancias químicas, el calor y la destilación era un proyecto poético en el que las sustancias, los colores y otras cualidades materiales se mostraban como la imagen externa de un proceso del alma, oculto y paralelo. Así como la astrología basa todo su sistema simbólico en los cuerpos planetarios, la alquimia hallaba su inspiración poética en las características de las sustancias químicas y en sus interacciones.

Este proceso de elaboración de la sustancia del alma, objetivada en materiales naturales, es lo que el alquimista denomina *opus*, es decir, «el trabajo», «la obra». De la misma manera, también podríamos imaginarnos nuestro trabajo cotidiano en una dimensión alquímica. Las sencillas preocupaciones del trabajo ordinario son los materiales —la *prima materia*, según los alquimistas— para trabajar en las cosas del alma. Trabajamos en la sustancia del alma por mediación de las cosas de la vida. Esta es una antigua idea a la que se adhirieron los neoplatónicos: la vida normal es el camino de acceso a una actividad espiritual superior. O podríamos decir que en el momento mismo en que trabajamos, absortos, en alguna actividad mundana, también lo hacemos en un plano diferente. Quizá sin saberlo estemos entregados al cultivo del alma.

Podríamos entender mejor el papel del trabajo cotidiano en el alma si miramos con más atención cuál es el concepto del *opus*. En su libro *Psicología y alquimia*, Jung describe el *opus* como una obra de la imaginación, hablando de un antiguo texto alquímico que explica cómo obtener la piedra filosofal. El pasaje dice que uno debe guiarse por una imaginación verdadera, no por una fantástica. Al comentar esta idea, Jung afirma que la imaginación es «un auténtico logro del pensamiento o de la reflexión que no hila en el vacío fantasías sin objeto ni fundamento; es decir que no se limita a jugar con su objeto, sino que más bien intenta captar los hechos internos y representarlos en imágenes fieles a su naturaleza. Esta actividad es un *opus*, una obra».

Nos aproximamos más al trabajo del alma cuando profundizamos más allá de las abstracciones intelectuales y las fantasías de la imaginación que no surgen de las raíces más profundas del sentimiento. Cuanto más profundamente agite nuestro trabajo la imaginación y se corresponda con las imágenes que subyacen en el pétreo lecho fundamental de la identidad y del destino, tanta más alma tendrá. El trabajo es un intento de encontrar una alquimia adecuada que despierte y satisfaga la raíz misma del ser. Casi todos dedicamos mucho tiempo al trabajo, no solamente porque tenemos que hacerlo para ganarnos la vida, sino porque es esencial para el *opus* del alma. Nos estamos haciendo artesanalmente a nosotros mismos: individuándonos, para decirlo con el término junguiano. El trabajo es fundamental para el *opus* porque el único sentido de la vida es la fabricación del alma.

Para decirlo de forma más sencilla: la tarea y el *opus* están relacionados en la medida en que el trabajo es una extensión o un reflejo de nosotros mismos. Si usted concluye con éxito una transacción comercial, se sentirá bien consigo mismo. Si hace una mesa de madera de cerezo para el comedor, o borda estrellas en una colcha, cuando dé un paso atrás para contemplar el trabajo terminado sentirá una oleada de orgullo. Estos sentimientos son un indicio de que lo que está en juego es el *opus* alquímico. El problema es que si lo que hacemos no está a la altura de nuestras normas y no refleja atención y cuidado, cuando tomamos distancia para mirarlo, el alma sufre. La sociedad entera sufre una herida en el alma si nos permitimos hacer un trabajo mal hecho.

Cuando no podemos sentirnos bien con nuestro trabajo, entonces el orgullo lleno de alma, tan necesario para la creatividad, se convierte en narcisismo. El orgullo y el narcisismo no son lo mismo; en cierto sentido, son opuestos. Como Narciso, necesitamos sentirnos objetivados en una imagen, en algo exterior a nosotros. Los productos de nuestro trabajo son como la imagen en el estanque, un medio de amarnos a nosotros mismos. Pero si no son dignos de amor, nos vemos introducidos a la fuerza en un lugar narcisista donde perdemos de vista el trabajo como tal y nos concentramos en nuestras propias necesidades personales. El amor por el mundo y por el lugar que ocupamos en él, alcanzado en gran medida por nuestro trabajo, se convierte en una avidez solipsista de amor.

El trabajo se vuelve narcisista cuando no podemos amarnos a través de los objetos del mundo. Esta es una de las implicaciones más profundas del mito de Narciso: el florecimiento de la vida depende de que encontremos en el mundo un reflejo de nosotros mismos, y nuestro trabajo es un lugar importante para ese tipo de reflejo. En el lenguaje del neoplatonismo, Narciso encuentra el amor cuando descubre que su naturaleza se completa en aquella parte de su alma que está fuera de sí mismo, en el alma del mundo. Si se la lee de esta manera, la historia sugiere que no alcanzaremos jamás el florecimiento de nuestra naturaleza mientras no hallemos esa parte de nosotros mismos, ese gemelo digno de amor, que vive en el mundo y *como* el mundo. Por consiguiente, encontrar el trabajo adecuado es como descubrir nuestra propia alma en el mundo.

En su libro *Psicología y religión*, Jung dice, siguiendo la enseñanza alquímica: «El alma está en su mayor parte fuera del cuerpo». ¡Qué idea tan extraordinaria! A la persona moderna se le enseña a creer que el alma —o cualquiera que sea la palabra que se use para designarla— está contenida en el cerebro o es un equivalente de la mente, y que es algo pura y humanamente subjetivo. Pero si pensáramos en el alma como ser en el mundo, entonces quizá veríamos nuestro trabajo como un aspecto verdaderamente importante de nuestra vida, no sólo por su producto literal, sino también porque es una manera de cuidar del alma.

Como ya vimos en el capítulo dedicado a este mito, el narcisismo es un síntoma que aparece como reacción directa al fracaso del mito de Narciso. Nuestro trabajo adquiere características narcisistas cuando no sirve bien como reflejo del sí mismo. Cuando ese reflejo inherente se pierde, llegamos a estar, en cambio, más preocupados por la forma en que nuestro trabajo refleja nuestra reputación. Intentamos buscar en el resplandor del logro la reparación para nuestro narcisismo dolorido, y así, en aras de aquél, nos alienamos del alma del trabajo y caemos en la tentación de buscar satisfacción en recompensas secundarias, como el dinero, el prestigio y los oropeles del éxito.

Es obvio que trepar por la escalera del éxito puede conducir fácilmente a una pérdida de alma. Una alternativa puede ser escoger una profesión o un proyecto teniendo en cuenta el alma. Cuando alguien nos ofrezca un trabajo describiéndonos todos sus beneficios, podríamos preguntarle por los valores del alma. ¿Qué espíritu reina en ese lugar de trabajo? ¿Nos tratarán como a personas? ¿Hay un sentimiento de comunidad? ¿Le gusta su trabajo a la gente? Lo que hacemos y producimos, ¿es digno de que le dediquemos largas y obligadas horas de trabajo? ¿Hay algún problema moral en lo que hacemos o en el lugar de trabajo? Es decir, ¿se hacen cosas en detrimento de la Tierra o de sus habitantes, se obtienen beneficios excesivos o se contribuye a la opresión racial o sexista? Es imposible cuidar del alma si estamos violando o descuidando nuestra propia sensibilidad moral.

Narciso y el trabajo tienen más relaciones, porque el amor que ponemos en nuestro trabajo vuelve como amor por nosotros mismos. Signos de este amor, y por lo tanto de alma, son los sentimientos de atracción, deseo, curiosidad, compromiso, pasión y lealtad en relación con nuestro trabajo. Una vez traté a un hombre que trabajaba en una fábrica de coches y odiaba su trabajo. En un equipo que se ocupaba de pintar a presión, él era el que se encargaba de resolver los problemas: destapaba los tubos obstruidos y vigilaba las proporciones adecuadas de las mezclas. Hacía bien su trabajo, pero lo vivía como una prisión. Vino a verme preguntándose qué podría haberle sucedido cuando era niño para que su vida fuera tan desdichada.

Mientras hablaba observé que la mayor parte de su irritación se centraba en su trabajo, de manera que tratamos de este tema en detalle. El escenario de algunos de sus sueños era el lugar de trabajo, de modo que tuvimos múltiples ocasiones de explorar la historia de su imaginación sobre este tema, incluyendo sus fantasías infantiles de lo que podía ser la vida laboral, los muchos trabajos que había tenido, su educación, su formación y sus hábitos laborales de aquel momento. No traté de ofrecerle opciones ni de conseguir que encontrara un trabajo mejor. Quería concentrarme en el lugar que ocupaba el trabajo en su alma y escuchar las quejas de ésta por lo que él estaba haciendo. Finalmente, sus reflexiones sobre el trabajo lo llevaron a buscar un cambio. Un día reunió el coraje suficiente para orientarse hacia la actividad de ventas, que le parecía más adecuada para él, y pronto muchos de sus problemas «psicológicos» empezaron a desaparecer.

—Me encanta mi trabajo —me comentó—. No me importa que me critiquen por mis errores, y me gusta ir a trabajar. Aquel otro trabajo no era para mí.

Ocuparse de engorrosas operaciones de pintura a presión podía ser adecuado para otra persona, pero no para aquel hombre, que necesitó sufrir durante un tiempo con su trabajo anterior hasta pasar a algo que tuviera más alma para él.

Cuando alguien dice que un trabajo no es para él, está diciendo que la relación entre su trabajo y su alma se ha desmoronado o, para expresarlo en términos alquímicos, que entre el trabajo y el *opus* no hay correspondencia. Cuando este vínculo está presente, la tarea es más fácil y más satisfactoria porque el contrapunto entre trabajo y *opus* es armonioso. Cuando el alma está en juego, el trabajo no lo realiza solamente el ego; se genera en un lugar más profundo, y por lo tanto no está desprovisto de pasión, espontaneidad y gracia.

En su libro *Vidas de artistas,* Vasari cuenta una historia sobre el escultor y arquitecto renacentista Filippo Brunelleschi. Donatello, Filippo y otros artistas andaban paseando ociosamente por Florencia cuando Donatello mencionó un hermoso sarcófago de mármol que había visto en la ciudad de Cortona, a buena distancia de allí. «A Filippo le acometió un deseo tremendo de ver la obra —escribe Vasari—, de modo que, sin cambiarse de ropa ni de calzado, inmediatamente echó a andar rumbo a Cortona, examinó el sarcófago, hizo un boceto de él y volvió a Florencia antes de que nadie lo echara de menos». Historias similares se cuentan de Bach, capaz de caminar muchos kilómetros para escuchar una música que le interesaba, y que se quedaba hasta altas horas de la noche copiando las obras de los compositores que más admiraba.

Las historias de artistas que se dedican con intensidad a su visión y su oficio configuran una mitología que revela las dimensiones arquetípicas de un trabajo lleno de alma. En nuestra propia vida, este arquetipo puede aparecer en un tono menor, como puede ser un sentimiento de satisfacción tras habernos pasado la mañana en la tarea precisa. O puede hacerse presente, como en el caso del hombre de la fábrica, en un satisfactorio cambio de trabajo. Puede ocurrir que la sugerencia de prestar más atención al alma conduzca a quien nos consulta a una reestructuración radical de su carrera. Las pruebas deberían evaluar más bien la naturaleza del *opus* que la aptitud, y entonces la discusión se centraría en problemas mucho más profundos que las preocupaciones superficiales del ego con respecto a la vida.

El dinero

El dinero y el trabajo están, como es natural, íntimamente relacionados. Al establecer una separación entre la preocupación por el beneficio económico y los valores inherentes al trabajo, el dinero puede convertirse en el foco de un narcisismo laboral. Dicho de otra manera, el placer que proporciona el dinero puede ocupar el lugar del placer que proporciona el trabajo. Sin embargo, todos necesitamos dinero, que puede llegar a ser, sin pérdida de alma, una parte integral del trabajo. Lo decisivo es nuestra actitud. En la mayoría de los trabajos puede haber una relación estrecha entre cuidar del mundo donde vivimos (ecología) y cuidar de la calidad de nuestro modo de vida (economía).

La ecología y la economía, términos ambos derivados del griego *oikos*, tienen que ver con «casa» en el sentido más amplio. Ecología *(logos)* se refiere al hecho de comprender que la Tierra es nuestro hogar, y a nuestra búsqueda de las maneras apropiadas de habitar en ella. Economía *(nomos)* se refiere a cómo nos movemos en este hogar que es el mundo y cómo nos llevamos con la familia que es la sociedad. El dinero es simplemente la acuñación de nuestra relación con la comunidad y con nuestro entorno. Nos pagan por nuestro trabajo, y nosotros también pagamos por los servicios y productos que utilizamos. Pagamos nuestros impuestos, y el gobierno se encarga de las necesidades básicas de la comunidad. En «economía», *nomos* significa ley, pero no la ley natural. Es el reconocimiento de que la comunidad es necesaria y de que exige reglas de participación. El dinero tiene un papel central en nuestros intentos de llevar una vida comunal.

Pero una comunidad no es una construcción totalmente racional. Cada comunidad tiene una personalidad compleja, con un pasado diverso y valores mezclados. Tiene un alma, de modo que también tiene sombra. El dinero no es únicamente un medio racional de intercambio; también es el portador del alma de la vida comunitaria. Tiene todas las complicaciones del alma y, como la sexualidad y la enfermedad, excede nuestra capacidad de control. Puede inundarnos de deseo compulsivo, envidia, codicia y anhelo. Hay personas cuya vida está configurada por el hechizo del dinero, mientras que otras sienten su tentación y, para no mancharse, escogen una vía ascética. Tanto en un caso como en el otro, el dinero mantiene su posición de poder en el alma.

γ

Una manera neurótica de relacionarse con el dinero puede reflejar e intensificar el resto de nuestros problemas. Por ejemplo, podemos dividir el dinero en fantasías de riqueza y de pobreza. Si la actitud de una persona hacia él es esencialmente una defensa contra la pobreza, es probable que esa persona no llegue nunca a tener una verdadera experiencia de la riqueza. Después de todo, la *experiencia* de la riqueza es algo subjetivo. Para algunos, ser rico es poder pagar las tarjetas de crédito; para otros, significa tener un Rolls Royce o dos. La riqueza no se puede medir por una cuenta corriente, porque es principalmente lo que nos imaginamos que es. Ignorantes del alma y de su propia clase de riqueza, quizás entremos en el vértigo de la persecución del dinero porque tememos tropezar con la auténtica pobreza a la vuelta de la esquina.

Una vez más, podemos volvernos hacia la religión en busca de algunas imágenes más profundas de la riqueza y la pobreza. En las órdenes religiosas, los monjes hacen voto de pobreza, pero quien haya visitado diversos monasterios se habrá encontrado, sorprendido, en terrenos de primera calidad, con edificios bellamente construidos y amueblados. Es probable que los monjes lleven una vida sencilla, pero no siempre austera, y jamás tienen que preocuparse por el techo y la comida. La pobreza monástica se define a veces, no como escasez de dinero y de propiedades, sino más bien como «propiedad comunitaria». El propósito del voto es promover el espíritu comunitario poseyendo todas las cosas en común.

¿Qué sucedería si como nación, como ciudad o como barrio, por no hablar del planeta entero, hiciéramos todos un voto de pobreza como ése? No se trataría de imprimir un matiz romántico a la privación, sino de avanzar con esfuerzo hacia un profundo sentimiento comunitario al sentir nuestra condición de dueños de una propiedad común. Tal como están las cosas, dividimos la propiedad literalmente en pública y privada. Los propietarios pueden hacer lo que quieran con su propiedad privada dentro de los límites de las leyes locales, e incluso éstas no siempre tienen como objetivo el bienestar de la comunidad. En nuestra condición de público, puede que no nos sintamos con derechos ni obligaciones con respecto al estado y la calidad de esos edificios y empresas.

Si no albergamos ningún sentimiento general de ser propietarios de la Tierra, entonces quizá pensemos que mantener los océanos limpios y el aire libre de contaminación es responsabilidad de otras personas y no nuestra. Sin embargo, la persona verdaderamente rica es la que lo «posee» todo: la tierra, el aire y el mar. Al mismo tiempo, como no diferencia entre riqueza y pobreza, esa persona es rica y a la vez no es dueña de nada. Desde el punto de vista del alma, riqueza y pobreza convergen en el uso y disfrute responsables de este mundo, que hemos recibido en préstamo por el breve período durante el cual lo ocupamos.

Con el dinero pasa lo mismo que con la sexualidad. Hay gente que cree que cuantos más contactos sexuales tenga, y con tantas personas diferentes como sea posible, más realizada se sentirá. Pero es probable que ni siquiera grandes cantidades de dinero y grandes dosis de sexualidad lleguen a satisfacer su avidez. El problema no está en tener demasiado o demasiado poco, sino en adjudicar al dinero un valor literal, el de un fetiche más bien que el de un medio. Si se alcanza la riqueza rechazando la experiencia de la pobreza, la riqueza jamás será completa. El alma se nutre tanto de la necesidad como de la abundancia.

Cuando hablo del alma de la pobreza, no me refiero a que se deba cultivar una visión romántica de la pobreza como medio de trascender la vida material. Ciertas formas de espiritualidad huyen de los males del dinero en favor de la trascendencia y de la pureza moral. Hay personas que piensan que deben trabajar sin recibir paga alguna. A otras les gusta intercambiar servicios, con la intención de evitar la sombra del dinero. Pero a la pobreza, como a la riqueza, se la puede tomar de forma demasiado literal, de modo que la persona que consigue escapar del dinero se queda aislada y fuera de la comunidad, que se sostiene con ayuda de la economía. El deseo de riqueza, un elemento legítimo en el eros del alma, puede perderse, como también su alegría; o bien se lo puede reprimir y entonces vuelve a infiltrarse furtivamente bajo la forma de torpeza con el dinero, de avaricia o de maniobras de brujería financiera realizadas entre bastidores. Todas las religiones demuestran una notable capacidad, a veces encubierta, para hacer e invertir dinero. No es sorprendente oír, en ciertas ocasiones, que a un grupo o un líder religioso tenido en muy alta consideración se lo denuncia repentinamente por ardides financieros, porque cuando se niega el alma del dinero, éste adquiere una medida adicional de sombra.

Como el sexo, el dinero es tan numinoso, está tan cargado de fantasía y emoción y se resiste tanto a la orientación racional, que aunque tenga mucho que ofrecer, puede fácilmente anegar el alma y arrastrar la conciencia a la compulsión y la obsesión. Tenemos que distinguir entre las características de la sombra del dinero, que forman parte de su plenitud de alma, y los síntomas de la locura del dinero. La codicia, la avaricia, la estafa y el desfalco son signos de que el alma del dinero se ha perdido. Entonces llevamos a la acción la necesidad de riqueza del alma mediante un fetiche, atesorando sumas de dinero sin tener en cuenta moralidad alguna, en vez de participar en el intercambio comunitario del dinero.

El hecho de ser intercambiado forma parte de la naturaleza del dinero. Incluso a veces nos referimos a él hablando de «cambio». Robert Sardello, que ha estudiado el papel del dinero en la psique cultural, compara la economía con los procesos corporales. El provecho y el consumo, dice, son como la inspiración y la espiración, y el dinero es el medio para esa acción vital en el cuerpo de la sociedad. Cuando el dinero ya no sirve para el intercambio en la comunidad, se convierte en un obstáculo para el flujo comunitario. Las intrigas y manipulaciones codiciosas interfieren en el ritmo natural del intercambio. Un grupo, por ejemplo, anuncia un plan de recogida de fondos para un proyecto público, y la gran tajada que se reservan los organizadores se mantiene totalmente oculta, o bien se la recoge en cláusulas en letra sumamente pequeña. El dinero está notoriamente empapado por la sombra, pero cuando un individuo o un grupo se apodera de esa sombra, el alma se pierde.

En el mejor de los casos, el dinero nos corrompe a todos, no en un sentido literal, sino en un sentido alquímico. Oscurece la inocencia y continuamente nos inicia en las ásperas realidades del intercambio económico. Nos lleva a un combate mano a mano en la sagrada guerra de la vida. Nos saca del idealismo inocente y nos lleva a los lugares, más profundos y llenos de alma, donde el poder, el prestigio y el propio valor se forjan mediante una participación sustancial en la formación de la cultura. Por lo tanto, el dinero puede proporcionar una base y firmeza a un alma que de otra manera podría desvanecerse en los suaves tonos pastel de la inocencia.

Soñar con dinero sugiere a menudo sus múltiples niveles de significado. Hace poco soñé que iba caminando por una calle oscura de una ciudad a primera hora de la mañana. Un hombre se me acercaba y me ponía un cuchillo en la espalda. «Dame el cambio», me decía. Yo llevaba doscientos dólares en el bolsillo derecho del pantalón y más o menos quince en el izquierdo. Hábilmente, sacaba todo lo que tenía en el bolsillo izquierdo y se lo daba, pensando si me pediría más, pero el hombre cogía la pequeña suma y escapaba. Al despertarme recordé el sueño y pensé: «Tengo tendencia a traicionarme. A veces arruino mis propios planes, o paso por alto mis necesidades para satisfacer las ajenas. Después siento rabia y resentimiento».

Más tarde, ese mismo día, dispuse de unos minutos para seguir pensando en el sueño. Las primeras impresiones que uno tiene sobre sus propios sueños suelen ser unilaterales y superficiales. Mi primer pensamiento representaba la sensación habitual que tengo de mí mismo, que doy demasiado. Entonces traté de prestar atención al sueño como tal. Quizás en él yo fuera demasiado astuto. Engañaba al hombre que me estaba robando. La calle oscura, fuerte imagen en el sueño, me pedía el cambio. En el sueño me había llamado la atención el uso cuidadoso de la palabra *cambio*. ¿Se me estaba pidiendo que cambiara de costumbres? ¿Que participara en el intercambio de la oscuridad ciudadana? ¿Que diera algo de auténtico valor a mi propia sombra necesitada? ¿Hay un lado frívolo en mi tendencia a traicionarme? ¿Yo también retengo mi riqueza con un falso sentimiento de astucia, pensándomelo demasiado? En el sueño, sin vacilar, valiéndome de mi duplicidad —mis *dos* bolsillos—, yo encontraba la manera de ser más listo que la calle oscura.

Creo que este sueño me enseñó algo que yo necesitaba saber sobre la economía del alma. El dinero es su moneda y puede asumir la forma de pasión, energía, talento o compromiso. Como muchas personas, yo puedo atesorar secretamente mis talentos —el dinero de mi alma— por miedo a las calles oscuras de la vida. Puedo dividir mis recursos, atesorando secretamente la mayor parte al mismo tiempo que estoy dispuesto a perder cantidades pequeñas. Como suele suceder, mi sueño me invitó a considerar aspectos de mi carácter que yo habría preferido mantener ocultos y sin examinar.

γ

Con respecto a la sombra del dinero, es importante no ponerse moralista ni literal. Por ejemplo, el placer de atesorarlo se puede considerar una cualidad arquetípica del dinero como tal, una característica que sólo se convierte en una negación del alma cuando es la única manera que tenemos de tratar con el dinero o cuando lo usamos por razones puramente personales. Una de las cosas que hacemos con el dinero es reunirlo y conservarlo: es la «inspiración», según la imagen de Sardello. Sin embargo, si no se reconoce la sombra puede ser que el hecho de atesorar vaya teñido de sentimientos de culpa, señal de que estamos tratando de hacer simultáneamente dos cosas: disfrutar de la sombra acumuladora de dinero y, aun así, mantener la inocencia.

Una empresa que obtenga grandes beneficios puede sentir que le pesan en los bolsillos y decidir donar una parte de ellos. Tiene dos opciones. Su donación podría integrarla más profundamente en la comunidad, donde su poder y su responsabilidad estarían en el lugar adecuado. O bien podría tratar de esquivar su culpa valiéndose de algún hábil recurso que, dando la impresión de que hace donación de sus beneficios, en realidad le haga obtener un beneficio mayor al pagar menos impuestos. En el primer caso, el dinero se encauza naturalmente hacia la comunidad. En el segundo, una empresa o un individuo puede pensar que se está quedando con algo al manipular la economía comunitaria, pero en realidad hay una pérdida de alma y su dinero se convierte en un fetiche, lo cual da origen a síntomas patológicos. Cuando la sombra del dinero llega a corromper a una sociedad, ésta se desmorona; en cambio, una sociedad que reconoce la sombra de su economía puede prosperar.

En el mundo medieval, se consideraba que el trabajo de contar dinero y de mantenerlo seguro pertenecía al dominio de Saturno, dios de la depresión, de la avaricia, de la analidad y de la visión profunda. Saturno reside en el simple acto de contar dinero en la ventanilla del cajero o en el de ocultar un fajo de billetes en el bolso o la cartera. Estos gestos, importantes para el alma, son maneras de observar, en la vida cotidiana, los ritos del dinero. También la forma en que usamos el dinero en efectivo, los cheques y las cuentas corrientes muestra la chispa divina de Saturno en las transacciones monetarias cotidianas. Regalar a alguien un billete nuevo y crujiente para su cumpleaños o poner en un marco el primer billete que se ganó en un trabajo son cosas que demuestran que se rinde homenaje al dinero como tal, y que es digno de estar en un santuario. Y también acumularlo tiene sus rituales, que varían según se lo guarde debajo del colchón o en un banco suizo.

γ

La relación entre el dinero y el trabajo tiene tal carga de fantasía que es a la vez un peso y una extraordinaria oportunidad. Muchos de los problemas asociados con el trabajo se centran en el dinero. No ganamos lo suficiente. Sentimos que valemos más de lo que nos pagan. No pedimos la cantidad que nos merecemos. El dinero es nuestra única preocupación. Nuestros padres sólo estarán orgullosos de nosotros cuando hayamos ganado tanto como ellos tienen o más. Sólo nos sentiremos parte de la sociedad adulta cuando tengamos todas las señales distintivas de la riqueza y de la seguridad económica. Como resultado de tales sentimientos, nuestra reacción ante el dinero es o bien esquivarlo —eludir su poder— o bien perseguirlo compulsivamente. Una alternativa es *adentrarnos* en las fantasías que nos moviliza el dinero y ver qué mensajes nos ofrecen. Si pensamos que necesitamos ganar muchísimo dinero para justificar nuestra existencia, por ejemplo, es probable que en eso haya algo de verdad. Quizá nos haga falta estar más inmersos en la vida comunitaria y concreta para sentir la plenitud de alma contenida en esa fantasía. El único error estaría en tomarse demasiado literalmente la fantasía. Podríamos terminar con millones de dólares y seguir preguntándonos cuándo vamos a crecer.

El fracaso en el trabajo

Una fuente potencial de alma —y esto quizá sorprenda— en nuestro trabajo es el fracaso. La oscura nube de fracaso que se cierne sobre nuestros esfuerzos más serios es, en alguna medida, un antídoto para las expectativas exageradamente altas. Nuestra ambición de éxito y de perfección en el trabajo nos empuja a seguir, mientras que la preocupación por el fracaso nos mantiene atados al alma. Cuando las ideas de perfección se sumergen en la región inferior del alma, de ese gesto de encarnación provienen los logros humanos. Podemos sentirnos aplastados por el fracaso, pero es probable que nuestros objetivos más elevados necesiten deteriorarse un poco para que puedan desempeñar un papel creativo en la vida humana. La perfección pertenece a un mundo imaginario. De acuerdo con la enseñanza tradicional, es el alma encarnada en la vida, no el espíritu que vuela libre en las alturas, lo que define a la humanidad.

El cristianismo ofrece una imagen profunda de este gesto de descenso. Los artistas han pintado centenares de versiones de la Anunciación, el momento en que el Espíritu Santo en forma de paloma, mediante una lluvia de luz dorada, deja a una humilde mujer, María, encinta de un niño divino. Este misterio se evoca cada vez que cobra vida una idea. Primero nos sentimos inspirados, y después buscamos la manera de dar cuerpo a nuestra inspiración.

Los fallos corrientes en el trabajo son parte inevitable del descenso del espíritu al interior de la limitación humana. El fracaso es un misterio, no un problema. Por supuesto, esto no significa que hayamos de empeñarnos en fracasar, ni que debamos obtener de nuestros fracasos un deleite masoquista, sino que cada vez que nuestro trabajo no esté a la altura de nuestras expectativas, podríamos ver cómo en ello está actuando el misterio de la encarnación. Si los sentimientos de inferioridad y humillación provocados por el fracaso los pudiéramos considerar significativos en sí mismos, podríamos incorporar a nuestro trabajo la vivencia del fracaso sin que ésta nos deje literalmente devastados.

De acuerdo con los alquimistas, la *mortificatio*, que significa «hacer muerte», es una parte importante del *opus*. Jung explica que en la vida son necesarias las mortificaciones para que después puedan manifestarse los factores eternos. Una persona expresa este misterio cuando se da cuenta de que «Después de todo estuvo bien que no consiguiera aquel trabajo que quería». Con toda su simplicidad, una frase como ésta va más allá de la intención y el deseo humanos y capta el núcleo mismo del misterio del fracaso. En momentos de mortificación podemos descubrir que la intención y la ambición humanas no son siempre nuestros mejores guías en la vida ni en el trabajo.

Si no captamos esta alquimia del fracaso, tenemos buenas probabilidades de no alcanzar jamás el éxito. Captar el misterio que hay en el fracaso y reconocer su necesidad —la forma en que actúa alquímicamente en el alma— nos permite ver más allá de nuestras incapacidades en vez de identificarnos demasiado con ellas. Dejarse destruir literalmente por el fracaso es análogo al «narcisismo negativo» del que he hablado en otro capítulo. Es una forma de negar que en el esfuerzo humano tengan un lugar lo divino y lo misterioso. «Soy un fracaso», dice el narcisista. «No puedo hacer nada bien». Pero complacerse en el fracaso, regodearse en él en vez de permitir que nos conmueva el corazón, es una defensa sutil contra su acción corrosiva, que es esencial y beneficiosa para el alma. Al apreciar con imaginación el fracaso, lo reconectamos con el éxito. Si no establecemos esta conexión, el trabajo alterna entre las grandiosas fantasías narcisistas de éxito y los sentimientos catastróficos de fracaso. Pero como misterio, el fracaso no es nuestro; es un elemento del trabajo que estamos haciendo.

La creatividad con alma

A la creatividad, otra fuente potencial de alma en nuestra vida laboral, se la contempla con un halo muy romántico. Generalmente nos la imaginamos desde el punto de vista del *puer,* invistiéndola de idealismo y de sublimes fantasías de logros excepcionales. En este sentido, la mayoría de los trabajos no son creativos. Son comunes y corrientes, repetitivos y democráticos.

Pero si pudiéramos bajar al nivel de la Tierra nuestra idea de la creatividad, no tendríamos que reservarla para individuos excepcionales ni identificarla con la genialidad. En la vida ordinaria, creatividad significa convertir cada experiencia en algo para el alma. A veces, con un espíritu juguetón e inventivo podemos dar significado a nuestra experiencia. Otras veces, el solo hecho de conservarla en la memoria y de reflexionar sobre ella nos permite madurarla y nos revela algo de su imaginación.

La creatividad puede asumir muchas formas diferentes. En ocasiones puede ser saturnina, de modo que a un enfrentamiento con la depresión, por ejemplo, se lo podría entender como una época especialmente creativa. La cavilación genera su propio estilo de toma de conciencia y su propio tipo de comprensión intuitiva, y de los estados depresivos pueden emerger importantes elementos de cultura y de personalidad. Jung dice que en su largo período de desmoronamiento, en su «estado de desorientación», como él lo llamaba, concibió (una palabra relacionada con la Anunciación) algunas de sus intuiciones psicológicas fundamentales. En otros momentos, podemos imaginarnos a la creatividad como Afrodita, surgiendo del interés sexual y del deseo. Ciertamente, Marilyn Monroe era creativa a su manera.

La creatividad encuentra su alma cuando se une con su sombra. El bloqueo del artista, por ejemplo, es una parte bien conocida del proceso creativo: la inspiración se detiene y el escritor se encuentra frente a una página inexorablemente vacía. Todo el mundo, no solamente los artistas, sabe lo que es esa evaporación de las ideas. Una madre puede disfrutar durante meses o años de la crianza de sus hijos, y todos los días se le ocurrirán ideas nuevas para ellos. Entonces, un día, la inspiración se va y llega el turno del vacío. Si pudiéramos comprender que nuestros momentos en blanco forman parte de nuestra creatividad, quizá no estaríamos tan prontamente dispuestos a excluir de la humildad de nuestra vida este aspecto del trabajo.

Igor Stravinsky, quizás el compositor más grande de nuestro siglo, era un laborioso trabajador que consideraba su música no tanto como una expresión personal sino más bien como un objeto que había que inventar y elaborar. «Se hacían mucho mejor las cosas en la época de Bach que en la nuestra», dijo una vez en una entrevista. «Primero había que ser un artesano. Ahora sólo tenemos "talento". No tenemos la absorción en el detalle, ese sepultarse en la artesanía para resucitar como un gran músico». Además, desconfiaba del artista como puro canal de la inspiración. «Si sucediera lo imposible —dijo en una de sus conferencias en la Universidad de Harvard— y de pronto mi obra se me diera de una forma perfectamente completa, eso me dejaría avergonzado y confuso, como si fuera un engaño».

El trabajo creativo puede ser apasionante, inspirador y gratificante, pero también es cotidiano, repetitivo y lleno de ansiedades, frustraciones, callejones sin salida, errores y fracasos. Puede ser realizado por una persona que no siente el deseo de Ícaro de aventurarse en el resplandor del sol para escapar de las sombras del laberinto. Puede estar libre de todo narcisismo, y centrarse en los problemas que el mundo material prodiga a quienes quieran hacer algo con él. La creatividad es, antes que nada, estar llenos de alma en el mundo, porque lo único que verdaderamente hacemos, ya sea en las artes, en la cultura o en nuestro hogar, es alma.

Nicolás de Cusa y después Coleridge describieron la creatividad humana como una participación en el acto divino de crear el cosmos. Dios crea el cosmos y nosotros creamos el microcosmos, el «mundo humano», tal como lo expresaba el Cusano. Al hacer nuestro trabajo cotidiano, al construir nuestro hogar y nuestro matrimonio, al criar a nuestros hijos y al fabricar una cultura, todos estamos siendo creativos. Al adentrarnos en nuestro destino con generosa consideración y con cuidado, disfrutamos de una clase de creatividad llena de alma que no importa si tiene o no el brillo de la obra de los grandes artistas.

El trabajo definitivo es, pues, un compromiso con el alma, que responde a las exigencias del destino y está atento a los detalles de la vida tal como ésta se presenta. Es posible que lleguemos a un punto en donde nuestros esfuerzos externos y el *opus* del alma sean una y la misma cosa, algo inseparable. Entonces las satisfacciones de nuestro trabajo serán profundas y perdurables, y ni los fracasos ni los relámpagos del éxito podrán destruirlas.

III

LA PRÁCTICA ESPIRITUAL Y LA PROFUNDIDAD PSICOLÓGICA

Reconoce lo que está ante tus ojos,
y lo que está oculto te será revelado.

EVANGELIO DE TOMÁS

10

La necesidad de mito, ritual y vida espiritual

A lo largo del libro, he insistido en la necesidad que tiene el alma de una vida vernácula: de una relación con su localidad y su cultura. El alma prefiere los detalles y las minucias, la intimidad y el compromiso, el vínculo y el arraigo. Como un animal, se nutre de la vida que crece en su entorno inmediato. Para ella, lo ordinario es sagrado, y lo cotidiano, la fuente principal de religión. Pero en esta cuestión hay otro aspecto. El alma también necesita espiritualidad y, tal como advierte Ficino, una clase especial de espiritualidad, que no esté reñida con lo humilde ni con lo cotidiano.

En el mundo moderno tendemos a separar la psicología de la religión. Nos gusta pensar que los problemas emocionales tienen que ver con la familia, la infancia y los traumas, es decir, con la vida personal, pero no con la espiritualidad. No diagnosticamos una crisis emocional como una «pérdida de sensibilidad religiosa» o una «falta de conciencia de lo espiritual». Sin embargo, es obvio que el alma, que es la sede de las emociones más profundas, se beneficia mucho de los dones de una vida espiritual rica, y sufre cuando se ve privada de ellos. Por ejemplo, necesita una visión coherente del mundo, un esquema de valores cuidadosamente elaborado y un sentimiento de estar relacionada con el todo. Necesita un mito de inmortalidad y una actitud hacia la muerte. Y también se nutre de una espiritualidad no tan trascendente, como el espíritu de la familia, que se genera en las tradiciones y los valores que durante generaciones han formado parte de la familia.

La espiritualidad no se nos da sin esfuerzo, como algo totalmente formado. Las religiones de todo el mundo demuestran que la vida espiritual requiere una atención constante y una técnica sutil, y con frecuencia bella, mediante la cual se mantengan vivos los principios y la comprensión de lo espiritual. Por muy buenas razones vamos regularmente y en momentos estipulados a la iglesia, el templo o la mezquita: es fácil que la conciencia se quede clavada en el mundo material y se olvide de lo espiritual. Las técnicas sagradas en gran parte pretenden ayudarnos a ser conscientes de las ideas y los valores espirituales.

En otro capítulo hablé de una clienta mía que tenía problemas con la comida y que me contó un sueño de unas ancianas que estaban cocinando una abundante comida al aire libre. Aunque el sueño se relacionaba con los problemas físicos que tenía esta joven con la comida, pensé que se dirigía también al hambre de una feminidad primordial que tenía su alma. Al comer lo que habían cocinado las mujeres, la soñante absorbería su espíritu; el sueño era una versión femenina de la Última Cena, donde no hay mujeres. En otro sueño relacionado con la comida, mi clienta descubrió que tenía el esófago de plástico, y demasiado corto para que le llegara al estómago.

Esta extraordinaria imagen es una descripción perfecta de uno de los principales problemas del mundo moderno: la manera que tenemos de conectarnos con nuestro trabajo interior no llega a la profundidad suficiente. El esófago es una imagen excelente de una de las principales funciones del alma: transferir el material del mundo exterior al interior. Pero en este sueño es de plástico, una sustancia no natural que representa la superficialidad de nuestra era. Y si esta función del alma es de plástico, entonces no estaremos bien alimentados. Sentiremos la necesidad de encontrar una manera más auténtica de incorporar a nuestras profundidades la vivencia de lo externo.

Así como la mente digiere las ideas y produce inteligencia, el alma se alimenta de la vida y la digiere, creando sabiduría y carácter a partir de la experiencia. Los neoplatónicos del Renacimiento decían que el mundo exterior sirve como medio a la espiritualidad profunda, y que la transformación de la experiencia cotidiana en materia del alma es de suprema importancia. Si el vínculo entre la experiencia vital y la imaginación profunda es inadecuado, nos quedamos con una división entre la vida y el alma, y esa división se manifestará siempre en síntomas.

Una persona anoréxica que se mata de hambre evoca en sus rituales alimentarios formas vestigiales de prácticas religiosas. Su desdén por su cuerpo y su ascetismo en la negación de sí misma representan una seudorreligión y una espiritualidad sintomática. Cierto grado de ascetismo es parte necesaria de la espiritualidad, pero una visión sintomática y compulsiva de la vida ascética no hace más que demostrar lo lejos que nos encontramos del auténtico sentimiento religioso. Como síntoma de la sociedad, la anorexia podría querer enseñarnos que necesitamos una vida espiritual más auténtica, en la cual haya lugar para las restricciones, pero no en forma de neurosis. Si nuestra espiritualidad es como un esófago de plástico, entonces nos estamos matando de hambre, pero no ayunando en un sentido sagrado.

En muchas religiones, la comida es una poderosa metáfora. La comunión, la unión con la divinidad, se realiza por medio de los alimentos. Incorporar comida al cuerpo es una manera ritual de absorber al dios dentro de nosotros. En este contexto, el sueño de la mujer es especialmente patético, porque el esófago de plástico obstaculiza el ritual de la comunión.

Toda comida es comunión, porque alimenta tanto al alma como al cuerpo. Nuestro hábito cultural de consumir «comida rápida» refleja nuestra creencia actual en que lo único que necesitamos incorporar, tanto en sentido literal como figurado, es simplemente alimento, no un alimento con auténtica sustancia ni tampoco la imaginación que forma parte de una verdadera comida. En otra esfera, menos literal, tragamos la información a «grandes bocados» —otra imagen tomada de la alimentación—, en vez de ingerir la vida, digerirla y convertirla en parte nuestra. En general nuestra ciencia, tanto física como social, funciona como si no hubiera vida interior, o por lo menos supone que ésta tiene poco o nada que ver con el mundo exterior. Si se reconoce la vida interior, se la considera secundaria, algo a lo que nos podemos dedicar una vez que nos hemos ocupado de nuestros verdaderos intereses, es decir, los negocios o la vida diaria. Culturalmente, tenemos un esófago de plástico, adecuado tal vez para la comida y la vida rápidas, pero que no nos conduce al alma, porque ésta sólo florece cuando la vida se va absorbiendo en un largo y lento proceso de digestión y asimilación.

El modernismo psicológico

La psicología profesional ha creado un catálogo de trastornos, conocido como el DSM-III, que usan los médicos y las compañías de seguros como ayuda para diagnosticar y tipificar con precisión los problemas de la vida emocional y del comportamiento. Por ejemplo, hay una categoría que se llama «trastornos de adaptación». El problema es que adaptarse a la vida, aunque quizá sea sensato según todas las apariencias externas, puede ir en detrimento del alma. Un día me gustaría hacer mi propio DSM-III con una lista de los «trastornos» que he visto en mi práctica profesional. Por ejemplo, quisiera incluir el diagnóstico de «modernismo psicológico», una aceptación incondicional de los valores del mundo moderno, que incluye una fe ciega en la tecnología, un apego irracional a los artilugios y comodidades materiales, una aceptación acrítica de la marcha del progreso científico, una total devoción a los medios electrónicos y un estilo de vida dictado por la publicidad. Este enfoque de la vida tiende también a una forma racionalista y mecanicista de entender los asuntos del corazón.

En el síndrome modernista, la tecnología se convierte en la metáfora fundamental para tratar los problemas psicológicos. Una persona moderna acude a terapia diciendo:

—Mire, lo que no quiero es un análisis largo. Si algo está estropeado, arreglémoslo. Dígame qué es lo que tengo que hacer, y yo lo haré.

Una persona así rechaza de entrada la posibilidad de que la fuente de un problema en una relación, por ejemplo, pueda ser un escaso sentido de los valores o una incapacidad de aceptar su propia mortalidad. No hay modelo para este tipo de pensamiento en la vida moderna, en la que casi no se concede tiempo a la reflexión y se supone que la psique tiene recambios, dispone de un manual de instrucciones para su dueño y cuenta además con mecánicos capacitados que son los terapeutas. La filosofía se encuentra en la base de todo problema vital, pero se necesita alma para reflexionar sobre la propia vida con auténtica seriedad filosófica.

El síndrome modernista urge a la gente a comprarse los más modernos aparatos electrónicos y a estar en conexión minuto a minuto con las noticias, el mundo del espectáculo y el hombre del tiempo. Es vitalmente importante no perderse nada. He visto algunos ejemplos extremos, como un hombre que se pasa la mayor parte del día frente a varias pantallas de televisión, siguiendo la pista de lo que sucede en todo el mundo. Profesionalmente, no necesita toda esa información, pero siente que su vida estaría vacía si quedara algún hueco en su conocimiento de las noticias. Una mujer que dirige una empresa de ordenadores se conoce todos los tratamientos médicos más recientes, sean químicos o mecánicos, y puede decirle a uno los efectos secundarios de cualquier píldora que esté tomando; sin embargo, en privado se siente abrumada por no haber podido encarrilar y realizar su vida. Para su enfermedad, no le sirven los medicamentos que ella tan bien conoce, porque su tedio es una enfermedad del alma.

A veces parece que hubiera una relación inversa entre la información y la sabiduría. Estamos inundados de información sobre la vida sana, pero hemos perdido casi por completo nuestro sentido de la sabiduría del cuerpo. Podemos conectar el televisor y saber lo que está pasando en todos los rincones del mundo, pero no tenemos la sabiduría necesaria para manejar esos problemas mundiales. Disponemos de muchos programas académicos de psicología profesional, y los estados suelen imponer rígidas exigencias a la práctica de la psicoterapia, y sin embargo hay, indudablemente, una gravísima escasez de sabiduría con respecto a los misterios del alma.

El síndrome modernista tiende, además, a tomárselo todo al pie de la letra. Por ejemplo, los filósofos y teólogos antiguos enseñaban que el mundo es un animal cósmico, un organismo vivo, unificado, con sus propios cuerpo y alma. Hoy convertimos esa filosofía en la idea de la aldea global. El alma del mundo actual no la crea un demiurgo o un creador semidivino como en la antigüedad, sino las fibras ópticas. En la zona rural donde vivo se pueden ver enormes antenas de televisión en forma de platos en el patio de atrás de cada casita, manteniendo a la gente de los pueblos y del campo al tanto de todos los entretenimientos y deportes de la Tierra. Sentimos un anhelo espiritual de comunidad, de relacionarnos y de tener una visión cósmica, pero vamos en pos de todo ello armados con aparatos, no con la sensibilidad del corazón. Deseamos saberlo todo sobre los pueblos de lugares lejanos, pero no queremos sentirnos conectados emocionalmente con ellos. Nuestra pasión por el conocimiento antropológico es, paradójicamente, xenófoba. Por eso nuestros innumerables estudios sobre las culturas del mundo están vacíos de alma; reemplazan el vínculo común de la condición humana y su compartida sabiduría por «mensajes predigeridos» de información que no tienen manera de penetrar profundamente en nuestro interior para nutrirnos y transformar el sentimiento que tenemos de nosotros mismos. El alma, por supuesto, ha sido extirpada desde el primer momento, porque la educación tal como la concebimos se refiere a habilidades e información, no a la profundidad de la imaginación ni del sentimiento.

Retirarse del mundo moderno

En el pasado quienes se interesaban por el alma, a menudo se ocupaban de estos problemas del mundo moderno —que en cierta medida hace tiempo que están con nosotros— buscando un lugar de retiro. Jung es un notable ejemplo de una persona sintonizada con el alma que no adaptó su vida a la realidad social sino a sus sentimientos de nostalgia y de inquietud. En sus memorias cuenta la forma en que se construyó como vivienda una torre de piedra, que empezó como una estructura primitiva y a lo largo de muchos años creció hasta convertirse en algo más complicado. Él decía que no tenía pensado ningún plan general desde el principio, pero que se dio cuenta de que cada cuatro años añadía algo al edificio. Significativamente, para Jung el número cuatro significaba la totalidad. Al final la torre se convirtió en un espacio sagrado, un lugar para su trabajo del alma, donde podía pintar en las paredes, anotar sus sueños, pensar sus pensamientos, disfrutar de sus recuerdos y describir sus visiones. El título de sus memorias, *Recuerdos, sueños y pensamientos,* revela qué tipo de trabajo llevó a cabo en el retiro de su torre.

«Me las arreglo sin electricidad —escribe— y me ocupo personalmente de la chimenea y la estufa. Por la noche enciendo las viejas lámparas. No hay agua corriente, y bombeo el agua del pozo. Me corto la leña y me preparo la comida. Estos sencillos actos mantienen simple al hombre; y qué difícil es ser simple».

La historia de la torre de Jung nos da varias pistas sobre cómo cuidar del alma, especialmente cuando está amenazada por la vida moderna. Mientras que la psicología se centra en general en los problemas de la personalidad aislada, y busca soluciones específicas para ellos, el cuidado del alma se concentra en las condiciones cotidianas de la vida. Si se presenta un problema emocional, es probable que el verdadero problema no sea un único trauma o una relación perturbada, sino una vida organizada de tal manera que habitualmente se descuida el alma. Los problemas forman parte de toda vida humana, y no necesariamente marchitan el alma. Ésta sufre más por las condiciones diarias de la vida cuando no la nutren con las sólidas experiencias que ella anhela.

La torre de Jung era un templo personal para su vida espiritual. Cualquiera de nosotros podría seguir su ejemplo y dedicar un cuarto o, si no puede ser, un rincón de la casa al trabajo del alma. Su torre ayudó a Jung a crear un cierto tipo de espacio donde podía sentir concretamente cómo el tiempo personal de su vida se estiraba por ambos extremos: en una dimensión reflexiva hacia el pasado, y en otra profética hacia el futuro. Su torre era un trabajo concreto de la imaginación que le proporcionaba la oportunidad de salirse de la cultura moderna. Una cosa es desear un camino que trascienda los límites del modernismo, y otra encontrar un medio efectivo de establecer una forma de conciencia semejante; una tecnología eficaz del alma puede ser un elemento decisivo.

Jung observó que en su torre se sentía cerca de sus ancestros: otra preocupación tradicional de la espiritualidad. «En el verano de 1955-56 —escribe— cincelé en tres tablas de piedra los nombres de mis antepasados paternos y las puse en el patio de la Torre. Pinté el techo con motivos de mi propio escudo y del de mi mujer. Cuando estaba trabajando en las tablas de piedra, caí en la cuenta del inevitable vínculo que me unía a mis antepasados. Siento muy fuertemente que estoy bajo la influencia de cosas o cuestiones que mis padres, mis abuelos y otros antecesores más distantes dejaron inconclusas y sin respuesta».

Este notable pasaje demuestra hasta qué punto los mundos interior y exterior de Jung mantenían entre sí un diálogo fructífero. Para él, cuidar del alma significaba edificar, pintar y cincelar. Su torre perdura como la encarnación de su necesidad interna de simplicidad y eternidad. Es como un fragmento de un sueño exteriorizado, un «correlato objetivo» —para decirlo con palabras de T. S. Eliot— de la imaginación interior. Incluso en sus escritos profesionales Jung se dejaba guiar por su alma, como cuando se lanzó a un amplio y exhaustivo estudio de la alquimia después de que un sueño lo encaminara en esa dirección.

El cuidado del alma nos pide que observemos continuamente sus necesidades, prestándoles una atención sin reservas. Imaginémonos aconsejando a alguien —que presenta múltiples signos de descuido del alma— que se construya un anexo en su casa para cuidar de ella. Puede parecer una rareza, e incluso una locura, hacer algo tan caro y externo para tratar nuestras dolencias psicológicas. Sin embargo, es obvio que el alma no se va a sanar solamente gracias a una hora de retiro e interiorización en medio de una activa vida moderna. Es probable que nuestro retiro del mundo haya de ser más serio y deba estar presente en nuestra vida con más constancia que una visita semanal a un psicólogo o alguna que otra excursión al campo.

γ

Apartarse del mundo siempre ha formado parte de la vida espiritual. Los monjes se recluían en monasterios, los ascetas se iban al desierto, entre los indios norteamericanos algunos iniciados emprendían largas búsquedas visionarias. El retiro arquitectónico de Jung es otra versión de este tema arquetípico, el de retirarse del mundo. No estoy sugiriendo que irse a un monasterio sea la manera de tratar el síndrome modernista que tan gravemente amenaza la vida del alma. El retiro puede estar lleno de alma, pero también puede ser un recurso escapista. Alguna expresión concreta y física de retiro podría, sin embargo, ser el comienzo de una vida espiritual que alimente al alma. Podría asumir la modesta forma de un cajón donde se guarden sueños y pensamientos, o consistir en cinco minutos por la mañana dedicados a anotar el sueño de la noche o a reflexionar acerca del día que comienza. Podría ser la decisión de caminar de cuando en cuando por el bosque en lugar de hacerlo por los pasillos del supermercado, o guardar el televisor en un armario, de manera que ver un programa fuera una ocasión especial. Podría ser la compra de una pieza de arte sagrado que ayude a concentrar la atención en la espiritualidad. Sé de un barrio en el que un hombre dirige todas las mañanas un pequeño grupo que practica tai chi en un parque.

Se trata de formas modestas de retiro que sirven a las necesidades espirituales del alma. La espiritualidad no requiere imponentes rituales. En realidad, cuando más puede beneficiarse el alma es cuando su vida espiritual se realiza en el contexto que para ella es más grato, el de la vida normal, local y cotidiana. Lo que sí exige la espiritualidad es atención, concentración, regularidad y devoción. Pide un cierto grado de apartamiento de un mundo organizado de antemano para no hacer caso del alma.

Socialmente podríamos reconocer también el valor del retiro en su modalidad pública. Los parques y jardines podrían ser protegidos a toda costa por un municipio sensible a la necesidad que el alma tiene de retiro. Los edificios públicos podrían contar con lugares donde funcionarios y visitantes pudieran recogerse momentáneamente como parte de su cuidado del alma. Se contaba que en la guerra del Vietnam los refugiados abandonaban sus hogares llevando en las manos sólo sus pequeños relicarios. Fácilmente podríamos prestar más atención a los objetos que concentran nuestra espiritualidad y la mantienen constante. Pero nada de lo que hagamos siguiendo estas pautas tendrá sentido alguno si no empezamos por considerar que la plenitud de alma es un valor en sí misma.

El redescubrimiento de la espiritualidad

Otro aspecto de la vida moderna es una pérdida de la práctica religiosa formal, algo que no sólo amenaza a la espiritualidad como tal, sino que también priva al alma de una valiosa experiencia simbólica y reflexiva. El cuidado del alma podría incluir una recuperación de la religión formal, de tal manera que fuese a la vez intelectual y emocionalmente satisfactoria. Una evidente fuente potencial de renovación espiritual es la tradición religiosa en la que fuimos educados.

Algunas personas tienen la suerte de que la tradición de su infancia siga siendo importante y estando viva para ellas, pero otras han de emprender una búsqueda. Hoy en día, muchas personas se sienten desligadas de la tradición religiosa de su familia, porque fue una experiencia dolorosa para ellas o porque les parece demasiado ingenua y simplona. Pero incluso para estas personas hay una manera de que la religión heredada pueda ser una fuente de renovación espiritual: cualquiera puede convertirse en un «reformador», en un Lutero o un Buda, en relación con la religión de su familia.

Cuando repasamos la historia de las religiones del mundo, casi en cada caso vemos una tradición viviente. Las visiones fundamentales de cada tradición están perpetuamente sometidas a la novedad de la imaginación en una serie de «reformas», y lo que de otra manera podría ser el cadáver de una tradición se convierte en la base de una sensibilidad espiritual que se renueva continuamente. El proceso no es muy diferente del trabajo de Jesús —que estableció una nueva ley a partir de la vieja al reemplazar los mandamientos del Monte Sinaí por las bienaventuranzas del Sermón de la Montaña— ni de las muchas reformas que han tenido lugar dentro del judaísmo. Es como el nacimiento del zen a partir del taoísmo y el budismo. La vida de un individuo puede reflejar esta dinámica cultural que se da en la religión, pasando por diversas fases, experimentando conflictos de lealtades y de convicciones, y sobreviviendo a reformas y reinterpretaciones radicales.

Mi propia experiencia da testimonio de esta pauta de reformas religiosas. Fui educado en una ferviente familia católica irlandesa. Estoy seguro de que estaba en primer grado cuando las monjas decidieron que tenía madera de sacerdote. Hice lo que me dijeron y saqué buenas notas. Me convertí en monaguillo, lo cual me puso en estrecho contacto con los sacerdotes. Con frecuencia, cuando estaba en la escuela primaria, servía de monaguillo en funerales y después desayunaba con el sacerdote antes de ir al cementerio. Me estaban preparando de una forma muy sutil, y pareció lo más natural que a los trece años saliera de casa para ingresar en un seminario.

Entonces me pasé muchos años entonando canto gregoriano, meditando y estudiando teología. Fui feliz con la vida religiosa, y no me preocupaban demasiado ni el celibato ni el hecho de no tener una cuenta corriente. Lo más difícil fue seguir la voluntad de mis superiores. Pero mis estudios de teología fueron muy progresistas. Leía a Paul Tillich y a Teilhard de Chardin con más pasión que los textos típicos del seminario. Durante mis últimos años de estudio, mis propios puntos de vista teológicos se fueron reformando tanto, en realidad, que poco antes de la fecha en que debía ordenarme decidí que era el momento para un cambio importante. Estábamos a fines de los años sesenta, y en el aire se respiraba un pensamiento revolucionario. Dejé el seminario con la idea de que jamás volvería a considerar la religión ni el sacerdocio con tanta devoción.

No mucho después tuve una extraña experiencia. Había estado trabajando en un laboratorio de química durante el verano. Llevaba una bata blanca y mezclaba brebajes de acuerdo con las fórmulas codificadas que me daban, pero en realidad no sabía lo que estaba haciendo. A mi alrededor, sin embargo, había químicos de verdad. Una noche, al terminar el trabajo del día, un joven y brillante químico a quien conocía muy poco vino andando conmigo hasta la estación. Mientras caminábamos a lo largo de las vías y charlábamos de diversas cosas, le hablé de mi formación como seminarista y de la nueva condición de seglar de que disfrutaba.

Se detuvo y me miró atentamente.

—Tú vas a hacer siempre la labor de un sacerdote —me dijo en un extraño tono profético.

—Pero es que nunca llegué a ser sacerdote —le contesté.

—No importa —insistió—. Tú harás siempre la labor de un sacerdote.

No entendí a qué se refería. Era un científico moderno, muy serio, y sin embargo estaba hablando como un vidente.

—No te entiendo —le dije, deteniéndome en seco—. He renunciado al sacerdocio, y no siento ninguna ambivalencia. Me alegro de estar empezando una vida nueva en un mundo nuevo.

—No olvides lo que te he dicho hoy —me contestó, y en seguida cambió de tema.

No me olvidé. A medida que pasan los años entiendo cada vez más lo que quiso decir, aunque todavía aquello siga siendo un misterio. Después de aquel verano en el laboratorio me puse a estudiar música, pero sentía que algo faltaba en aquellas viejas partituras musicales que tenía que transcribir. Estuve durante un año más o menos sin hacer nada concreto, y después me encontré preparándome para graduarme en el departamento de teología de una universidad cercana. Un día un profesor me sugirió que me diplomara en religión. Le expliqué pacientemente que ya no quería seguir haciendo estudios religiosos sistemáticos.

—Sé de un lugar —me dijo—, la Universidad de Syracuse, donde podrás estudiar del modo que deseas, incorporando al programa las artes y la psicología.

Tres años después me graduaba en religión, preguntándome si era en aquello en lo que pensaba mi compañero el químico. No era el sacerdocio, pero se le aproximaba.

Ahora mi situación es la de un terapeuta practicante que escribe sobre transformar la psicoterapia recuperando una tradición religiosa llamada «cuidado del alma» que originariamente era la ocupación de un cura o sacerdote. Aunque mi trabajo actual no tiene, de manera explícita, nada que ver con la Iglesia establecida, está profundamente arraigado en esa tradición. Para bien o para mal, el catolicismo va cobrando forma y vida en este católico no practicante o, mejor dicho, radicalmente reformado. Las enseñanzas con las que crecí, y que estudié a fondo, ahora se han pulido, puesto a punto y adaptado en una especie de reforma personal que yo no premedité en modo alguno, pero que manifiestamente se está realizando. Aquellas enseñanzas son la fuente esencial de mi propia espiritualidad.

Lo sagrado cotidiano

Hay dos maneras de pensar en la Iglesia y en la religión. Una es acudir al templo a fin de estar en presencia de lo sagrado, para aprender y para que esa presencia influya en nuestra vida. La otra es que la Iglesia nos enseñe, directa y simbólicamente, a ver la dimensión sagrada de la vida cotidiana. En este último sentido la religión es un «arte de la memoria», una manera de estar atentos a la dimensión religiosa inherente en todo lo que hacemos. Para algunos, la religión es cosa de los domingos, y corren el riesgo de dividir la vida en el día de descanso sagrado (Sabbath, de ahí año «sabático») y la semana seglar. Para otros, la religión es una observancia que se prolonga toda la semana, inspirada y sostenida por el Sabbath. No deja de ser significativo que en muchas lenguas modernas cada día de la semana esté dedicado a una deidad; lunes, a la Luna; martes, a Marte; miércoles, a Mercurio; jueves, a Júpiter; viernes, a Venus.

En su extraordinario libro *Ordinarily Sacred*, Lynda Sexson nos enseña a captar la manifestación de lo sagrado en los objetos y las circunstancias más corrientes. Cuenta la historia de un anciano que le enseñó un armario lleno de objetos de porcelana relacionados con su difunta esposa. La autora nos dice que aquello era un cofre sagrado, en la tradición del Arca de la Alianza y del sagrario o tabernáculo cristiano. En este sentido, una caja donde se guarden cartas u otros objetos especiales y que se conserva en el desván es un tabernáculo, un lugar de cosas sagradas. Los cuarenta y nueve paquetes de poemas que Emily Dickinson escribió y guardó cuidadosamente envueltos y atados con cintas, son en verdad escritos sagrados, apropiadamente preservados con una envoltura ritual. Todos podemos crearnos cajas y libros sagrados —una libreta de sueños, un diario llevado con el corazón, un cuaderno con nuestros pensamientos, un álbum de fotografías especialmente queridas— y así, de una manera sencilla pero importante, podemos sacralizar lo cotidiano. Este tipo de espiritualidad, tan normal y cotidiana, es un alimento muy especial para el alma. Sin esta modesta incorporación de lo sagrado a la vida, la religión puede quedar tan alejada de la situación humana que llegue a perder toda importancia. La gente puede ser muy religiosa de una manera formal, y sin embargo, en la vida cotidiana profesar valores que son absolutamente seglares.

Es importante saber apreciar la espiritualidad vernácula, porque sin ella nuestra idealización de lo santo, que nos lleva a convertirlo en algo precioso y demasiado alejado de la vida, puede llegar incluso a obstruir una auténtica sensibilidad por lo sagrado. El hecho de ir a la iglesia puede reducirse a una mera experiencia estética o bien, en el nivel psicológico, convertirse en una defensa contra el poder de lo sagrado. La religión formal, tan poderosa e influyente en el establecimiento de valores y principios, se encuentra siempre en una cúspide entre lo divino y lo demoníaco. La religión nunca es neutral. Justifica e inflama las emociones de una guerra santa, y fomenta una profunda culpa en todo lo referente al amor y al sexo. La palabra latina *sacer*, la raíz de *sagrado*, significa a la vez «santo» y «tabú», hasta tal punto es estrecha la relación entre lo santo y lo prohibido.

γ

Trabajé una vez con una mujer que tenía cierta dosis de modernismo psicológico. Era una modelo de alta costura cuya profesión la mantenía a distancia de sus deseos profundos, y a los veintinueve años empezaba a sentirse en declive. En nuestras primeras conversaciones advertí que se refirió varias veces a su edad. «Nadie quiere contratar a una modelo que tenga una arruga o una cana», me explicó. De modo que ahí estaba nuestro primer problema. Su carrera la alienaba de su cuerpo y de su edad.

Envejecer es una de las maneras que tiene el alma de darnos un toque para llamarnos la atención sobre el aspecto espiritual de la vida. Los cambios del cuerpo son nuestros maestros sobre el destino, el tiempo, la naturaleza, la mortalidad y el carácter. El envejecimiento nos obliga a decidir qué es lo importante en la vida. Esta mujer tenía una profesión que la estimulaba a esquivar ese proceso natural o a oponérsele, y de ello resultaba una división que estaba invadiendo no sólo su trabajo, sino su más íntimo sentimiento de sí misma.

Además, quería tener un hijo, pero no sabía cómo introducir un embarazo en el ritmo frenético de sus horarios y sus viajes. Me dijo que quizá pudiera conseguir un mes de vacaciones, pero que no veía cómo disponer de más tiempo. Además, tenía que mantener en secreto su intención de tener un hijo, porque temía que su agente se enterase y la despidiese.

Aunque había crecido en una familia judía, en su infancia nunca tuvo mucho sentido para ella el hecho de ir al templo. Ahora no tenía conocimiento alguno de su religión, ni guardaba ninguna lealtad emocional hacia ella. Estaba concentrada en su trabajo y le encantaba el ritmo de vida frenético que le imponía. Su alma sólo se hacía sentir en nebulosos anhelos de una vida más satisfactoria, un matrimonio mejor y un hijo.

Vino a verme con un objetivo muy simple:

—Quiero una vida mejor. He de hacer algo con el sentimiento de vacío que tengo todas las mañanas cuando me despierto. Ayúdeme.

Le pregunté si alguna vez soñaba. He comprobado que las personas distanciadas de sus sentimientos y pensamientos más íntimos, atrapadas en una vida exterior de ritmo acelerado, simplemente no pueden ir muy lejos cuando intentan entenderse a sí mismas de forma consciente. Generalmente, la gente confunde el hecho de entenderse con un análisis racional. A casi todos nos gustan los juegos verbales que nos dicen quiénes somos, y nos dejamos atrapar en la última moda o capricho psicológico, pero estos métodos tienden a inhibir el conocimiento de nosotros mismos porque reducen nuestra complejidad a una fórmula simplista.

Los sueños son diferentes. Son los mitos y las imágenes de una persona. No son fáciles de entender, pero eso mismo los convierte en un buen punto de partida para la reflexión. Al estudiar nuestros sueños durante una temporada, empezamos a ver diseños e imágenes recurrentes que nos ofrecen una visión en profundidad mucho mayor que la que puede alcanzar ningún test estandarizado ni método de autoanálisis instantáneo.

—Sueño continuamente —me respondió mi clienta, y me contó el sueño que había tenido aquella mañana.

Estaba sentada en un restaurante de Nueva York, con los ojos fijos en un plato de comida que había delante de ella. Al levantar con el tenedor las blancas *crêpes* que contenía el plato, se encontraba con que debajo había dos verdes guisantes frescos. Eso era todo el sueño.

A veces los sueños son como los *haiku* japoneses, como breves poemas líricos. Hay que sentarse con ellos tal como lo haríamos con un cuadro en miniatura o con unos pocos versos. Un restaurante puede parecer un ambiente tan vulgar que bien podríamos pasarlo por alto. Pero, como hemos visto, es evidente la importancia que tiene la comida para el alma y lo rico que es su valor simbólico. También los síntomas psicológicos se manifiestan a menudo como aumentos o pérdidas de peso, como alergias a diversos alimentos o como hábitos alimentarios peculiares.

La palabra *restaurante* ya de por sí es sugerente. Significa «restaurar» y se remonta a la palabra *stauros*, una estaca plantada en el suelo para poder atarle cosas. Estar en un restaurante no es lo mismo que cenar en casa. Para esta persona, en particular, un restaurante era un recordatorio de la dificultad que tenía para construir un hogar. Estaba siempre de viaje, siempre comiendo en restaurantes.

Consideramos también la sencilla poesía del sueño. La soñante necesitaba un tenedor para levantar las *crêpes*, grandes y planas, no muy nutritivas, y encontrar los guisantes, una comida más alimenticia. Diminutos como son, ofrecen algo verde y nutritivo. Eran como pequeñas joyas verdes de nutrición, ocultas bajo una manta blanca. El color verde también sugiere esperanza y crecimiento. Hablamos de las mantas blancas que había en su vida, de las cosas que ella consideraba planas y aburridas y que quizá encubrían alguna posibilidad nueva y esperanzadora. Lo primero que se le ocurrió fue la monotonía de las tareas domésticas, un problema que, evidentemente, no se resolvería con un bebé. Ella dijo que sentía además un malestar general, una pálida lámina de monotonía en su estado anímico, y sin embargo, tenía la sensación de que había vida sepultada debajo de ese abatimiento.

El sueño de los guisantes me trajo a la memoria otro que había oído años antes, en el que un hombre entraba en un restaurante y cuando pedía un bistec, le traían en cambio un gran plato de judías. A mí, aquel sueño me sonó a cuento zen, y me llevó a reflexionar durante largo tiempo sobre el valor de la comida simple y sin pretensiones, sobre todo cuando deliberadamente pedimos algo más especial. La vida tiene su manera de ponernos delante cosas vulgares cuando estamos acariciando las más exóticas y refinadas ensoñaciones.

Unos meses después del sueño de los guisantes, la modelo me comunicó que estaba embarazada. Ah, pensé, ¿esos guisantes cubiertos por las *crêpes* también debían ser una imagen de lo que estaba sucediendo en su cuerpo?

—Ya estoy sintiendo los efectos del embarazo —continuó—. Ahora mi trabajo no es lo único en mi vida. Y aquella preocupación por envejecer se me está pasando. No lo acabo de entender. ¡Y lo que realmente me tiene preocupada es que estoy leyendo libros serios, por Dios!

Su evolución espiritual se había iniciado. La espiritualidad no se expresa únicamente en el elocuente lenguaje de las grandes religiones del mundo. A partir de su embarazo, aquella mujer empezó a formarse una filosofía de la vida, lo que no es poco logro espiritual. Se iba adentrando en su destino y veía su vida a través de los procesos de su cuerpo de un modo desconocido para ella hasta ese momento. Todo aquello eran comienzos: dos bolitas verdes debajo de una *crêpe* blanca.

Una vez me contaron una historia sobre D. T. Suzuki, uno de los primeros representantes del zen en Occidente. Estaba sentado a la mesa con varios distinguidos eruditos, y a su lado había un hombre que no dejaba de hacerle preguntas. Suzuki comía pacientemente, sin decir nada. El hombre, que evidentemente jamás había leído un cuento zen, le preguntó entonces cómo resumiría el zen para un occidental como él. Con un inusual vigor en la voz y mirándolo directamente a los ojos, Suzuki respondió:

—¡Coma!

La espiritualidad se siembra, germina, brota y florece en lo mundano. Se la puede encontrar y alimentar en la más insignificante de las actividades diarias. Como el armario lleno de porcelanas del que habla Linda Sexson en su libro, la espiritualidad que nutre el alma y que en última instancia sana nuestras heridas psicológicas se puede encontrar en aquellos objetos sagrados que se visten con el atuendo de lo cotidiano.

El mito

En la comedia *Las ranas*, de Aristófanes, el dios Dionisos hace un viaje al Hades con el fin de traer de vuelta a uno de los poetas muertos. La ciudad languidece abrumada por la mala poesía y parece que la mejor solución sea resucitar a uno de los antiguos y famosos practicantes del arte poética. En el mundo subterráneo, Dionisos es juez de una competición entre Esquilo y Eurípides, y finalmente invita al primero a salvar la ciudad de su mortal carencia de profundidad poética. Eurípides queda descalificado por demostrar su supuesta profundidad con el verso «Cuando consideramos digno de confianza lo indigno, e indigno de confianza lo digno», un ejemplo de galimatías que se puede oír en cualquier momento y lugar en los que se haya perdido el alma.

Nuestra actual situación cultural se ajusta muy exactamente a la pauta de *Las ranas*. Hemos perdido cierta profundidad en la forma en que entendemos nuestras experiencias, de las que hablamos usando un lenguaje que a menudo es falso y superficial —como la ofrenda de Eurípides en el infierno— para describir aspectos complejos y profundos de la vida. También nosotros necesitamos volver a las profundidades y recuperar la perdida apreciación de la poética de la vida cotidiana. ¿Qué descubriríamos si enviáramos a un embajador a las profundidades para encontrar un lenguaje adecuado a la complicación de nuestra vida, y una forma poética equiparable a ella? Como los trágicos y los filósofos griegos, no podríamos hacer nada mejor que revivir el sentido del mito.

Un mito es un relato sagrado, situado en un momento y un lugar fuera de la historia, que describe en forma de ficción las verdades fundamentales de la naturaleza y de la vida humana. La mitología da cuerpo a los factores invisibles y eternos que siempre forman parte de la vida, pero que no aparecen en un relato literal y basado en los hechos. La mayoría de las veces, cuando contamos un episodio de nuestra vida, le damos forma en términos puramente humanos. ¿Cuándo fue la última vez que usted habló de monstruos, ángeles o demonios al describir una experiencia que le causó una fuerte impresión? El mito va más allá de la dimensión personal y llega a expresar unas imágenes que reflejan los problemas arquetípicos que configuran toda vida humana.

Cuando tratamos de entender nuestros problemas y nuestro sufrimiento, buscamos un relato revelador. Generalmente, a nuestras explicaciones superficiales se les ven sus deficiencias y no nos satisfacen. Aunque nos tomemos al pie de la letra los relatos de infancia y las historia de familia, creo que el hecho de recurrir a ese pasado es una manera de esforzarse por llegar al mito, a la historia que tenga la hondura suficiente para expresar la profundidad de los sentimientos que tenemos en el presente. Al hablar de la familia, intenté demostrar que los recuerdos de la madre, del padre y de otros familiares no son sólo eso, sino también actos de la imaginación. Cuando hablamos de lo que hacían o no hacían nuestros padres, estamos recordando nuestro propio pasado, y al mismo tiempo describiendo nuestra necesidad de un padre eterno, de cualquiera que pueda desempeñar el papel de protector y de guía, es decir, el que ejerce la autoridad y el que valida. Nuestros recuerdos familiares son una parte importante dentro de la mitología que rige nuestra vida.

En los últimos años se ha publicado muchísimo sobre mitología. Creo que su gran éxito tiene que ver con nuestra necesidad de hallar profundidad y sustancia en la forma en que imaginamos nuestra experiencia. Las mitologías del mundo exploran vívidamente las líneas maestras y los temas fundamentales de la vida humana, tal como se los encuentra en cualquier lugar del globo. Las imágenes pueden ser específicas de las culturas en las que surge la mitología, pero los problemas son universales. Este es uno de los valores de la mitología: su manera de abrirse paso por entre las diferencias personales para llegar a los grandes temas de la experiencia humana.

Por ejemplo, es frecuente que la mitología incluya una cosmología, es decir, una descripción del origen del mundo y de las leyes que lo rigen. Es importante orientarse, tener alguna imagen del universo físico en el que vivimos. Por eso muchos mitólogos han observado que incluso la ciencia moderna, con toda su validez objetiva, también nos ofrece una cosmología, una mitología en el verdadero sentido de la palabra.

El mito tiene la connotación de falsedad, como cuando estimamos que una suposición sobre cómo son las cosas es «solamente» un mito. El mito puede dar la impresión de ser un vuelo de la fantasía porque sus imágenes suelen ser fantásticas, con muchos dioses y demonios, o con acciones imposibles y escenarios irreales. Pero los elementos fantásticos son esenciales para la mitología, en cuanto nos apartan de los detalles realistas de la vida para conectarnos con factores invisibles que, pese a todo, son reales.

Como el mito llega tan lejos en su descripción de las formas universales en que se desenvuelve la vida humana, puede ser un guía indispensable para entendernos a nosotros mismos. Por falta de una comprensión poética adecuada, como Dionisos en *Las ranas*, nos vemos obligados a hacer un viaje al mundo subterráneo, un viaje que no siempre es agradable. Se podría decir que la neurosis y la psicosis son la forma oscura de este descenso, pero hay también una versión más luminosa. Es posible hacer lo que hizo Dionisos sin necesidad del peligroso viaje al más allá: resucitando a los hacedores de mitos del pasado al recobrar el aprecio por las mitologías del mundo entero.

Mitología no es lo mismo que mito. La mitología es una colección de relatos que intentan describir los mitos, los modelos profundos que vivimos en nuestra vida cotidiana. Así como los cuentos de nuestra infancia y los relatos de familia evocan los mitos que vivimos como adultos, también las mitologías culturales evocan pautas míticas que podemos rastrear en la vida moderna. Incluso la mitología de una cultura extranjera puede ayudarnos a imaginar factores con los que día a día nos enfrentamos en los niveles más profundos. La mitología nos enseña a imaginar con más profundidad de la que permiten las categorías sociológicas o psicológicas. Dicho sea de paso, esta es una de las razones de que me tome con cautela las interpretaciones psicológicas de la mitología: no quiero reducir los misterios contenidos en el mito a un lenguaje y unos conceptos modernos que ya son insuficientes para investigar nuestra propia experiencia.

Al leer mitología aprendemos a pensar con más profundidad e imaginación. Nuestra mitología actual —que tomamos en un sentido literal y no como mitos— es una visión del mundo formada por hechos, información y explicaciones científicas. En este contexto, los relatos y las enseñanzas de la religión parecen algo totalmente extraño, referido a otro mundo, y por eso nos encontramos con tantos conflictos entre religión y ciencia. Quizá si entendiéramos la perspectiva científica como una mitología podríamos considerar, al mismo tiempo, otras mitologías.

El mito es siempre una manera de imaginar; no se refiere esencialmente a hechos, excepto en cuanto los hechos pueden ser el punto de partida de un relato mitológico. Me acuerdo bien de un guía, en Irlanda, que mientras nos señalaba una áspera brecha en la cresta de una montaña explicaba que había sido causada por el Diablo al tomar un gigantesco bocado de tierra. La mitología se inicia frecuentemente con datos físicos, pero después los usa como trampolín para llegar a ficciones cuya verdad se refiere más bien a la vida y a los valores humanos que al mundo físico donde se inició el relato. Cuando intentamos rastrear las mitologías hasta llegar a sus fuentes físicas, creyendo que así hemos explicado el mito, no hemos hecho más que retroceder.

Actualmente, este mismo principio es válido cuando intentamos explicar nuestros sentimientos y nuestro comportamiento como *causados* por hechos que sucedieron en el pasado. El pensamiento mitológico no busca causas concretas, sino más bien una forma de imaginar con más comprensión intuitiva. Considera el pasado, pero el pasado como mito es diferente del pasado como hecho. Como mito, las historias que contamos de nuestra vida sugieren temas y figuras que todavía están en vigor. Si retrocedemos en el tiempo lo suficiente como para salirnos totalmente de la historia y estar en el Olimpo o en el Edén, entonces tocamos los temas fundamentales que constituyen los cimientos de la existencia humana.

La profundidad del mito es una de las características que hacen de él un medio idóneo para traer alma a la vida. Como hemos visto, el alma está a sus anchas en una dimensión temporal que trasciende los límites de la vida humana normal. Le interesan los problemas eternos, aun cuando esté encajada en los detalles de la vida cotidiana. La recíproca penetración entre el tiempo y la eternidad es uno de los grandes misterios explorados por muchas religiones, y es en sí mismo el tema de muchas mitologías.

Los autores contemporáneos que intentan hacer una lectura psicológica del mito están prestando un servicio que ya es antiguo. Nuestra propia historia occidental cuenta con innumerables libros que exploran los significados contemporáneos de los mitos tradicionales. Sin embargo, en tales esfuerzos es importante no reducir la mitología a nuestros propios conceptos; al contrario, ella podría, más bien, ensanchar nuestro pensamiento psicológico para incluir aquellos misterios que operan en la vida humana y que jamás serán del todo explicados. La mitología sólo puede aportar alma a nuestro pensamiento psicológico si permitimos que los mitos nos estimulen la imaginación, no si los traducimos al lenguaje de la psicología moderna.

La mitología también puede enseñarnos a percibir los mitos que estamos viviendo día tras día y a observar aquellos que nos pertenecen particularmente como individuos. No es necesario que pongamos rótulos con nombres griegos y romanos a todas nuestras historias míticas y profundas. La mitología es una ayuda para ver nuestros mitos, pero cada uno de nosotros tiene sus propias figuras divinas y demoníacas especiales, sus propios paisajes de otro mundo y sus propias luchas. Jung aconsejaba que nos volviéramos hacia la mitología tradicional para *ampliar*, para ver con más claridad y oír más nítidamente los temas que nos caracterizan. Pero lo importante es darse cuenta de que, aunque la vida parezca cuestión de causas y efectos literales, en realidad estamos viviendo, a menudo inconscientemente, historias muy profundas.

Estamos condenados a experimentar aquello que no podemos imaginar. Podemos quedar atrapados en el mito, sin saber que estamos actuando como personajes de un drama. Trabajar con el alma implica esforzarse por tener cada vez mayor conciencia de estos mitos que constituyen la base de nuestra vida, porque si nos familiarizamos con los personajes y los temas centrales de nuestros mitos, podremos liberarnos de su influencia compulsiva y de la ceguera que nos imponen cuando estamos atrapados por ellos. Aquí volvemos a ver la importancia de algunas prácticas (como escribir un diario, trabajar con los sueños, hacer poesía, pintar o realizar una terapia) que intentan explorar las imágenes de los sueños y de la vida. Estos métodos nos mantienen en un contacto activo con las mitologías que constituyen el material de nuestra vida.

El coro de ranas de la comedia de Aristófanes ofrece una buena imagen de una forma de vida adaptada al mito. En la obra, estas criaturas anfibias que pueden vivir tanto en la superficie como en las profundidades son las que guían a Dionisos y sus acompañantes en el mundo subterráneo. Para poder disfrutar de la plenitud de alma de la vida mítica, necesitamos esta capacidad anfibia que nos permite conocer y visitar nuestros propios estratos profundos, donde se forman realmente el significado y los valores.

Cuando Dionisos se queja de su croar, las ranas le dicen que ellas son las amadas de Pan, Apolo y las Musas, es decir, las deidades que valoran la música y la poesía y que constituyen la base de la sensibilidad poética en la vida humana. Sin conciencia poética, el mito se convierte en un rígido fundamentalismo, una actitud defensiva contra nuestra historia personal. Pero con la ayuda de las Musas, el mito puede dar profundidad, comprensión intuitiva y sabiduría a la vida cotidiana.

El ritual

Históricamente, el mito y el ritual son un tándem. Un pueblo cuenta sus relatos sobre la creación y sus deidades, y luego adora a esas deidades y celebra con ritos su creación. Mientras que la mitología es una manera de contar relatos que no son literales sobre la experiencia vivida, el ritual es una acción que habla a la mente y al corazón, pero que no necesariamente tiene sentido en un contexto literal. En la iglesia, la gente no come pan para alimentarse físicamente, sino para nutrir su alma.

Si pudiéramos captar esta simple idea de que algunas acciones quizá no tengan efecto sobre la vida real, pero en cambio hablan al alma, y si pudiéramos olvidarnos del papel dominante de lo funcional en tantas de las cosas que hacemos, tal vez cotidianamente podríamos dar algo más al alma. Una prenda de vestir puede ser útil, pero también puede tener algún significado especial en relación con un tema del alma. Vale la pena molestarse un poco en convertir una cena en un ritual, atendiendo a las sugerencias simbólicas de la comida y de la forma en que se la presenta y se la consume.

Sin esta dimensión adicional, que requiere cierta concentración, puede parecer que la vida va sobre ruedas, pero lentamente el alma se debilita y es posible que llegue a hacer sentir su presencia sólo en forma de síntomas.

Vale la pena señalar que la neurosis e indudablemente la psicosis toman con frecuencia la forma de rituales compulsivos. No podemos dejar de comer una y otra vez determinados platos, con frecuencia «comida basura». No podemos apartarnos del televisor, especialmente cuando dan un programa que nos hemos acostumbrado a ver. ¿No es eso acaso un ritual compulsivo? Las personas gravemente perturbadas salmodian palabras con sonidos rituales en momentos inoportunos, se visten con ropa extravagante o se lavan compulsivamente las manos. Gesticulan con brazos y manos, exagerando el significado de lo que quieren expresar. Conocí a un hombre que cruzaba los índices cada vez que sentía la presencia del mal, lo cual le sucedía varias veces en una hora, y a una mujer que se tocaba la rodilla al final de cada frase que pronunciaba.

¿Podría ser que estos rituales neuróticos aparecen cuando la imaginación se ha perdido y ya no se presta atención al alma? Dicho de otro modo, los rituales neuróticos quizá denoten una pérdida, en la vida diaria, de un ritual que, si estuviera presente, mantendría al alma en la imaginación y lejos de toda visión literal. La neurosis se podría definir como una pérdida de imaginación. Hablamos de «actuación» dando a entender que aquello que deberíamos mantener en el ámbito de la imagen lo estamos viviendo en la vida como si no fuera poesía. La cura para el ritualismo neurótico podría ser el cultivo de un sentimiento más auténtico del ritual en nuestra vida cotidiana.

El ritual mantiene el carácter sagrado del mundo. Saber que todo lo que hacemos, por simple que sea, está rodeado de un halo de imaginación y puede servir al alma, enriquece la vida y hace que las cosas que nos rodean sean más preciosas y más dignas de nuestra protección y nuestro cuidado. Como en un sueño, un pequeño objeto puede asumir un significado importante, de modo que en una vida animada por el ritual no hay cosas insignificantes. Cuando las culturas tradicionales tallan primorosamente cabezas y cuerpos en el respaldo de las sillas y en sus herramientas, están reconociendo el alma en los objetos comunes y también el hecho de que el simple trabajo es igualmente un ritual. Cuando sacamos de la cadena de producción objetos hechos en masa, de cuyo carácter funcional presumimos, pero que no muestran el menor indicio de imaginación, estamos negando el papel del ritual en los asuntos cotidianos. Estamos ahuyentando el alma que podría animar nuestra vida.

Vamos a la iglesia para participar en ese intenso ritual tradicional, pero también para aprender cómo se cumplen los rituales. La tradición es una parte importante del ritual, porque el alcance del alma es mucho mayor que el de la conciencia individual. Los rituales «inventados» no siempre son los adecuados, o bien —como la interpretación que hacemos de nuestros propios sueños— es probable que apoyen nuestras teorías favoritas, pero no que expresen las verdades eternas. Recuerdo a un grupo de monjas que hace muchos años decidieron cantar himnos de Pascua durante los servicios del Viernes Santo, porque les parecía que concentrarse en la muerte de Cristo era demasiado morboso y deprimente. Probablemente, la tradición conozca mejor la importancia de sentir en profundidad, por muy triste que sea, el estado anímico del Viernes Santo. Si vamos a dar al ritual un lugar más importante en la vida, conviene que nos dejemos guiar por la religión formal y por la tradición.

Es probable que nos convenga buscar una Iglesia con más sensibilidad para las tradiciones del ritual que para las modas pasajeras, no en aras de un conservadurismo general, sino porque la profundidad y las múltiples facetas del alma se preservan mejor en las tradiciones que reflejan grandes períodos de tiempo. Mi educación fue católica, y recuerdo los huesos de un santo y un bloque de piedra en el altar, necesario incluso aunque el altar fuera de madera. Incorporé esa información sobre las técnicas sagradas, y reconozco que es importante para mí tener en casa algunas reliquias de la familia. No me refiero a huesos reales, pero sí a recuerdos, fotografías o cartas viejas. También podría querer algo de piedra, como recuerdo de la dimensión del tiempo del alma en comparación con el de mi vida individual. Además, aprendí de la Iglesia que las velas han de ser de cera de abejas, y que la elección del pan y del vino para una cena es especialmente importante.

Recuerdo el libro sagrado que había sobre el altar cuando yo era niño, el misal. Estaba encuadernado en piel roja, y las páginas se señalaban con anchas cintas de colores, adornadas con borlas. La letra era grande y legible, y las instrucciones para la liturgia estaban escritas en letras rojas que formaban un llamativo contraste con las plegarias en negro. Todavía ahora me sirven de lección esos detalles; por ejemplo, tengo presente la importancia de las rúbricas, esas instrucciones escritas con letras rojas que explican con precisión cómo celebrar un rito. Y mentalmente presto atención día tras día a las rúbricas, es decir, a la forma especial en que deben hacerse las cosas.

Naturalmente, lo que estoy sugiriendo también puede tomarse de modo superficial. A veces la gente se queda atrapada en rituales sin alma, o juegan con las rúbricas demasiado a la ligera. Yo me refiero a un sentimiento profundo de cómo se pueden realizar las cosas, con estilo, para alcanzar una dimensión que verdaderamente alimente al alma. No recuerdo que hubiera mucho sentimentalismo en los rituales de la Misa cuando yo era niño. Más adelante, en las clases de teología me enseñaron que los rituales son eficaces *ex opere operato*, «por aquello que se hace», y no por las intenciones de quien celebra el rito. Quizás esta sea una diferencia importante entre el auténtico ritual y un juego ritualista: las intenciones personales y las preferencias de quien lo celebra ocupan un lugar secundario con respecto a las tradiciones y el ritual que emergen de los propios materiales.

Las rúbricas no pueden generarse en un plano superficial. Pueden estar íntimamente vinculadas con el gusto y la historia personal del individuo, pero deben brotar también de una fuente sólida y profunda que se halla en la psique de la persona. El amor de Jung por sus tablas de piedra cinceladas no era sentimental ni experimental. Para él, había sinceridad en ellas, y también para quienes las contemplamos ahora, mucho después. Pero esa forma particular de ritualización no es la adecuada para todo el mundo.

Sería muy interesante que pudiéramos recurrir a los sacerdotes, ministros y rabinos para que nos ayudaran a encontrar nuestra propia rúbrica y el material para nuestros propios rituales. Estos profesionales de lo espiritual estarían mucho mejor si estudiaran en profundidad ese tipo de cosas en vez de especializarse en sociología, comercio y psicología, que parecen ser las preferencias modernas. El alma estaría mejor cuidada si lleváramos una vida de ritualismo profundo, en lugar de realizar durante muchos años una terapia psicológica centrada en el comportamiento y en las relaciones personales. Incluso nos lo podríamos pasar mejor en asuntos del alma, como el amor y la emoción, si en nuestra vida hubiera más ritual y menos adaptación psicológica. Confundimos los problemas temporales, personales e inmediatos con las preocupaciones del alma, más profundas y perdurables.

γ

El alma necesita una vida espiritual intensa y rica, tanto —y de la misma manera— como el cuerpo necesita alimentarse. Esta es la enseñanza y las imágenes que nos aportan los maestros espirituales desde hace siglos. No hay razón para cuestionar su sabiduría. Por otra parte, estos mismos maestros demuestran que la vida espiritual requiere una cuidadosa atención, porque puede tener sus riesgos. Es fácil desviarse hacia la locura en la vida del espíritu, enfrentándonos con los que discrepan de nosotros, tratando de ganar prosélitos para nuestras doctrinas en vez de expresar nuestra propia plenitud de alma, u obteniendo satisfacciones narcisistas de nuestras creencias en lugar de encontrar significado y placer en la espiritualidad que es accesible a todos. La historia de nuestro siglo ha demostrado que la espiritualidad neurótica es proclive a la psicosis y a la violencia. La espiritualidad es poderosa, y por lo tanto tiene un potencial para el mal, no solamente para el bien. El alma necesita espíritu, pero nuestra espiritualidad también necesita alma: inteligencia profunda, una sensibilidad para la vida simbólica y metafórica, una comunidad auténtica y un verdadero afecto por el mundo.

Todavía no tenemos idea de la positiva aportación que podríamos recibir, tanto individual como socialmente, de una religión y una teología más llenas de alma. Nuestra cultura está necesitada de una reflexión teológica que no abogue por una tradición determinada, sino que atienda a la necesidad de orientación espiritual que tiene el alma. Para alcanzar este objetivo, debemos devolver gradualmente el alma a la religión, siguiendo a Jung, que en una carta de 1910 escribía a Freud: «Qué infinito éxtasis y qué desenfreno están latentes en nuestra religión. Debemos llevar a la realización su himno de amor».

11

La unión entre el alma y la espiritualidad

En nuestra espiritualidad vamos en pos de la conciencia y de los valores supremos; en nuestra plenitud de alma, soportamos las experiencias y emociones humanas más placenteras y las más agotadoras. Estas dos direcciones configuran el pulso fundamental de la vida humana y, en cierta medida, entre ellas existe una atracción recíproca.

Nadie necesita que le digan que vivimos en una época de materialismo y consumismo, de pérdida de valores y de cambio en las normas éticas. Nos sentimos tentados a reclamar un regreso a los valores y las costumbres de antaño. Parece que en el pasado la gente era más religiosa y que los valores tradicionales tenían más influencia en la sociedad. Pero aparte de que ésta sea —o no— una visión nostálgica y nebulosa del pasado, hemos de tener presente la advertencia de Jung sobre la tendencia a encarar las dificultades actuales deseando poder volver a las condiciones anteriores, una maniobra a la que él llama «restauración regresiva de la *persona*». Las sociedades pueden caer en esta estrategia defensiva, intentando restaurar lo que para la imaginación es un estado mejor que existió en el pasado. El problema está en que la memoria es siempre, en parte, imaginación, y a los momentos difíciles del pasado se les da luego, inconscientemente, una mano de barniz dorado que permite llamarlos los «buenos tiempos de antaño».

Si somos capaces de resistir esta tentación de mejorar el presente restaurando el pasado, podemos empezar a afrontar nuestros problemas actuales. Me parece que no somos, en absoluto, una sociedad que se va alejando de la espiritualidad; al contrario, en cierto sentido somos más espirituales de lo necesario. La clave para defendernos del materialismo y reencontrar la espiritualidad perdida no está en buscarla cada vez con mayor intensidad, sino en volverla a imaginar.

A fines del siglo XV, Ficino escribió en su *Libro de la vida* que el espíritu y el cuerpo, la religión y el mundo, la espiritualidad y el materialismo pueden estar atrapados en una escisión polarizadora: cuanto más compulsivo sea nuestro materialismo, más neurótica será nuestra espiritualidad, y viceversa. En otras palabras, al tender a una visión abstracta e intelectualizada de la vida, nuestra sociedad locamente consumista quizás esté mostrando signos de una espiritualidad descontrolada. Lo que recomienda Ficino para sanar una escisión tal es establecer el alma en el medio, entre el espíritu y el cuerpo, como manera de evitar que ambos se conviertan en caricaturas extremas de sí mismos. La cura del materialismo, entonces, estaría en encontrar maneras concretas de devolver al alma a nuestras prácticas espirituales, a nuestra vida intelectual y a nuestros compromisos emocionales y físicos con el mundo.

En el sentido más amplio, la espiritualidad es un aspecto de cualquier intento de abordar o prestar atención a los factores invisibles de la vida, y de trascender los detalles personales, concretos y finitos de este mundo. La mirada de la religión se extiende más allá de esta vida hasta el tiempo de la creación, lo que el erudito Mircea Eliade llamaba *«in illo tempore»*, aquel otro tiempo que queda fuera de nuestros cálculos y que es el «tiempo» del mito. Se preocupa también por la vida futura y por los valores supremos de esta vida. Este punto de vista espiritual es necesario para el alma, a la que ofrece la amplitud de visión, la inspiración y la sensación de significado que necesita.

La espiritualidad no es siempre específicamente religiosa. Las matemáticas son espirituales en el sentido amplio de que efectúan una abstracción a partir de los detalles concretos de la vida. Un paseo por los bosques en una soleada tarde de otoño puede ser una actividad espiritual, aunque sólo sea porque es una manera de alejarse de casa y de la rutina y dejarse inspirar por la altura y la edad de los árboles y por los procesos de la naturaleza, que trascienden en mucho la escala humana. El espíritu, decían los platónicos, nos saca de los confines de las dimensiones humanas, y al hacerlo alimenta al alma.

La búsqueda del conocimiento intelectual y técnico se puede emprender con un fervor excesivo o con la firme resolución monoteísta que a veces se encuentra en la vida espiritual. El libro de Tracy Kidder *The Soul of a New Machine** no habla en realidad del alma, sino que describe a los hombres dedicados a la invención y el perfeccionamiento de ordenadores como técnicos dedicados y abnegados que consagran su vida, con frecuencia en detrimento de su propia familia, a su visión de una era tecnológica. Son los «monjes de la máquina»; atrapados en el espíritu de su trabajo, como los monjes de antaño, pueden llegar a entregarse a una vida de ascetismo en su entusiasta búsqueda de una máquina que

* Hay traducción al castellano: *El alma de una nueva máquina*, Gedisa, Barcelona, 1983. *(N. del T.)*

reproduzca, en la medida de lo posible, el mundo natural con elementos luminosos y electrónicos. El propio ordenador, al convertir los detalles concretos de la vida en dígitos matemáticos y gráficos luminosos, realiza, para bien o para mal, una especie de espiritualización o desencarnación de la materia. También los monjes del medievo se sumergían en su propio método —copiar libros y ocuparse, reverentes, de las bibliotecas— para sublimar la vida terrena con la erudición y el conocimiento intelectual.

En la abstracción de la experiencia hay graves desventajas para el alma. El intento intelectual de vivir en un mundo «conocido» priva a la vida cotidiana de sus elementos inconscientes, de esas cosas con que tropezamos todos los días, pero de las que poco sabemos. Jung equipara el inconsciente con el alma, de modo que cuando intentamos vivir con plena conciencia en un mundo intelectualmente previsible, protegidos de todos los misterios y cómodamente instalados en el conformismo, perdemos nuestras oportunidades cotidianas de llevar una vida llena de alma. El intelecto quiere saber; al alma le gusta que la sorprendan. El intelecto, que mira hacia fuera, desea la ilustración y el placer de un ardiente entusiasmo. El alma, siempre recogida en su interior, busca la contemplación y la vivencia, más sombría y misteriosa, del mundo subterráneo.

James Hillman ha observado que cuando nuestra espiritualidad no es lo suficientemente profunda, a veces se evade por la puerta de atrás y asume formas extravagantes, toda clase de extraños entusiasmos. De la auténtica sensibilidad religiosa podemos pasar a una devoción trivializada. Durante siglos, por ejemplo, la astrología formó parte de la trama de la literatura y de la religión. Jung dedicó un volumen entero a los factores astrológicos del cristianismo, cuyos comienzos coincidieron con el advenimiento de la era astrológica de Piscis, el Pez. La historia del arte sagrado muestra a lo largo de toda su evolución imágenes y temas astrológicos, relacionados siempre con los misterios expresados en el dogma y en el ritual. Pero hoy encontramos la astrología en la sección de crucigramas de los periódicos. Lo que en otro tiempo fuera una mitología viviente que podía ser incluida en el arte religioso y en la teología, se ve reducida ahora a un juego de salón. Este es un pequeño ejemplo de cómo nuestra espiritualidad ha perdido profundidad y sustancia. Dicho de otra manera, en el lenguaje de Ficino, ya no tiene alma.

El fundamentalismo y su «cura»: el politeísmo

Frecuentemente, cuando la espiritualidad pierde su alma toma, a modo de sombra, la forma de fundamentalismo. No me estoy refiriendo a ningún grupo ni secta en particular, sino a un punto de vista del que cualquiera de nosotros puede verse prisionero, en relación con cualquier tema. Una manera de describir la naturaleza del fundamentalismo es una analogía musical. Si usted toca en el piano un Do grave con bastante fuerza, oirá —lo sepa o no— toda una serie de tonos. Escuchará claramente la nota «fundamental», pero ésta le sonaría muy rara si el sonido no incluyera también sus armónicos: Do, Sol, Mi e incluso Si bemol. Yo definiría el fundamentalismo como una defensa contra los armónicos de la vida, contra la riqueza y el politeísmo de la imaginación. En la universidad, mis alumnos eran fundamentalistas cuando se oponían a que analizáramos las referencias sutiles —los armónicos— en una novela de Hemingway. Una persona se muestra fundamentalista cuando me dice que la noche anterior soñó con una serpiente que la miraba fijamente mientras recitaba pasajes del *Cantar de los Cantares*, y que eso no es más que una reacción aplazada al hecho de haberse encontrado el día anterior con una lombriz de tierra en su huerto.

Aquí llegamos a una regla importante, aplicable a la espiritualidad religiosa y a toda clase de relatos, sueños e imágenes. El intelecto quiere un significado resumido, que está muy bien para la naturaleza resuelta de la mente. Pero al alma le apetece una reflexión profunda, muchos niveles de significado, infinitos matices, referencias, alusiones y prefiguraciones, todo lo cual enriquece la textura de una imagen o de un relato y complace al alma dándole mucho alimento para cavilar.

Cavilar es uno de los principales deleites del alma. Los primeros teólogos cristianos discutieron a fondo cómo un texto bíblico se podía interpretar en muchos sentidos a la vez. Había significados literales y significados alegóricos y anagógicos (referidos a la muerte y al más allá). Aquellos hombres explicaban el relato del Éxodo, por ejemplo, como una alegoría sobre la liberación del alma de su aprisionamiento en el pecado. Pero ése no era el único significado del relato. Esta práctica apunta a una lectura «arquetípica» de la Biblia, que no considera sus historias como lecciones de una moral simplista ni como enunciados de fe, sino como expresiones sutiles de los misterios que forman las raíces de la vida humana. Quizás el relato de un milagro no sea una simple prueba de la divinidad de Cristo —al alma le cuesta poco aceptar la divinidad—, sino que en cambio puede expresar alguna verdad insondable sobre los caminos del alma. ¿Hay algún modo de que podamos alimentar al alma como si recibiera centenares de panes y de peces, aunque en la vida no *parezca* haber más que uno de cada? ¿Existe algún modo de que el matrimonio —todas las bodas se celebran en *Caná*— convierta el agua en vino?

Desde el punto de vista del alma, las múltiples Iglesias y las innumerables maneras de entender el cristianismo son su riqueza, mientras que cualquier intento de convertir todas las Iglesias en una podría ser, en última instancia, una amenaza para la vida misma de la religión. Es interesante recordar que una de las grandes chispas que encendieron el Renacimiento italiano provino de un concilio que reunió a las Iglesias de Oriente y Occidente. En el proceso de organización del concilio, se reunieron en Florencia hombres imaginativos de muchos lugares diferentes, y el fértil cruce de sus ideas dio origen a una manera nueva de percibir el modo de vida cristiano, en aquel entonces sumamente influido por el contacto con el pensamiento griego y las prácticas mágicas. Pico della Mirandola, que se benefició de las conversaciones ocasionadas por el concilio, decidió escribir un libro llamado *Teología poética*, y Cosme de Médicis se interesó por la teología egipcia de la magia.

El infinito espacio interior de una historia, ya se refiera a la religión o a la vida cotidiana, es su alma. Si privamos de su misterio a los relatos sagrados, nos quedamos con la cáscara quebradiza del hecho, con la literalidad de un único significado. Pero cuando concedemos su alma a un relato, podemos descubrir a través de él nuestras propias profundidades. El fundamentalismo tiende a idealizar y a novelar una historia, despojándola de los elementos más oscuros: la duda, la desesperanza y la sensación de vacío. Nos protege del difícil trabajo de descubrir nuestra propia participación en el significado, y de cultivar nuestros propios —y sutiles— valores morales. Las enseñanzas sagradas, que tienen la capacidad potencial de profundizar en el misterio de nuestra propia identidad, son utilizadas por el fundamentalismo de forma defensiva, para ahorrarnos la angustia de ser, cada uno, un individuo con libertad de opción, responsabilidad y un sentimiento de sí mismo continuamente cambiante. La tragedia del fundamentalismo, en cualquier contexto, es su capacidad para congelar la vida en un sólido cubo de significado.

Hay muchas clases de fundamentalismo: junguiano-freudiano, demócrata-republicano, *rock-blues*. Hay uno que tiene que ver con la forma en que entendemos las historias personales que contamos. En esta era de la psicología, por ejemplo, muchos nos convencemos de que tenemos ciertas dificultades en la vida debido a lo que nos sucedió cuando éramos niños. Nos tomamos la psicología evolutiva al pie de la letra y culpamos a nuestros padres de todo lo que hemos llegado a ser. La situación cambiaría si pudiéramos ver a través de esos relatos de infancia, escucharlos como si fueran mitos, captar su carácter poético y oír los misterios eternos que se expresan a través de ellos.

Recientemente tropecé con un pequeño ejemplo de la clase de fundamentalismo a la que me estoy refiriendo. Al atender el teléfono en mi despacho, oí una voz firme que decía con toda claridad:

—Hola, soy superviviente de un incesto y me gustaría hablar con usted.

Me quedé un poco aturdido ante esa manera brusca de identificarse: sin dar su nombre ni emplear ningún otro preámbulo, recurría a una corta frase para explicar su vida. Evidentemente, yo me daba cuenta de que había sufrido una experiencia dolorosa, y podía apreciar el coraje que se necesitaba para admitirlo, como cuando alguien que lucha con el alcohol se presenta diciendo: «Hola, me llamo John y soy alcohólico». Pero además me pareció importante la forma en que ella había dicho esas primeras palabras: «Soy superviviente de un incesto». Con esa presentación me decía que estaba identificada con el relato del incesto. Sonaba a una profesión de fe fundamentalista. En esos primeros momentos me pregunté cómo, si aquella mujer se convertía en mi paciente, podríamos encarar simultáneamente su vivencia del incesto y su fundamentalismo. Sin negar nada de su dolor ni de su sufrimiento, ¿sería ella capaz de ver a través de su relato del incesto? ¿Podría terminar por liberarse y ser una persona, y no el personaje principal de una historia de su infancia? ¿Había aceptado la definición cultural del incesto como un trauma psicológico inevitable, convirtiéndolo así en su propio mito?

He dicho que al alma le interesan más los detalles que las generalidades, y esto es válido también para la identidad personal. Identificarse con un grupo, un síndrome o un diagnóstico es ceder ante una abstracción. El alma proporciona un fuerte sentimiento de individualidad, es decir, de un destino personal, influencias y antecedentes especiales y relatos particulares. Enfrentado con la abrumadora necesidad de dispensar a la vez cuidados de urgencia y atención a pacientes crónicos, el sistema de salud mental etiqueta a las personas de esquizofrénicas, alcohólicas y supervivientes, para poder introducir algún orden en el caos de la vida en el hogar y en la calle, pero cada persona tiene un relato especial para contar, por muchos que sean los temas y elementos comunes que incluya.

Por lo tanto, para cada persona, el cuidado del alma debe empezar por la simple narración de *su* relato. Es más, yo quiero oírlo muchas veces para poder captar los matices. Pensé que a esta mujer podría irle bien fijarse en sí misma en sus relatos, y perder así parte de su identidad colectiva y fundamentalista. ¿Cómo podría tener un atisbo de su alma mientras estaba ocupada ocultando su propio misterio con la *idea* de sobrevivir al incesto? No es mi intención restar importancia a su experiencia, ni siquiera a su creencia de que ese suceso tuviera una importancia singular en su evolución. Pero era necesario que profundizara en su relato, lo percibiera de manera más compleja y reflexionara sobre él desde múltiples puntos de vista, no solamente desde el que expresaba: «Si has pasado por esa experiencia, estás para siempre dañada».

Todos tenemos relatos fundamentalistas sobre nosotros mismos, historias que nos tomamos al pie de la letra y en las que creemos devotamente. En general, estamos tan familiarizados con estos relatos que nos resulta difícil ver a través de ellos sin ayuda. Son tan convincentes y tan creíbles que nos conducen a resoluciones y axiomas que se parecen muchísimo a principios religiosos y morales, salvo que se han ido creando individualmente. Como los primeros teólogos cristianos, podemos explorar estos relatos para descubrir sutilezas, múltiples niveles de significado, matices y contradicciones, estructuras y tramas, géneros y formas poéticas... y todo esto, no para desacreditarlos ni desmitificarlos, sino para que puedan revelar una dimensión de su significado y su valor mucho mayor.

Ya sea que estemos hablando de relatos religiosos o de nuestra propia historia personal, suelen aparecen los mismos problemas. Lo que oímos demasiado a menudo son conclusiones, una reducción de la riqueza de detalles de un relato a una moraleja o a un significado demasiado general. En lenguaje junguiano, podríamos decir que necesitamos encontrar el *anima* en estos relatos, es decir, su alma que vive y respira. Dar alma a un relato supone despojar a nuestras imágenes de su «moralidad», dejarlas que hablen por sí mismas y no en nombre de una ideología que desde el principio las restringe y las deforma.

Se suele decir que los católicos no necesitan de la psiquiatría porque tienen la confesión. Yo diría que una persona que encuentra en la Biblia un compendio de comprensión profunda de la naturaleza del alma no necesita de la psicología, que generalmente es más abstracta, más pobre en imágenes, más científica y menos poética que la Biblia, y por consiguiente, menos prometedora para el cuidado del alma. Pero recurrir a la Biblia en busca de certidumbre moral, de pruebas milagrosas de la fe, o para evitar la duda y la angustia que implican las elecciones vitales difíciles es muy diferente de echar mano de ella en busca de comprensión en profundidad. Para los fundamentalistas, la Biblia es algo en lo que hay que creer; el alma en cambio la ve como un gran estímulo para la imaginación religiosa, para indagar en el corazón cuáles son sus posibilidades más profundas y sublimes.

Espero que un día una «teología arquetípica» pueda mostrarnos el *alma* de los textos religiosos de todo el mundo. Ahora se pone el énfasis en los estudios textuales, históricos y estructurales, es decir, en asuntos técnico-espirituales. Unos pocos teólogos, especialmente David Miller, Wolfgang Giegerich y Lynda Sexson, han aportado un espíritu de imaginación arquetípica a los estudios bíblicos, pero aún queda mucho por hacer. Un libro como el de Job, tan lleno de temas y figuras familiares para cualquiera que haya trabajado con la cuestión de la inocencia y el sufrimiento, ha sido encarado de forma imaginativa en muchas versiones dramáticas del relato, y también en el estudio psicológico de Jung. Pero preguntémonos si nosotros, en una sociedad basada en la Biblia, sentimos plenamente la realidad del hecho de haber sido expulsados del Edén. ¿Nos hemos atrevido a hablar con la serpiente del Paraíso como lo hicieron nuestros padres *in illo tempore*? ¿Reconocemos a aquella serpiente en nuestra familia y en nuestras ciudades? ¿Hay alguna relación entre ella y alguna de las serpientes que se nos aparecen en sueños? ¿Consideramos alguna vez con seriedad que en nuestros sueños pueda haber algo inherente a la Biblia o a la Tora?

Las complejas formas de autoexpresión del alma son un aspecto de su profundidad y de su sutileza. Cuando sentimos algo de un modo lleno de alma, a veces nos resulta difícil expresar con claridad ese sentimiento. Al no encontrar las palabras, nos volvemos a los relatos y las imágenes. Nicolás de Cusa llegó a la conclusión de que a menudo no nos queda otra alternativa que vivir con «imágenes enigmáticas». Puesto que al alma le interesan más las relaciones que el entendimiento intelectual, el conocimiento que proviene de la intimidad del alma con la experiencia es más difícil de expresar que el tipo de análisis que se puede efectuar a distancia. En cuanto tiene, como dice Heráclito, su propio principio de movimiento, el alma está siempre en proceso; por eso es difícil aprehenderla en una definición o un significado fijo. Cuando la espiritualidad pierde contacto con el alma y con estos valores, puede volverse rígida, simplista, moralista y autoritaria; todas estas características revelan una pérdida de alma.

Fanny y Alexander, obra maestra de Ingmar Bergman, muestra gráficamente esta diferencia. Contrapone la vitalidad de la vida familiar —parientes pintorescos, comida abundante, celebraciones festivas, misterios y sombra— con la vida bajo la influencia de un obispo rígido y autoritario. El tono de la película cambia: de un clima de diversión, intimidad, picardía, música, carácter, naturalidad, y una cálida sensación hogareña, pasa a un gris y deprimente énfasis en las reglas, la soledad, el castigo, el miedo, la distancia emocional, la violencia y la esperanza de escapar. Evidentemente, en la figura del obispo no se nos presenta la espiritualidad como tal, sino más bien un espíritu religioso fundamentalista, sin alma. Porque hasta las formas de espiritualidad más elevadas y estrictas pueden coexistir con la plenitud de alma. A Thomas Merton, que vivió en una ermita, se lo conocía por su sentido del humor. Santo Tomás Moro llevaba un cilicio como parte de su práctica espiritual, pero era un hombre de ingenio, de fuertes sentimientos familiares, profundamente comprometido con el derecho y la política, y de afectuosas amistades. El problema nunca es la espiritualidad en sí, sino la estrechez del fundamentalismo que surge cuando se establece la escisión entre la espiritualidad y el alma.

γ

Hay muchas clases diferentes de espiritualidad. Aquella con la que estamos más familiarizados es la espiritualidad de la trascendencia, la elevada búsqueda de la visión suprema, de los principios morales universales y de la liberación de las múltiples limitaciones de la vida humana. Hay un juego infantil que consiste en hacer una iglesia con los dedos. «Aquí está la iglesia y aquí el campanario». Ahí tenemos una imagen simple de la espiritualidad trascendente. Pero «abrid la puerta y aquí está todo el pueblo», y veréis la multiplicidad interior del alma. Es como la estatua que describe Platón, que por fuera es el rostro de un hombre, pero una vez abierta contiene a todos los dioses.

Un árbol, un animal, un río o un bosquecillo pueden, todos, ser el foco de la atención religiosa. La espiritualidad de un lugar podría estar señalada por una fuente, un dibujo en el suelo o un montón de piedras. Cuando ponemos un recordatorio histórico en un viejo campo de batalla o en la casa donde nacieron nuestros antepasados, estamos realizando un auténtico acto espiritual. Estamos honrando al espíritu especial que se relaciona con un lugar determinado.

La familia es también una fuente y un foco de espiritualidad. En muchas tradiciones, cada hogar dispone de un santuario con fotografías como homenaje a los miembros fallecidos de la familia. Los ritos de las reuniones familiares, las visitas, las historias que se cuentan, los álbumes de fotografías, los recuerdos e incluso las cintas grabadas con la voz de los mayores también pueden ser actos espirituales que alimentan el alma.

Las religiones politeístas, que ven dioses y diosas en todas partes, ofrecen una útil guía para el descubrimiento de los valores espirituales del mundo. Usted no tiene que ser necesariamente politeísta para ampliar de esta manera su espiritualidad. En el Renacimiento italiano, los principales pensadores, que eran piadosos y monoteístas en su devoción cristiana, siguieron volviéndose hacia el politeísmo griego para disponer de una extensa gama de espiritualidad.

Podríamos aprender de los griegos, por ejemplo, a practicar una espiritualidad de Ártemis, la diosa de los bosques, de la soledad, de las mujeres que van a dar a luz, de las niñas y del autodominio. Al leer sus historias y contemplar los muchos cuadros y esculturas que de ella se conservan, podemos aprender algunos de los misterios de la naturaleza, tanto en el mundo como en nosotros mismos. Por medio de ella nos puede llegar la inspiración de explorar los misterios de las costumbres de animales y plantas, o de pasar algún tiempo apartados y a solas, en homenaje a la soledad que

Ártemis protege. El solo hecho de saber que hay una diosa que nos ampara firmemente contra la intrusión y la violación de nuestra intimidad puede ayudarnos a cultivar ese espíritu en nuestra propia vida, y a honrarlo en las ajenas.

El politeísmo nos lleva también a encontrar la espiritualidad donde menos la esperamos, como, por ejemplo, en Afrodita. Podríamos descubrir que la sexualidad es una fuente de profundos misterios del alma, que es en verdad una cosa sagrada, y que puede ser una de las vivencias fundamentales en el cultivo del alma. La belleza, el cuerpo, la sensualidad, los cosméticos, los adornos, la ropa y las joyas —cosas que tendemos a tratar de una manera laica— encuentran su dimensión religiosa en los ritos y los relatos de Afrodita.

Cuando somos capaces de ir más allá de las actitudes fundamentalistas con respecto a la vida espiritual, tales como el apego a un código de moralidad demasiado simple, las interpretaciones establecidas de los relatos y una comunidad en la cual no se valora el pensamiento individual, empezamos a avistar muchas formas diferentes de ser espirituales. Podemos descubrir que hay maneras de serlo que no se oponen a necesidades del alma como la de tener cuerpo e individualidad, o la de imaginar y explorar. Finalmente, podríamos encontrarnos con que todas las emociones, todas las actividades humanas y todas las esferas de la vida tienen hondas raíces en los misterios del alma, y por lo tanto son sagradas.

El alma de la religión formal

Hay todavía otra manera de ser espiritual y estar lleno de alma al mismo tiempo, y ésta es «escuchar» las palabras de la religión formal como si nos hablaran al alma y acerca del alma. Una vez más, Jung nos proporciona el ejemplo de su propia vida. Estaba fascinado por el dogma de la Asunción de la Virgen María, que la Iglesia católica proclamó en 1950. No importa que Jung no fuera católico; para él eso fue algo importante para el alma, «el acontecimiento religioso más importante desde la Reforma», según sus palabras. En su opinión, llevaba a la mujer a la esfera de la divinidad y señalaba una nueva encarnación de lo divino en la vida humana. Consideraba que los argumentos racionales en favor y en contra del dogma prácticamente no venían al caso; le interesaban más los relatos de las apariciones de María a los niños en Fátima y, según se dijo, también al papa. Para él, el dogma emanaba de una necesidad colectiva de una unión más fuerte entre lo humano y lo divino, y consideraba que ese dogma era un acontecimiento de gran importancia para todo el mundo.

En sus escritos, Jung se nutrió de muchas tradiciones; exploró las implicaciones que tienen para el alma el simbolismo de la misa católica, la imagen china de la Flor de Oro, el Libro de los Muertos tibetano, el Libro de Job y otros temas de muy diversas tradiciones. Con este tipo de enfoque, sin embargo, se corre el peligro de convertir la religión en psicología y reducir los rituales y los dogmas a asuntos puramente psicológicos. Pero escuchar al alma en los relatos y los ritos religiosos no tiene por qué ser reduccionista. Como los teólogos del Renacimiento, podemos conceder un prestigio y un honor especiales a los dogmas de nuestra propia tradición y, al mismo tiempo, escucharlos como enunciados referentes al alma.

Las enseñanzas formales, los ritos y los relatos de las religiones nos ofrecen una fuente inagotable de reflexión sobre los misterios del alma. Considere, por ejemplo, el relato de Jesús, de pie en el río Jordán, en espera de ser bautizado para luego iniciar la obra de su vida. Esta escena es la imagen de un momento significativo en cualquier vida: nos encontramos de pie en las poderosas y turbulentas corrientes del tiempo y del destino. La enseñanza católica dice que las aguas del bautismo deben fluir: entre otras cosas, esto representa la corriente de sucesos y de personas en la que encuentra su lugar el individuo. Heráclito usaba el río como una imagen de las corrientes de la vida cuando expresaba lacónicamente: «Todo fluye». De estas fuentes formales aprendemos cómo hemos de entender al alma y tratar con ella en circunstancias especiales, y también cómo comprender imágenes similares cuando se nos aparecen en sueños.

Seamos o no cristianos, cuando leemos el relato de Jesús en el río sentimos el deseo de ser bautizados. El Jordán es el arquetipo de nuestra disposición a vivir plenamente, a tener nuestro trabajo y nuestra misión, y por lo tanto a recibir, tal como nos lo cuenta el Evangelio, la bendición de un padre supremo y de un espíritu protector. Piero della Francesca, el artista del Renacimiento, pintó la escena en el Jordán mostrando a Jesús de pie, en su plena dignidad, mientras en el fondo otro hombre a punto de ser bautizado —cualquiera de nosotros a quien le tocara el turno— está casi despojado de la túnica, levantada por encima de su cabeza, en una postura exquisitamente cotidiana. Es una inspirada imagen de la disposición a aventurarse con valentía en el río de la existencia, en vez de encontrar maneras de mantenerse a salvo, seco e impasible.

También la iconografía y la arquitectura religiosas nos muestran cómo se unen la espiritualidad y el alma. Las grandes catedrales de Europa representan la espiritualidad en sus elevados campanarios y sus alargadas ventanas ojivales.

Los campanarios se desvanecen en el aire, como cohetes que dejaran la Tierra en busca del cosmos. Pero estas atedrales también tienen abundancia de colores y cincelados, esculturas, tumbas, criptas, nichos, capillas, sagrarios, imágenes y santuarios: todos ellos sitios que al alma le gusta frecuentar, lugares de interiorización, reflexión, imaginación, relato y fantasía. Se podría ver en la catedral un lugar de unión del alma y el espíritu, donde ambos tienen igual importancia y mantienen entre sí una relación recíproca que les es inherente.

En la religión actual hay una tendencia a destacar la importancia de la espiritualidad recurriendo a las ciencias sociales, pero se podría encontrar una unión más profunda de la vida cotidiana y la religión formal si se entendiera la religión como una guía para el alma. Si no separásemos la vida individual y social de las ideas espirituales, podríamos encontrar conexiones más íntimas entre lo que se hace en la iglesia y lo que sucede en los lugares más profundos del corazón. Entonces nos daríamos cuenta de que, más que referencias psicológicas y sociológicas, necesitamos rituales celebrados con cuidado y comprensión, relatos sagrados narrados con reverencia y analizados en profundidad, y una orientación espiritual profundamente anclada en las enseñanzas y las imágenes tradicionales.

Ideas con alma

En el primer curso para graduados en psicología que di como profesor, los estudiantes se inquietaron al encontrarse en la lista de lecturas con escritos originales de Freud y Jung, y vinieron a quejárseme de que era una lectura demasiado difícil. Se trataba de estudiantes maduros, que ya estaban trabajando en su campo, y a quienes las obras originales de autores importantes intimidaban. Los habían educado durante años con manuales que sistematizaban y resumían las teorías de los fundadores de la psicología. Pero un manual es una reducción de un pensamiento más sutil a un simple bosquejo. En el proceso de presentar de forma simplificada un pensamiento complejo, lo que se pierde es el alma. La belleza de los escritos de Freud, Jung, Erickson, Klein y otros psicólogos reside en su complejidad, en las contradicciones internas que aparecen de una obra a otra, así como en el carácter tendencioso y las peculiaridades personales que afloran por todas partes en los escritos originales y no aparecen en ningún lado en los manuales. Es imposible hallar autores con más peculiaridades que Freud y Jung, y en el estilo personal de cada uno de ellos se encuentra el alma de su trabajo.

Una vez me pidieron que formara parte de la mesa que debía juzgar el examen oral de una tesis para obtener el doctorado en psicología. Al leer el trabajo me encontré con un párrafo, en la página noventa y cinco, dedicado a la «discusión». Durante el interrogatorio pregunté a la estudiante por qué esa parte de su trabajo era tan breve. El resto de la mesa examinadora me miró con alarma, y después me dijeron que la discusión debía ser así de corta porque no era cuestión de estimular la «especulación». La palabra *especulación* se pronunciaba como si fuera una obscenidad. A cualquier cosa que no estuviera firmemente apoyada en una investigación cuantitativa se la consideraba especulación, y en comparación tenía poco valor. Para mí, en cambio, «especulación» era una buena palabra, una palabra del alma, que viene de *speculum*, espejo, una imagen de reflexión y contemplación. Aquella alumna había llenado el espíritu, por así decirlo, de su tema haciendo un cuidadoso estudio cuantitativo, pero poco había hecho por su alma. Podía recitar los detalles concretos del diseño de su investigación, pero no era capaz de reflexionar sobre los problemas más profundos implícitos en su estudio, aun cuando hubiera dedicado centenares de horas a reunir datos y dar forma a su investigación. Por ello la recompensaban, mientras que consideraban que yo estaba fuera de contacto con la metodología moderna. Ella aprobó, pero yo suspendí.

Con frecuencia, el intelecto exige pruebas de que está pisando terreno sólido. El pensamiento del alma encuentra su base de otra manera. Al alma le gusta la persuasión, el análisis sutil, una lógica interna y la elegancia. Disfruta con ese tipo de análisis que jamás se completa, que concluye con el deseo de seguir hablando o leyendo. Se contenta con la incertidumbre y el asombro, y especialmente en las cuestiones éticas, indaga, cuestiona y sigue reflexionando incluso después de haber tomado decisiones.

γ

Los alquimistas enseñaban que es necesario calentar la espesa materia que yace en el fondo del recipiente con el fin de generar un cierto grado de evaporación, sublimación y condensación. La densa materia de la vida necesita a veces cierta destilación antes de que la imaginación pueda explorarla. Esta clase de sublimación no es la huida defensiva del instinto y el cuerpo para alcanzar la racionalidad. Es una sutil elevación de la experiencia al rango de pensamientos, imágenes, recuerdos y teorías. Finalmente, tras un largo período de incubación, todo ello se condensa en una filosofía de la vida, que es distinta para cada persona. Porque una filosofía de la vida no es simplemente una colección abstracta de pensamientos, sino la madurez de la conversación y de la lectura en forma de ideas que están firmemente unidas a las decisiones y los análisis cotidianos. Estas ideas llegan a formar parte de nuestra identidad, y nos permiten confiar en el trabajo y en las decisiones vitales. Proporcionan una base sólida para que sigamos maravillándonos y explorando, una actitud que, gracias a la religión y a la práctica espiritual, se adentra en los misterios inefables que saturan la experiencia humana.

γ

El alma conoce el carácter relativo de su exigencia de verdad. Está siempre frente a un espejo, siempre de ánimo especulativo y contemplativo, observándose a sí misma mientras descubre el desarrollo de su verdad, a sabiendas de que están siempre en juego la imaginación y la subjetividad. De hecho, la palabra «verdad» no pertenece al vocabulario del alma, que va más bien en busca de la comprensión intuitiva. La verdad es algo que nos detiene reclamando compromiso y defensa. La comprensión intuitiva es un fragmento de conciencia que nos invita a seguir explorando. El intelecto tiende a convertir su verdad en algo sagrado, mientras que el alma abriga la esperanza de que esas comprensiones intuitivas sigan llegándole hasta que pueda alcanzar cierta sabiduría. La sabiduría es el matrimonio entre el anhelo de verdad del intelecto y la aceptación por parte del alma de la naturaleza laberíntica de la condición humana.

No tendremos una espiritualidad llena de alma mientras no empecemos a pensar de la manera como piensa el alma. Si a nuestra búsqueda de un camino o de prácticas espirituales no aportamos más que las formas de pensamiento del intelecto, entonces estaremos sin alma desde el principio. La inclinación en favor de la mente es tan fuerte en la cultura moderna que se necesitará una profunda revolución en nuestra manera de pensar para dar a nuestra vida espiritual la profundidad y la sutileza que son los dones del alma. Por lo tanto, una espiritualidad orientada hacia el alma comienza por una nueva evaluación de sus características: sutileza, complejidad, madurez, mundanidad, inconclusión, ambigüedad y asombro.

En terapia oigo a muchas personas quejarse de que se sienten abrumadas por sentimientos y sucesos demasiado complicados para saber qué hacer, y pienso para mis adentros que si sólo pudieran pasar a través de sus propios valores y llegar a algunas teorías sobre la vida en general —y sobre su propia vida en particular—, esa sensación de estar abrumadas podría atemperarse.

«¿Tendría que hacerme vegetariano? ¿Existen las guerras justas? ¿Me liberaré alguna vez de los prejuicios raciales? ¿Hasta dónde llega mi responsabilidad por el medio ambiente? ¿Qué grado de actividad política debo ejercer?». Este tipo de reflexiones morales da origen a una filosofía de la vida que quizá nunca llegue a tener una claridad y una simplicidad absolutas. Pero estos pensamientos del alma pueden generar una sensibilidad moral profundamente arraigada, diferente de una adhesión no meditada a un conjunto establecido de principios, pero de todas maneras sólida y exigente.

La profundización en la espiritualidad del puer

En mis reflexiones sobre el narcisismo tuve la oportunidad de hablar de la actitud y el punto de vista que la psicología junguiana y arquetípica llama *puer*. El *puer* es el rostro aniñado del alma, cuyo brío queda perfectamente reflejado en la imagen de un niño varón o de un joven. Pero la actitud del *puer* no se limita a los niños o jóvenes reales, ni a ningún grupo de edad, ni siquiera a las personas. Una cosa puede tener carácter de *puer*, como una casa que haya sido construida más bien porque da una imagen narcisista que por su comodidad o sus condiciones prácticas.

Como la actitud del *puer* está tan alejada de las cosas mundanas, no es sorprendente encontrar que prevalece en la religión y en la vida espiritual. Por ejemplo, está la historia de Ícaro, el joven que, al escapar del laberinto, se puso las alas de cera que había fabricado su padre, Dédalo, y después (pese a las advertencias de éste) levantó vuelo acercándose demasiado al Sol hasta caer, trágicamente, a la Tierra.

Una manera de entender este relato es verlo como el *puer* que se pone las alas del espíritu para parecerse a un ave y así escapar del laberinto de la vida. Su fuga es excesiva, ya que excede el alcance del ámbito humano, de modo que el Sol lo envía verticalmente a la muerte. La historia es una imagen de la espiritualidad llevada a la práctica a la manera del *puer*. Cualquiera puede volverse a la religión o a la práctica espiritual como un modo de escapar de las vueltas y los giros de la vida diaria. Sentimos la limitación y la rutina de lo cotidiano y abrigamos la esperanza de encontrar una manera de trascenderlo.

Como he tenido experiencia personal de la vida monástica, sé cuán estimulante puede ser esa sensación de elevarse por encima de la vida ordinaria, con sus sentimientos de pureza y de libertad; hay momentos en que todavía lo añoro. Recuerdo también que cuando decidí abandonar esa vida para ingresar en el mundo por primera vez en muchos años, un amigo que estaba felizmente casado y tenía dos hijos trató de persuadirme de que no lo hiciera. Era obvio que habría querido para sí mismo una parte de ese cielo abierto, algo que le aliviara las limitaciones de la vida de familia, y no podía entender que yo renunciara a aquello.

—Eres completamente libre —me decía—. Nadie depende de ti.

El movimiento vertical de la vida espiritual no es solamente liberador; también es causa de inspiración y, sin duda, de autoengrandecimiento. El sentimiento de superioridad que proporciona da la impresión de que valiera más que las privaciones mundanas que exige. Pero el espíritu del *puer*, tan saturado del deseo de escaparse de la complejidad del laberinto, puede fundirse en el calor de su propia trascendencia. Y entonces es posible que aparezca lo que se podría llamar «neurosis espiritual». He visto jóvenes que en su fervor llevaban demasiado lejos las privaciones, y que sufrían la caída de Ícaro en forma de obsesiones y estados depresivos evidentemente vinculados con sus aspiraciones espirituales. Algunas personas espirituales dejan efectivamente tras de sí toda mundanidad, pero para otras, esa enrarecida atmósfera del espíritu tiene sus peligros. No es fácil que el *puer*, en su afán de volar alto, se mantenga amarrado al alma.

Belerofonte es otro muchacho mítico, que monta a Pegaso, el caballo alado, para escuchar furtivamente las conversaciones de los dioses y las diosas, pero también él se cae. He aquí otro aspecto del *puer* en la religión: el deseo de saber lo que a los seres humanos no les es dado saber. Hoy es bastante común que personas «poseídas por el espíritu» digan que «Dios les dijo lo que tenían que hacer». No lo dicen en el sentido de conversaciones espirituales interiores, ni en el sentido junguiano de una imaginación activa. Quieren decir que Dios las ha escogido —concreta y literalmente— para confiarles ciertos secretos. Cuando oigo este tipo de confesión, percibo el narcisismo que dora los bordes de los mensajes religiosos secretos, y temo la ruptura con la vida terrena que acompaña a este tipo de ascenso. Ciertamente, se gana mucho con las prácticas meditativas, pero hay un punto en que el anhelo es excesivo, y el derrumbamiento resultante puede ser una grave separación de la vida mundana.

Faetón intenta conducir el carro del Sol a través del cielo, pero se desploma sobre la Tierra envuelto en llamas. Acteón, el cazador, mientras anda errabundo por los bosques, ve a Ártemis mientras ésta se baña, y termina transformado en ciervo, y luego perseguido y muerto por sus propios perros.

Quiero evitar cualquier resonancia moralista al presentar las historias de estos míticos jóvenes. No hay por qué hacer una lectura literal del castigo en el mito. La idea es, más bien, que ciertas acciones provocan resultados concretos. En la espiritualidad del *puer* hay karma. El sufrimiento peculiar de cada figura del *puer* no es más que el revés de la trama. Si dejamos vagar la atención, como hizo Acteón, podríamos tener atisbos de visiones sobrecogedoras inaccesibles a la mirada ordinaria, pero no tendremos esa buena suerte sin cambiar. Lo que nos dicen los castigos en estos relatos es que los movimientos del *puer* hacia la divinidad *afectan* al alma. No tiene sentido evitar verse afectado, pero tal vez habría que saber de antemano que por la visión espiritual se paga un precio. Los escritos de los místicos, como Teresa de Ávila, son inflexibles en su insistencia en que en la vida espiritual se ha de contar con la orientación regular de un guía experimentado. En Teresa hay resonancias un poco junguianas cuando advierte a sus hermanas que escuchen con atención el consejo de sus confesores. Si el practicante no quiere verse literalmente transformado en el animal de la deidad a quien adora, como le sucedió a Acteón, tiene que dejar que sus visiones operen dentro de —y sobre— su corazón.

Jesús tiene muchas características del *puer*. «Mi reino no es de este mundo», repite una y otra vez. Es un idealista que predica una doctrina de amor fraternal. También habla de hacer el trabajo de su padre, alimentando su propia imagen de hijo. Tiene una infancia vulnerable, y de manera muy semejante a la de otro joven idealista religioso, Gautama Buda, sufre las tentaciones con que el diablo lo invita a disfrutar del poder y de la riqueza, pero rechaza con facilidad estos reclamos del mundo. Hace milagros que desafían las leyes naturales: el anhelo de todo *puer*. Y, como otro de ellos, Hamlet, lleva la carga del mandato espiritual de su padre. Tiene un aspecto melancólico, que aparece resumido en su agonía en el huerto de los olivos, y al final, como no podía dejar de ser, lo levantan verticalmente, como a las figuras míticas del *puer*, en la cruz, donde se hace patente que ha sido azotado y ha sangrado, los sufrimientos típicos que el *puer* tiene que soportar.

En Jesús —y por extensión, en su religión—, el *puer* se revela en la distancia que mantiene con su propia familia. Cuando le dicen que su madre lo busca, él señala a la multitud, diciendo: «He aquí a mi madre y a mi padre». Sus relaciones con las mujeres no son claras, pero generalmente se lo muestra en compañía de varios hombres... un tema del *puer*. También está en conflicto con las instituciones y los valores establecidos, especialmente con sus mayores, los líderes religiosos y los maestros.

El espíritu del *puer* nos brinda una visión nueva y un necesario idealismo. Sin él, nos quedaríamos con la pesada carga de las estructuras sociales, pensando que eso no es lo adecuado para un mundo que evoluciona rápidamente. Al mismo tiempo, el espíritu del *puer* puede herir al alma. Por ejemplo, al estar tan por encima de la vida normal —no importa si lo elevan caballos, alas o carros—, se considera invencible. Puede ser insensible a los fallos y las debilidades de la vida del común de los mortales. También es difícil que la gente contacte íntimamente con este espíritu del *puer*. Puede ser encantador y atractivo, pero oculta un pesado garrote. En el *puer* hay una vena oculta de sadismo, que uno ni siquiera sospecharía hasta que la siente en carne propia.

En el ascenso también puede haber crueldad. Un hombre me contó una vez un sueño en el que él volaba en un biplano por encima de la granja donde había crecido. Abajo, frente a la casa, podía ver a su familia, que le hacía señas de que bajara, pero él seguía volando en círculos por encima de ellos. Con frecuencia, el espíritu del *puer* se mantiene distanciado del laberinto de la familia. Desde el punto de vista del alma, este sueño muestra una defensa contra ese laberinto y la opción por el puro espíritu —el aire— frente a un descenso que lo acerque al alma de la familia. La familia es desdichada y percibe el rechazo. Este tema tiene resonancias en las familias que tratan de secuestrar y desprogramar a los hijos que se han unido a sectas. Aquí puede estar en juego la pugna arquetípica entre Ícaro y el Minotauro, la bestia devoradora oculta en el corazón de la vida laberíntica y que amenaza al *puer*, y del cual se decía que se alimentaba de hombres y mujeres jóvenes.

En una ocasión di una charla sobre sueños en una iglesia espiritualista, y una mujer de mediana edad que estaba entre el público contó un sueño en el que ella y su familia escalaban una montaña. El camino era difícil y tenían que maniobrar para salvar rocas cortantes y puntiagudas. En la cima, se encontró aferrada a una gruesa cuerda al extremo de la cual se balanceaba su yerno, como si volara, con la ropa hinchada por el aire. Estaba «inflado», dijo la mujer, aunque no parecía captar el matiz psicológico de la palabra que usaba. Sintió miedo de que si soltaba la cuerda él pudiera irse volando hasta desaparecer. En cambio, él le aseguraba que se sentía muy bien y que se estaba divirtiendo muchísimo. Advirtió que la cuerda estaba floja y no parecía correr peligro de romperse.

Me interesó el sueño como imagen de la vida espiritual de la soñante, que en esos momentos estaba realizando un difícil ascenso hacia el espíritu, mientras que al mismo tiempo era una madre plenamente conectada con el mundo por medio de su familia. Al final de su pugna se sentía identificada con la madre que teme por la seguridad del «hijo político» de su propia alma. Tenía miedo de que al dejar en libertad a ese espíritu, se desvaneciera en el aire.

Y llegamos a otra paradoja: a veces, la mejor forma de encontrar la base que uno siente como necesaria para el espíritu sea dejar las riendas totalmente en manos de éste. En el sueño, el yerno no estaba preocupado, pero la soñante sí. Él disfrutaba del hecho de estar «inflado», pero a ella le daba miedo. La soñante estaba dispuesta a trepar por una difícil senda rocosa para llegar al espíritu, pero no confiaba en la capacidad de ascensión de su propio espíritu. Es probable que en algún momento esta mujer tenga que hacer algo aún más difícil que todos sus esfuerzos por meditar, estudiar y llevar una vida ascética. Quizá tenga que soltar la cuerda y dejar que el espíritu encuentre su altura. Esta mujer creía en la Tierra y era capaz de enfrentarse con sus exigencias, pero tenía miedo de las alturas a las que podía elevarse su espíritu.

Aquí tenemos una variación imprevista de nuestro tema: uno siente una amenaza para el alma en un espíritu que se fuga, pero lo que puede provocar verdadero daño es el hecho de aferrarse con temor a un espíritu que se eleva y lastrarlo excesivamente con un pesado sentimiento de responsabilidad terrena. En el sueño, la cuerda estaba floja: el joven disfrutaba de un cierto nivel de vuelo; no se esforzaba por subir más. La soñante hacía una lectura equivocada de la situación y, como resultado de ello, se encontraba presa de una angustia innecesaria. El sueño apoya mi impresión de que somos gente temerosa de las alturas a donde nos podría llevar el espíritu, y por eso nos orientamos hacia formas de religión que atemperan y contienen ese espíritu que potencialmente es capaz de transformar nuestra vida. Si vamos a la iglesia es tanto para dominar a ese espíritu como para reconocerlo. Parte de la preparación para el matrimonio del alma con el espíritu es dejar que éste vuele para que encuentre los placeres que transmite el aire.

Según el Maestro Eckhart: «Mientras desees cumplir la voluntad de Dios y tengas algún anhelo de eternidad y de Dios, no eres verdaderamente pobre». La mujer no podía soltar al ángel que se le aparecía con el aspecto de su yerno. Ella había conseguido llegar a la cima de la montaña. Evidentemente, en su espiritualidad había alcanzado algunos logros auténticos, pero todavía no podía penetrar en el misterio de la pobreza espiritual, de la renuncia al miedo, al deseo y al esfuerzo. El hombre tiene los pantalones llenos de espíritu; lo mantienen a flote, con una flotabilidad modesta, de dimensiones humanas. No está en un cohete espacial; es como un joven payaso, espiritual como un osado ángel.

Cuando no lo reconocemos en su esfera, el espíritu se ahoga en las formas sintomáticas de los cultos y el charlatanismo. Para resolver el problema del *puer* sintomático, no es necesario volverse a su opuesto, el *senex*, el «viejo». Lo que podemos hacer es tomar en serio al *puer*, prestarle atención, dejar que se incline hacia la Tierra concediéndole validez e importancia. Nuestra soñante tiene una auténtica hambre de espíritu, y su intento de mantenerlo anclado en tierra es evidentemente defensivo y temeroso. Tendemos a pensar que tenemos que esforzarnos por mantener al espíritu dentro de los límites de la razón, pero, como demuestra el sueño, el espíritu es capaz de encontrar su propia altura, y tiene su propio e inherente principio de limitación.

La fe

La fe es un don del espíritu que permite que el alma se mantenga unida a su propio despliegue. Cuando la fe está llena de alma, está siempre plantada en el terreno del asombro y el cuestionamiento. No es una forma defensiva y ansiosa de aferrarse a ciertos objetos, porque la duda —como su sombra— puede ser incorporada a una fe plenamente madura.

Imagínese una confianza en sí mismo, en otra persona o en la vida, que no necesita demostraciones ni pruebas, que es capaz de contener en sí la incertidumbre. A veces la gente deposita su confianza en un líder espiritual y se siente terriblemente traicionada si esa persona no llega después a estar a la altura de sus ideales. Pero la verdadera fe sería decidirse a confiar en alguien a sabiendas de que la traición es inevitable, porque nunca hay vida ni personalidad sin sombra. La vulnerabilidad que exige la fe podría entonces encontrar su parangón en una confianza igual en uno mismo, en el sentimiento de que se puede sobrevivir al dolor de la traición.

En la fe del alma hay siempre por lo menos dos figuras, el «creyente» y el «incrédulo». Los cuestionamientos, los alejamientos temporales del compromiso, el constante cambio en la manera de entender la propia fe, son cosas que al intelecto pueden parecerle debilidades, pero para el alma son la sombra, necesaria y creativa, que de hecho fortalece la fe al completarla y liberarla de su perfeccionismo. Tanto el ángel de la fe como el diablo de la duda desempeñan papeles constructivos en una fe cabal y completa. La tercera parte de la trinidad es la vida en la carne, vivida con profunda confianza.

Si no dejamos cierto margen de incertidumbre al practicar nuestra fe, caemos víctimas de excesos neuróticos: quizá nos sintamos superiores, o con derecho a censurar a quienes nos han traicionado, o adoptemos una postura de cinismo ante la posibilidad de confiar. Al no reconocer la infidelidad, la encontramos escindida de nosotros mismos y encarnada en los demás. «En esta gente no se puede confiar». «La persona en quien deposité mi fe es despreciable, completamente indigna de confianza». Al vivir solamente el lado positivo de la fe, el otro lado crea una machacona sospecha paranoide de los demás, y de los cambios que trae consigo la vida.

Además, si no reconocemos lo que hay de sombra en la fe, tendemos a adornar con tintes románticos nuestras creencias y a mantenerlas en la fantasía, alejadas de la vida. Jung cuenta un sueño de uno de sus pacientes, un teólogo. El soñante se acerca a un lago que siempre había evitado. Mientras se aproxima a él, se levanta un viento que mueve y hace ondular las aguas; se despierta aterrorizado. Cuando le contó el sueño, Jung le recordó el estanque de Betesda, en el Evangelio, que tras ser agitado por un ángel se convirtió en un agua sanadora. Pero el paciente se resistía a responder. No le gustaba aquella agitación y no veía conexión alguna entre la teología y la vida. Jung comenta que su paciente, con toda su erudición, no podía ver la importancia de la vida simbólica de sus sueños para los anhelos de su alma. Tal como lo expresa Jung, tenía la actitud de que «está muy bien hablar a veces del Espíritu Santo, pero eso no es un fenómeno que se haya de experimentar». Podemos pasarnos la vida verbalizando nuestra fe, pero no será plena si no hay una respuesta. (Dicho sea de paso, la palabra *respuesta* se relaciona con un término griego que significa «ofrecer una libación a los dioses»). Responder confiadamente a los retos de la vida y a la agitación de las aguas del alma es llevar la fe a su plenitud.

Podemos conservar la fe dentro de una burbuja de creencia de modo que no parezca tener relación alguna con el vivir cotidiano. He trabajado con varias personas que son muy devotas de su religión y se enorgullecen de su fe. Pero no tienen confianza en sí mismas, y no se entregan confiadamente a la vida. En realidad, usan su fe como un sistema para mantener a raya la vida. Su creencia en la religión es absoluta, es su vida entera; pero cuando se les pide que confíen en una persona o en una situación nueva en su vida, corren a esconderse. Una creencia puede ser fija e inmutable, pero la fe es casi siempre una respuesta a la presencia del ángel que agita las aguas. O podría ser el ángel que se le aparece a la Virgen María exigiéndole una fe absurda en su mensaje: que ella está encinta de un niño divino.

—*Fiat mihi* —le responde ella—. Que me suceda lo que dices aunque yo no lo entienda.

Ese ángel, Gabriel, se aparece con más frecuencia de lo que podríamos pensar, diciéndonos que llevamos dentro una nueva forma de vida que debemos aceptar y en la que debemos confiar.

Una prima mía me confió una vez la historia de su intenso conflicto de fe. Tras un temprano florecimiento de su espiritualidad, había entrado joven en un convento, donde se pasó años viviendo con entusiasmo aquella vida. Con un idealismo sin límites y una infatigable curiosidad intelectual, estudió la vida religiosa y buscó siempre maneras de intensificarla y ponerla al día. Pero tenía también un aspecto práctico y sensato que atemperaba su dulzura. Cada vez que hablaba de teología, meditación o educación se reía de buena gana, como un maestro espiritual que siempre percibe las ironías y los absurdos de esta vida.

Esa curiosa mezcla de elevada espiritualidad y espíritu práctico se mostraba igualmente en dos pasiones que tenía. Pasó muchos veranos estudiando para obtener títulos en ciencias, y después enseñaba estas asignaturas en algunas de las escuelas secundarias que tenía su orden. Pero también estudió budismo zen y prácticas orientales de meditación en una época en que todavía se miraba con malos ojos el ecumenismo. Cualquier cosa que hiciera o de la que hablara aquella mujer, expresaba una extraordinaria pureza de intenciones y un compromiso sin límites.

Un día descubrió que tenía una enfermedad rara, dolorosa y fatal. Poco a poco tuvo que ir abandonando la enseñanza para dedicar más tiempo al cuidado de su cuerpo. Durante varios años sufrió un intenso dolor físico y una gran incomodidad, y se pasaba la vida yendo de un médico a otro para obtener algo más de información sobre su extraña dolencia. Hubo un momento, me dijo, en que probablemente llegó a saber más de su enfermedad que ningún médico del país. Como era característico de ella, se ocupó lo mejor que pudo de su propia vida. Estudió su enfermedad y organizó un programa de cuidados que podía realizar ella misma.

Entonces, en medio de su enfermedad, el dolor y la desorganización de su vida se cobraron el precio más alto, la pérdida de la fe. Se trataba de una persona que se había pasado la vida entera cultivando su espiritualidad y entregándose por completo a su religión. Me contó que durante una de sus hospitalizaciones había llegado a sentirse profundamente deprimida. Todo aquello en que había creído se le precipitaba en la profundidad de un oscuro agujero, y sentía que todos sus esfuerzos anteriores por llevar una vida de sinceridad basada en sus principios habían sido en vano. Recurrió a un sacerdote, pero, con gran sorpresa suya, cuando le habló de su pérdida de fe, él huyó precipitadamente de su habitación. Mi prima me contó que se le quedó grabada durante mucho tiempo la imagen negra de su espalda mientras abría presurosamente la puerta para escapar de las dudas y la depresión de ella.

Entonces no le quedó otra opción que sumirse en la oscuridad de su sentimiento. En todo el curso de sus estudios y de su formación espiritual jamás se le había ocurrido que pudiera tener semejante crisis de fe. Había esperado un ascenso continuo en entendimiento y en técnica, quizá con algunos problemas, pequeños y superables. Pero el destino la llevó en otra dirección, hacia un lugar vacío de espíritu y dominado por una absoluta desesperanza.

Se sintió conducida a las profundidades de sí misma, hasta el borde mismo de la persona que ella sabía que era, vacía de toda aspiración espiritual y de toda satisfacción por lo que había logrado. No tenía guías, ni pista alguna que le indicara a dónde ir. No había una vida que la esperase ni un ser humano con quien hablar. Había leído algo del concepto oriental de vacío, pero no sabía que aquello pudiera ser tan árido.

Finalmente, me dijo, descubrió una nueva clase de fe que surgía directamente de sus pensamientos y sentimientos depresivos. La sorprendió sentir que aquello se agitaba en un pozo tan hondo y vacío. No sabía qué pensar de ello, porque era muy diferente del tipo de fe que había estado estudiando y cultivando durante toda su vida. Era algo inseparable de su enfermedad y su incapacidad. Sin embargo, con aquella nueva forma de espiritualidad descubrió una profunda paz. Ya no necesitaba el consuelo del capellán del hospital ni de nadie más. Decía que le resultaba difícil describir esa nueva confianza que sentía, porque era muy diferente de la fe que había cultivado en sus prácticas espirituales anteriores. Había más individualidad en su nueva fe; estaba más vinculada de lo que era posible imaginarse con su propia identidad y con su enfermedad. De la única manera que podía —sola—, había encontrado finalmente lo que necesitaba. No mucho después de haberme contado este episodio de su pérdida y posterior recuperación de la fe, murió pacíficamente.

Hay una economía del alma, en virtud de la cual penetrar en nuevas áreas de pensamiento, emoción y relación exige un alto precio. Los sueños enseñan esta lección con las imágenes del dinero. Al soñante le dicen que se registre los bolsillos para pagar al conductor del tren, al ladrón o a la dueña de la tienda. En la mitología, al que viaja hasta las puertas del mundo subterráneo le aconsejan que lleve algo de cambio para pagar el precio del pasaje. Mi prima tuvo que pagar un alto precio al barquero cuando se acercaba al río del olvido. Tuvo que renunciar a certidumbres que tenía desde hacía mucho tiempo y al gozo de su vida espiritual. Su fe anterior tuvo que vaciarse para poder ser luego renovada y completada.

En el sufrimiento y las pérdidas del ser humano hay un misterio semejante al de Job, que la razón es incapaz de comprender. Sólo se lo puede vivir en la fe. El sufrimiento nos llama la atención sobre lugares de los que normalmente no haríamos caso. La atención de la monja se había centrado durante mucho tiempo en su práctica espiritual, pero después se vio obligada a fijarse en su propio corazón, sin ninguna muleta ni lente espiritual. Tuvo que aprender que la fe no proviene exclusivamente de la vida espiritual y de las revelaciones supremas; sube también como una emanación de las profundidades, una realidad severamente impersonal proveniente del más personal de los lugares. Aprendió, creo, la lección que enseñan muchos místicos: que esta dimensión necesaria de la fe se genera en el desconocimiento. Nicolás de Cusa decía que tenemos que ser educados en nuestra ignorancia porque, si no, la presencia plena de lo divino no podrá manifestarse. Hemos de llegar a ese difícil punto donde no sabemos lo que está pasando ni lo que podemos hacer. Ese punto, justamente, es una apertura hacia la auténtica fe.

La unión divina

En medio de la lucha cotidiana conservamos la esperanza de la iluminación y de alguna forma de liberación. En nuestras plegarias y meditaciones, abrigamos la esperanza de una vida plenamente realizada. Jung enseñó siempre que el *anima* y el *animus* pueden celebrar un enlace místico, el *hieros gamos*, una unión divina. Pero no es un matrimonio fácil de realizar. El espíritu tiende a dispararse por su cuenta, en forma de ambición, fanatismo, fundamentalismo y perfeccionismo. El alma se atasca en estados de ánimo viciados, relaciones imposibles y preocupaciones obsesivas. Para que el matrimonio se produzca, cada uno tiene que aprender a apreciar al otro y a permitir que le afecte: los elevados objetivos del espíritu han de dejarse atemperar por las humildes limitaciones del alma, y la inconciencia de ésta debe dejar que la agiten las ideas y la imaginación.

El movimiento hacia esta unión es algo que hay que intentar, trabajar y recorrer. Esta es la idea de la «formación del alma» que describió Keats y que Hillman recomienda. Formar el alma es un viaje que requiere tiempo, esfuerzo, habilidad, conocimiento, intuición y coraje. Es útil saber que todo trabajo con el alma es proceso, es decir, alquimia, peregrinaje y aventura, de modo que no esperemos un éxito instantáneo, ni siquiera finalidad de ninguna clase. Todos los objetivos y todos los finales son producto de la invención, importantes en cuanto son imaginados, pero jamás se los realiza literalmente.

En la literatura espiritual se presenta a menudo el camino hacia Dios o hacia la perfección como un ascenso. Se lo puede realizar en etapas, pero el objetivo es manifiesto, la dirección está establecida y el camino es directo. Las imágenes de la senda del alma son, como hemos visto, muy diferentes. Puede ser un laberinto lleno de callejones sin salida con un monstruo al final, o una odisea, en la cual el objetivo está claro pero el camino es mucho más largo y retorcido de lo que se esperaba. A Ulises se lo llama *polytropos*, un hombre de muchas vueltas, una palabra adecuada para describir la senda del alma. Deméter debe buscar a su hija por todas partes y finalmente descender al mundo subterráneo antes de que la Tierra pueda volver a la vida. Y está también la extraña senda de Tristán, que viaja por el mar sin remo ni timón, abriéndose camino con la música de su arpa.

Texturas, lugares y personalidades son importantes en la senda del alma, que se asemeja más a una iniciación en la multiplicidad de la vida que a un resuelto asalto a la iluminación. A medida que el alma va haciendo su incierto camino, demorada por obstáculos y distraída por toda clase de hechizos, la falta de un objetivo concreto no queda superada. Es probable que haya que dejar de lado el deseo de progresar. En su poema «Endymion», Keats describe exactamente esta senda del alma:

> Pero esto es la vida humana: la guerra, las proezas,
> la desilusión, la angustia,
> las pugnas de la imaginación, lejos y cerca,
> humanas todas; portadoras de este bien
> de seguir siendo ellas el aire, el alimento sutil
> que nos hace sentir la existencia.

Esta es la «meta» de la senda del alma, *sentir la existencia;* no superar las pugnas ni las angustias de la vida, sino conocer la vida de primera mano, existir plenamente en el contexto. Se describe a veces la práctica espiritual como caminar siguiendo las huellas de otro: Jesús es el camino, la verdad y la vida; la vida del *bodhisattva* es el modelo del camino. Pero en la odisea del alma, o en su laberinto, lo que se siente es que ese es un camino que jamás nadie ha recorrido. Es frecuente que los pacientes en terapia pregunten: «¿Conoce a alguien que también haya tenido esta experiencia?». Sería un alivio saber que los callejones sin salida de este sendero del alma les son familiares a otros. «¿Cree usted que voy por buen camino?», preguntará otro paciente.

Pero lo único que hemos de hacer es estar donde estamos en ese momento, a veces mirando en torno nuestro a plena luz de la conciencia, otras veces cómodamente instalados en las profundas sombras del misterio y de lo ignoto.

Ulises sabe que quiere llegar a casa, y sin embargo se pasa años en el lecho de Circe, cultivando su alma, en la isla circular donde todos los caminos giran en redondo.

Probablemente no sea del todo correcto hablar de la *senda* del alma. Es más bien un vagabundeo serpenteante. La senda del alma está tan marcada por tendencias neuróticas como por grandes ideales, por la ignorancia como por el conocimiento, y por la vida cotidiana encarnada como por los planos más elevados de la conciencia. Por lo tanto, cuando uno llama a un amigo para hablar de la última complicación con que se ha encontrado en su vida, está cumpliendo otro giro en su senda «politrópica». El alma crece y se vuelve más profunda gracias a la vivencia de las complicaciones y los abismos, como le sucedió a mi prima cuando recuperó la fe durante su trágica enfermedad. Para el alma, este es el «sendero negativo» de los místicos, una apertura hacia la divinidad que sólo se hace posible si se renuncia a ir en pos de la perfección.

Otra descripción de la senda del alma se puede hallar en el concepto junguiano de individuación. He oído a personas familiarizadas con los escritos de Jung que se preguntaban las unas a las otras: «¿Estás individuada?», como si la individuación fuera algún pináculo del logro terapéutico. Pero la individuación no es una meta ni un destino; es un proceso. Como esencia de la individuación, yo insistiría en el sentimiento de ser un individuo único que está activamente comprometido en el trabajo del alma. Todos mis dones, carencias y esfuerzos se funden y se coagulan —por decirlo en lenguaje alquímico— en este individuo singular que soy. Nicolás de Cusa escribió a un hombre que se llamaba Giuliano: «Todas las cosas se Giulianizan en ti». El individuo que trabaja seriamente en el proceso de hacer su alma se va convirtiendo en un microcosmos, un «mundo humano». Cuando damos cabida en nosotros a las grandes posibilidades de la vida y las abrazamos, es cuando somos más individuales. Esta es la paradoja que de tantas maneras describió el Cusano. En el transcurso de una vida, ya sea ésta larga o corta, la humanidad cósmica y el ideal espiritual se revelan en la humana carne, en diversos grados de imperfección. La Divinidad —el cuerpo de Cristo, la naturaleza de Buda— se encarna en nosotros, en toda nuestra complejidad y toda nuestra locura. Cuando lo divino resplandece a través de la vida ordinaria, bien puede aparecer como locura, y nosotros como los bufones de Dios.

La mejor definición de la individuación que conozco es un inspirado párrafo de James Hillman, en su libro *Myth of Analysis*:

> El Hombre Transparente, a quien se ve y a través de quien se ve, el loco, a quien no le queda nada que esconder, se ha vuelto transparente gracias a la aceptación de sí mismo; su alma es amada, totalmente revelada, totalmente existencial; él es sólo lo que es, liberado de ocultamientos paranoides, del conocimiento de sus secretos y de su conocimiento secreto; su transparencia sirve como un prisma para el mundo y lo que no es mundo. Porque conocerte reflexivamente a ti mismo es imposible; sólo la última reflexión de una nota necrológica puede decir la verdad, y sólo Dios sabe nuestro verdadero nombre.

La senda del alma es también la senda del loco, el que no tiene pretensiones de conocimiento de sí mismo ni de individuación ni, ciertamente, de perfección. Si algo hemos logrado en esta senda, es el desconocimiento absoluto al que se refieren el Cusano y otros místicos, o la «capacidad negativa» de John Keats, «ser en las incertidumbres, los misterios, las dudas, sin ninguna irritable búsqueda de hechos y razones».

Cuando nos volvemos transparentes, revelados exactamente tal como somos, y no como deseamos ser, entonces el misterio de la vida humana en su totalidad resplandece momentáneamente en un relámpago de encarnación. La espiritualidad emana de lo cotidiano de esta vida humana que se vuelve transparente gracias a haber atendido a su naturaleza y a su destino durante todo el tiempo que le fue concedido.

La senda del alma no permitirá sin desafortunadas consecuencias el ocultamiento de la sombra. No se llega al objetivo de la piedra filosofal —el lapislázuli en el centro del corazón— sin dejar en el combate toda pasión humana. Se necesita, desde el punto de vista alquímico, mucho material para producir el refinamiento final del tesoro áureo o de la cola del pavo real, otras imágenes del objetivo. Pero si alguien puede tolerar el peso total de la posibilidad humana como materia prima para una vida alquímica y llena de alma, entonces es probable que al final del sendero tenga dentro de sí una visión del lapislázuli y perciba cómo los ídolos de piedra de la isla de Pascua se yerguen noblemente dentro de su alma, y el dolmen de Stonehenge marca eternidades de tiempo en el lapso de su propia vida. Entonces su alma, valerosamente cuidada, será tan sólida, madura y misteriosa, que de su propio ser emanará la divinidad. Tendrá el resplandor espiritual del loco sagrado que ha osado vivir la vida tal como se le presentaba y desplegar la personalidad con su pesada, pero asimismo creativa, dosis de imperfección.

Hacia el final de *Recuerdos, sueños y pensamientos,* Jung escribe: «El desafiado es el hombre entero, que entra en la pugna con toda su realidad. Sólo entonces puede llegar a estar entero, y sólo entonces puede nacer Dios».[11]

La vida espiritual no avanza verdaderamente si estamos separados del alma o de la intimidad de ésta con la vida. Dios, igual que el hombre, se realiza cuando se humilla para asumir la carne humana. La doctrina teológica de la encarnación sugiere que Dios valida la imperfección humana como algo que tiene una validez y un valor misteriosos. Nuestras depresiones, nuestro narcisismo, nuestros celos y fracasos no están reñidos con la vida espiritual. Es más, son esenciales para ella. Cuando se los atiende, estos estados anímicos impiden que el espíritu se lance hacia la capa de ozono del perfeccionismo y del orgullo espiritual. Y, lo que es más importante, proporcionan sus propias simientes de sensibilidad espiritual, que complementan a las que caen de las estrellas. El matrimonio final del espíritu y el alma, *animus* y *anima,* es el enlace del cielo y la Tierra, nuestros más elevados ideales y aspiraciones unidos a nuestros síntomas y males más terrenos.

IV

EL CUIDADO DEL ALMA DEL MUNDO

La Humildad en el artista es su franca aceptación
de todas las experiencias, así como el Amor en el artista
es simplemente ese sentimiento de la belleza
que revela al mundo su cuerpo y su alma.

OSCAR WILDE

12

La belleza y la reanimación de las cosas

Recientemente, mientras asistía a una misa católica, me sorprendió la traducción de una antigua plegaria que yo conocía bien de tiempo atrás, cuando la misa se oficiaba en latín. Su traducción exacta del latín es: «Señor, di sólo una palabra, y mi alma será sanada». La versión que escuché decía: «Señor, di sólo una palabra y yo seré sanado». La diferencia es pequeña, pero muy reveladora: ya no hacemos distinción alguna entre el alma y uno mismo. Podría ser tentador colocar el concepto del cuidado del alma en la categoría del desarrollo personal, que tiene mucho más de proyecto del ego que de cuidado del alma. Pero el alma no es el ego. Es la profundidad infinita de una persona y de una sociedad, y abarca todos los múltiples aspectos misteriosos que, juntos, configuran nuestra identidad.

El alma existe más allá de nuestras circunstancias y concepciones personales. Los magos del Renacimiento entendían que nuestra alma, el misterio que atisbamos cuando miramos profundamente en nuestro interior, forma parte de un alma mayor, el alma del mundo, *anima mundi*, que influye en cada cosa individual, tanto si es natural como si la ha hecho el hombre. Usted tiene alma, el árbol que está frente a su casa tiene alma, pero también la tiene el coche aparcado bajo el árbol.

A la persona moderna que quizá piense en la psique como en un aparato químico, en el cuerpo como en una máquina, y en el mundo de lo manufacturado como una maravilla del poder intelectual y la tecnología del hombre, la idea de un *anima mundi* puede parecerle ciertamente extraña. Lo mejor que pueden hacer ciertas formas de psicología con nuestra ocasional sensación intuitiva de que todas las cosas están vivas es explicar el fenómeno como una proyección, la atribución inconsciente de la fantasía humana a un objeto «inanimado». «Inanimado» significa «sin *anima;* bajo este punto de vista, no hay *anima mundi*.

El problema de la explicación moderna de que proyectamos la vida y la personalidad en las cosas es que nos instala profundamente en el ego: «Toda vida y todo carácter provienen de mí, de la forma en que yo entiendo e imagino la experiencia». Es una visión muy diferente de dejar que las cosas mismas tengan vitalidad y personalidad.

En este sentido, el cuidado del alma es un paso que se da fuera del paradigma del modernismo, y al darlo nos adentramos en algo totalmente diferente. Mi propia posición cambia cuando concedo que el mundo tiene alma. Entonces, como las cosas del mundo se me presentan vívidamente, las observo y las escucho. Las respeto porque no soy yo quien las crea ni las controla. Tienen tanta personalidad e independencia como yo.

James Hillman y Robert Sardello, que en nuestra propia época han escrito extensamente sobre el alma del mundo, explican que los objetos no se expresan en el lenguaje, sino en su notable individualidad. Un animal revela su alma en su llamativa apariencia, sus hábitos de vida y su estilo. De modo similar, las cosas de la naturaleza se muestran con una particularidad extraordinaria. El poder y la belleza de un río le dan una imponente presencia. Un edificio que nos impresiona se yergue ante nosotros como una individualidad tan llena de alma como la nuestra.

Todos sabemos que las cosas de la naturaleza nos afectan profundamente. Una colina o una montaña pueden constituir un profundo foco emocional para la vida de una persona, de una familia o de una comunidad. Cuando mis bisabuelos se establecieron en el campo, al norte de Nueva York, tras haber emigrado de Irlanda, instalaron una granja, pequeña y próspera. Allí criaban muchas clases de animales, cultivaban campos que daban diversas cosechas y plantaron y cuidaron con esmero un huerto. La casa que construyeron era grata de mirar desde fuera, e interiormente estaba llena de cuadros y fotografías antiguas. Contra la pared de un saloncito había un piano, y la cocina era el principal centro social. Delante de la casa había dos magníficos castaños que daban sombra a la familia y a las muchas personas que durante cincuenta años visitaron la granja.

No hace mucho, en compañía de algunos primos, fui de visita a la antigua granja, ahora propiedad de un hombre a quien sólo le interesan los terrenos para la caza. El granero se había desmoronado y estaba completamente oculto por malezas; ni la casa se veía ya entre los pastos que habían crecido a su alrededor. Pero una parte del huerto seguía siendo visible, y los castaños no habían perdido hermosura ni nobleza. Mis primos y yo hablamos de aquellos árboles y de algunas personas que se habían sentado a su sombra en los calurosos días de verano, y evocamos innumerables historias del pasado. Yo recordé a un tío que había hecho un corte en diagonal en una ramita del castaño para mostrarme las marcas, parecidas a los clavos de una herradura, en la sección transversal, y que, según su explicación, daban su nombre a aquella variedad de castaño.

Si alguna vez, con la idea de ensanchar el camino o de construir una casa nueva, alguien llegara a talar esos castaños, eso sería una dolorosa pérdida para mí y muchos miembros de mi familia, no sólo porque los árboles son símbolos de tiempos pasados, sino porque son seres vivos llenos de belleza y rodeados por una impresionante aura de recuerdo. En un sentido muy real, forman parte de la familia, están ligados a nosotros como individuos de otra especie pero no de otra comunidad.

También las cosas que fabricamos o construimos tienen alma, y podemos apegarnos a ellas y encontrarles significado, además de valores hondamente sentidos y de cálidos recuerdos. Un vecino me contó que quería mudarse a otro pueblo, pero que sus hijos amaban tanto la casa que no querían oír hablar de la mudanza. Todos tenemos estos sentimientos de apego hacia las cosas, pero tendemos a no tomárnoslos en serio y no dejamos que se conviertan en parte de nuestra visión del mundo. ¿Qué pasaría si nos tomáramos más en serio esa capacidad de las cosas para estar cerca de nosotros, para revelarnos su belleza y expresar su subjetividad? El resultado sería una ecología del alma, una responsabilidad por las cosas del mundo, basada en el aprecio y en la relación con ellas, y no en principios abstractos. Si tuviéramos una relación sentimental con nuestro entorno, no podríamos contaminarlo ni seguir perpetuando la fealdad. No podríamos dejar que una hermosa bahía se convirtiera en la cloaca de puertos y fábricas, porque el corazón se nos rebelaría ante semejante violación del alma. Sólo podemos maltratar aquellas cosas en cuya alma no creemos.

El apego a que me estoy refiriendo no es sentimentalismo ni idealización de las cosas; es, más bien, un sentimiento de vida comunitaria que se extiende a los objetos. Cuando el apego es superficial, la actitud de sentimentalismo con respecto a la naturaleza puede, en realidad, favorecer el abuso del medio ambiente. También parece posible amar intelectualmente la tierra sin sentir la relación emocional; una verdadera relación con la naturaleza tiene que ser cultivada dedicándole tiempo, observándola y manteniéndose abierto a sus enseñanzas. Cualquier relación auténtica exige tiempo, una cierta vulnerabilidad y una actitud abierta al afecto y al cambio.

Una profunda sensibilidad ecológica sólo puede provenir de la profundidad del alma, que se nutre de la comunidad, de la certidumbre de no estar aislada del corazón y de su relación con los detalles. Es una idea simple: si no amamos las cosas en particular, tampoco podemos amar el mundo, porque éste sólo existe en las cosas individuales. Al hablar de *anima mundi* nos referimos al alma que hay en cada cosa, y por lo tanto la psicología, como disciplina del alma, se ocupa propiamente de las cosas. En última instancia, pues, los dominios de la psicología y los de la ecología se superponen, porque cuidar del mundo es una forma de cuidar del alma, que reside tanto en la naturaleza como en los seres humanos.

Volvamos a la palabra *ecología*. Como ya hemos visto, *oikos* significa «hogar». Desde el punto de vista del alma, la ecología no es la ciencia de la Tierra, sino la ciencia del *hogar*, tiene que ver con el cultivo de un sentimiento de lo hogareño allí donde estemos, en cualquier contexto. Las cosas del mundo forman parte de nuestro entorno hogareño, de modo que una ecología llena de alma nace del sentimiento de que este mundo es nuestro hogar y de que nuestra responsabilidad hacia él no proviene de la obligación ni de la lógica, sino de un verdadero afecto.

Si no nos sentimos conectados con las cosas, nos insensibilizamos para el mundo y perdemos un hogar y una familia importantes. Los seres sin hogar que vemos en las calles de nuestras ciudades son un reflejo de una carencia de hogar más profunda, la que sentimos en el corazón. La gente sin hogar encarna una privación de alma que todos nosotros experimentamos en la medida en que vivimos en un mundo inanimado, sin tener el sentimiento de un alma del mundo que nos relacione con las cosas. Suponemos que nuestra soledad tiene que ver con las demás personas, pero también proviene de nuestro distanciamiento de un mundo que nosotros mismos hemos despersonalizado con nuestra manera de ser y de pensar. Suponemos que esta carencia de hogar tiene que ver con la economía, cuando es más bien el reflejo de la sociedad y la cultura que nos hemos fabricado.

γ

Entonces, el cuidado de nuestra casa, por más humilde que sea, es también cuidado del alma. No importa que tengamos poco dinero; siempre podemos estar atentos a la importancia de la belleza en nuestro hogar. No importa dónde vivamos; vivimos en un vecindario y podemos cultivar esta parcela, mayor que nuestra casa, como nuestro hogar, como un lugar que está integralmente vinculado con el estado de nuestro corazón.

Cada hogar es un microcosmos, el «mundo» arquetípico encarnado en una casa, una parcela de tierra o un apartamento. Muchas tradiciones reconocen la naturaleza arquetípica de una casa con alguna forma de ornamento cósmico:

un Sol y una Luna, una franja de estrellas, una cúpula que evidentemente refleja la bóveda celeste. En su arquitectura y su ornamentación, el teatro El Globo de Shakespeare representaba el planeta en miniatura. Cada uno de nosotros vive en El Globo de su propio hogar; lo que allí nos sucede, pasa en la totalidad de nuestro mundo.

Marsilio Ficino recomendaba a todo el mundo que tuviera en casa imágenes que le recordaran su relación con el cosmos. Sugería, por ejemplo, que se colocara un modelo del universo o una imagen astrológica en el techo del dormitorio. Y no hace mucho tiempo, todavía se tallaban Lunas en el interior de los anexos de las casas. Pero ahora rara vez se ve como motivo arquitectónico una imagen cósmica, excepto quizá para un techo en punta, que —si no justificáramos la geometría de nuestros techos como una solución para problemas de desagüe— podría funcionar para nosotros como una aguja que apunta a los cielos.

Los indios zuni de Nuevo México expresan la idea del hogar cósmico en su mitología. En su relato de la creación, el emplazamiento de su aldea lo establece un insecto que en el mito se estira a través de todo el continente, mientras su corazón descansa en Zuni. Todos podríamos contar un mito similar de nuestro propio hogar, de la forma en que se corresponde con el latido animal de nuestro corazón. Cuando los zuni cantan canciones sobre este «Lugar del Medio», reconocen el misterio de que un verdadero hogar está siempre, simultáneamente, en un lugar determinado y en el mundo entero. «Cuando llueve en Zuni —cantan—, llueve sobre la Tierra entera». Esta concepción tan profunda de nuestro hogar y nuestro entorno es la base de una ecología auténtica y llena de alma. Siempre que intervenga el corazón, al lugar no le faltarán cuidados.

La psicopatología de las cosas

Si las cosas tienen alma, entonces también pueden sufrir y volverse neuróticas, porque esta es la naturaleza del alma. El cuidado del alma supone, entonces, fijarse dónde y cómo están sufriendo las cosas, advertir sus neurosis y cuidarlas para que recuperen la salud. Robert Sardello sugiere que un edificio debería tener un terapeuta fijo para cuidarlo cuando esté sufriendo. Y no habla de cuidar a los residentes humanos, sino al edificio. Su sugerencia implica que generalmente no nos preocupamos por el estado de las cosas, y que en la sociedad toleramos mucho más descuido y fealdad de lo que deberíamos admitir. Parece que no nos diéramos cuenta de hasta qué punto nuestro sufrimiento refleja las enfermedades de nuestras cosas.

En el concepto del *anima mundi* no hay separación entre nuestra alma y la del mundo. Si el mundo está neurótico, nosotros formaremos parte de ese trastorno. Quizá estemos deprimidos porque vivimos o trabajamos en un edificio deprimido. Hay ilustraciones antiguas, como las del mago del siglo XVII Robert Fludd, que muestran a Dios afinando el gran instrumento musical de la creación. En las cuerdas de esa enorme guitarra del mundo hay ángeles, seres humanos y cosas. Todos vibramos por simpatía: como las diferentes octavas del mismo tono, nuestros corazones humanos laten al mismo ritmo que los mundos material y espiritual. Participamos del destino y las circunstancias de nuestros objetos, tal como ellos participan de las nuestras.

La cuestión que plantea Sardello, en el espíritu del *anima mundi*, es muy estimulante: El cáncer que aqueja al cuerpo de los seres humanos, ¿es esencialmente el mismo cáncer que corroe nuestras ciudades? Nuestra salud personal y la salud del mundo, ¿son una y la misma cosa? Tendemos a pensar que el mundo es nuestro enemigo, que está lleno de venenos que nos atacan, que es él quien siembra en nosotros la enfermedad y la muerte. Pero si el alma del mundo y nuestras propias almas son una, entonces, en la misma medida en que descuidamos y destruimos las cosas del mundo, nos estamos destruyendo a nosotros mismos. Si hemos de desarrollar una buena práctica de la ecología, es necesario que al mismo tiempo nos ocupemos de nuestra propia contaminación interior, y si vamos a hacer limpieza en nuestra vida personal, mediante una terapia o algún otro método, al mismo tiempo necesitaremos ocuparnos de las neurosis del mundo y del sufrimiento de las cosas.

El cuidado del alma exige que tengamos ojos y oídos para el sufrimiento del mundo. En muchas ciudades de Estados Unidos, las calles y los espacios abiertos están atestados de los más diversos desechos: neumáticos viejos, aparatos, muebles, papeles, desperdicios, automóviles oxidados... Las casas tienen las puertas selladas con tablones y las ventanas están hechas pedazos, las maderas se pudren, las malezas crecen de forma totalmente salvaje. Al mirar una escena semejante, pensamos que la solución está en resolver el problema de la pobreza; pero, ¿por qué no dolemos de las cosas mismas? Estamos viéndolas sufrir: enfermas, rotas, moribundas. La enfermedad que tenemos ante los ojos es nuestro fracaso en relación con el mundo. ¿Qué hay en nosotros que puede permitir que las cosas del mundo lleguen a dar tanta pena y a mostrar tantos síntomas sin motivarnos para dar una respuesta afectuosa? ¿Qué estamos haciendo cuando tratamos tan mal a las cosas?

El deterioro de algunas zonas de nuestras ciudades, los anuncios que en las autopistas no nos dejan ver la hermosura de la naturaleza, la destrucción inconsciente de edificios que tienen memoria y pasado, y la construcción de viviendas baratas y edificios comerciales caros, éstas y otras innumerables y desalmadas maneras de tratar a las cosas indican enojo, rabia contra el mundo mismo. Cuando nuestros ciudadanos hacen pintadas con aerosol en los autobuses, el metro o la acera, es evidente que no sólo están enojados con la sociedad: están furiosos con las cosas. Si queremos entender nuestra relación con las cosas del mundo, tenemos que llegar a profundizar en alguna medida en este enojo, porque, hasta cierto punto, la gente que profana nuestros lugares públicos lo hace en nuestro nombre, y nosotros estamos implicados en su actuación.

γ

¿Por qué nuestra cultura parece estar tan enojada con las cosas? ¿Por qué descargamos nuestras frustraciones en las mismas cosas que podrían convertir nuestro mundo en un hogar cómodo y satisfactorio? Una respuesta podría ser que cuando perdemos el contacto con el alma y con su sensibilidad por los grandes espacios de tiempo e incluso por los elementos intemporales, nos invade el doloroso anhelo de un futuro ideal y de la inmortalidad. Las cosas tienen una vida más larga que la de los seres humanos; pueden perdurar durante muchas generaciones. Los edificios viejos nos recuerdan un pasado del que no formamos parte. Si nos identificamos con el ego, esos tiempos pasados son una afrenta a nuestro deseo de inmortalidad. Se cuenta que Henry Ford, pionero de la fabricación eficiente, decía que la historia es pura palabrería. Si los esfuerzos de nuestra vida van dirigidos a crear un mundo nuevo, a un crecimiento y un mejoramiento constantes, entonces el pasado será el enemigo, un recordatorio de la muerte.

La concentración en el crecimiento y el cambio socava la apreciación de las realidades eternas, de aquellas partes de nosotros mismos que trascienden los límites del ego. Pero el alma ama el pasado, y no solamente aprende de la historia, sino que también se nutre de los relatos y vestigios de lo que ha sido. La profecía, a la que Platón y los neoplatónicos del Renacimiento consideraban como uno de los poderes del alma, es una visión de la vida que abarca pasado, presente y futuro de una manera que trasciende la conciencia normal. Pero una vez que dedicamos nuestra atención al cuidado del alma más que al ego, tenemos un camino para abandonar la propensión al modernismo, a vivir únicamente en el ahora. La sensibilidad del alma despierta la capacidad de apreciar las costumbres de antaño y la antigua sabiduría, los edificios que en su arquitectura y su diseño conservan los gustos y el estilo de otras épocas. El alma ama el pasado y no se limita a aprender de la historia; se alimenta de los relatos y vestigios de lo que fue.

También estamos enojados con las cosas que, a nuestro modo de ver, ya no nos sirven. Muchos de los objetos oxidados que ensucian las calles de nuestras ciudades son cosas pasadas de moda o que ya no funcionan. Si para definir un objeto no nos fijamos más que en su función, cuando ya no funciona no sentimos nada por él y lo descartamos sin una adecuada sepultura. Y sin embargo, las cosas viejas terminan por revelar que les queda mucha alma. Yo vivo entre pequeñas y antiguas granjas de Nueva Inglaterra, y frecuentemente veo, por ejemplo, algún viejo rastrillo de los que se usaban con un tiro de caballos, bellamente aposentado en un prado, o un antiguo establo que se estremece con el viento, o el esqueleto de lo que fue una casa solariega, transformado hoy en una espléndida ruina. Y esas pruebas testimoniales del pasado dan, literalmente, la impresión de que resplandecen de alma.

J. B. Jackson, historiador de paisajes, asigna una importancia decisiva a este tipo de cosas en su ensayo «La necesidad de las ruinas». Dice que las cosas en decadencia expresan una teología del nacimiento, la muerte y la redención. En otras palabras, que nuestras cosas, como nosotros, tienen que morir. Aunque fingimos que lo que fabricamos ha de durar para siempre, sabemos que todo tiene una vida limitada. Yo me pregunto si la basura que invade no sólo nuestras ciudades sino también el campo no forma parte de nuestros intentos de ganarle la partida a la muerte. No queremos que las cosas se mueran, y nos enfadamos con ellas cuando lo hacen: cuando ya no funcionan. En nuestra furia, no les damos una adecuada sepultura, pero su presencia es un recordatorio literal e ineludible del deterioro. Como no honramos al pasado, éste se nos presenta con el rostro de nuestro propio enojo, sin forma ni imaginación humanas. Como no recordamos los días de antaño, las cosas de entonces se amontonan en las calles de nuestras ciudades. Jackson señala que un monumento es etimológicamente un «recordatorio». Nuestras basuras son un recordatorio, todavía no saneado por la imaginación, del pasado que hemos descuidado.

El principio fundamental en el cuidado del alma es que ésta necesita que la atiendan. Si no nos ocupamos de las cosas en su sufrimiento y decadencia, suponiendo que, como no son humanas, no sufren, entonces su muerte nos oprimirá, en el sentido literal y sintomático. Su enfermedad aparecerá como humana, porque al no creer que los objetos también pueden tener crisis nerviosas, habremos de cargar nosotros mismos con esos sufrimientos.

Cuando las cosas mueren para la función que tenían, pueden resucitar como imágenes de la historia, y la historia es buen alimento para el alma. Decoramos nuestro hogar con antigüedades a fin de capturar más alma, y los museos son un punto central en nuestras ciudades. En un mundo que niega la muerte, también la vitalidad puede palidecer, porque muerte y vida son dos caras de una misma moneda. O la muerte puede aparecer de forma literal. Nuestras basuras, por ejemplo, han llegado a adquirir un carácter tan obsesivo y demoníaco que ya no podemos enterrarlas. Y su capacidad de contaminar nuestro mundo se va haciendo más clara, especialmente cuando fabricamos cosas que ya desde el principio excluyen su propia muerte. Cuando diseñamos objetos para que sean inmortales, volvemos literalmente reales la resurrección y la inmortalidad; cuando han dejado de sernos útiles, esos objetos no se van. En *El hombre del traje blanco*, una antigua película protagonizada por Alec Guinness, un hombre inventa un traje blanco que jamás se ensucia ni se gasta. Al principio parece un triunfo de la tecnología y un regalo para la humanidad, pero pronto se ve que ese traje eterno es una maldición, que priva de su sustento a los trabajadores, y de alma al proceso de manufacturación (una palabra que, después de todo, significa trabajar a mano).

Las ruinas, como los viejos utensilios agrícolas que hay en los prados de mi vecino, nos muestran que cuando su función ya no existe, algo bello queda en las cosas. Entonces, como si durante años hubiera permanecido oculta bajo un funcionamiento bien lubricado, se revela el alma, que no se ocupa de la función, sino de la belleza, la forma y el recuerdo. Cuando a la artista Merit Oppenheim se le ocurrió la loca idea de forrar de piel su taza de té, se quedó sorprendida al ver que todos lo consideraban un importante acontecimiento artístico. Pero es que había encontrado una manera elegante de revelar la personalidad de la taza eclipsando su función. Su acto revolucionario fue un avance hacia el alma, conseguido al traspasar nuestro cegador y dominante mito del uso.

Las cosas sufren, como sufriría una persona, cuando quedan reducidas a sus funciones. El cuidado del alma del mundo requiere, pues, que en los objetos no veamos tanto lo que pueden hacer, y más lo que son. En esto, el arte nos ayuda al volver a enmarcarlos en un contexto estético, ya sea la taza forrada de piel de Oppenheim, la lata de sopa de Andy Warhol pintada sobre tela, o los zapatos y los almiares que Durero expresaba con la minuciosidad del zen. Para cuidar el alma de las cosas, entonces, tenemos que prestar tanta atención a la forma como a la función, a la decadencia como a la invención, y a la calidad como a la eficiencia.

La belleza, el rostro del alma

A lo largo de la historia encontramos ciertas escuelas de pensamiento, como los platónicos renacentistas y los poetas románticos, que se han concentrado en el alma. Es interesante observar que estos autores preocupados por el alma han insistido en ciertos temas comunes, entre ellos la afinidad, la atención a los detalles, la imaginación, la mortalidad y el placer, así como la belleza.

En un mundo donde se descuida el alma, la belleza ocupa el último lugar en la lista de prioridades. Por ejemplo, en nuestras escuelas, orientadas hacia el intelecto, se considera que la ciencia y las matemáticas son asignaturas importantes, porque permiten más avances tecnológicos. Si hay que reducir el presupuesto, lo primero que desaparece son las asignaturas artísticas, incluso antes que la educación física. Lo que esto implica claramente es que las artes son prescindibles: no podemos vivir sin tecnología, pero podemos vivir sin belleza.

El hecho de suponer que la belleza es algo accesorio y prescindible demuestra que no comprendemos la importancia de dar al alma lo que necesita. El alma se nutre de belleza. Lo que el alimento es para el cuerpo, lo son para el alma las imágenes fascinantes, complejas y placenteras. Si partimos de una psicología arraigada en una visión médica del comportamiento humano y de la vida emocional, el valor principal será la salud. Pero si nuestro concepto de la psicología se basa en el alma, entonces el objetivo de nuestros esfuerzos terapéuticos será la belleza. Incluso me atrevo a decir que si no hay belleza en nuestra vida, es probable que padezcamos trastornos del alma que todos conocemos: depresión, paranoia, falta de significado y adicciones. El alma está ávida de belleza, y cuando no la tiene sufre lo que James Hillman ha llamado «neurosis de belleza».

La belleza asiste al alma en sus propias y peculiares maneras de ser. Por ejemplo, fascina. Para el alma es importante que la saquen de las prisas de la vida práctica y le dejen margen para la contemplación de las realidades intemporales y eternas. La tradición dio a esta necesidad del alma el nombre de *vacatio*: una vacación de la actividad ordinaria para disponer de un momento de reflexión y maravilla. Podemos estar conduciendo por una carretera cuando de pronto vemos algo que nos corta la respiración. Nos detenemos, bajamos del coche y durante unos minutos contemplamos la magnificencia de la naturaleza. Este es el poder fascinador de la belleza, y entregarse a ese súbito anhelo del alma es una manera de darle lo que necesita. Cuando se habla de la belleza, el tema puede parecer a veces etéreo y filosófico, pero desde el punto de vista del alma, la belleza es una parte necesaria de la vida cotidiana. Cada día tendremos momentos en que el alma vislumbrará una ocasión para la belleza, aunque sólo sea detenerse un segundo, al pasar ante un escaparate, para admirar la hermosura de una sortija o el fascinante diseño de un vestido.

Algunos eruditos dicen que las Tres Gracias que danzan en círculo en la famosa *Primavera* de Botticelli representan la Belleza, la Moderación y el Placer. Según los escritos renacentistas, estas tres son las gracias de la vida. Cabe preguntarse cuál sería su equivalente moderno: ¿la tecnología, la información y la comunicación? Las gracias del Renacimiento tienen que ver directamente con el alma. El cuadro de Botticelli nos muestra a Eros, o el Deseo, cuando arroja su llama flameante a la Moderación. La flecha del deseo y el apego nos detiene a mitad de camino: la belleza nos sobrecoge y sentimos su placer. Exteriormente, por supuesto, nada se ha logrado. Lo más probable es que no compremos el anillo que nos llamó la atención o que no fotografiemos el paisaje. El sentido de ese sobrecogimiento momentáneo es, simplemente, alimentar al alma con su dieta preferida: una visión que invita a la contemplación.

Para el alma, pues, la belleza no se define como un rasgo agradable de la forma, sino más bien como la cualidad existente en las cosas que nos invita a absorbernos en su contemplación. Söetsu Yanagi, el fundador del moderno movimiento artesanal japonés, define la belleza como aquello que da un alcance ilimitado a la imaginación; la belleza es una fuente de imaginación que jamás se agota, dice. Una cosa atractiva y fascinante quizá no sea bonita ni placentera; es más, podría ser fea, y sin embargo, en ese sentido especial, adueñarse del alma en cuanto hermosa. James Hillman define la belleza para el alma como las cosas que se despliegan en su propia individualidad. Lo que quieren decir tanto Yanagi como Hillman es que la belleza no necesita ser bonita. Algunas piezas de arte no son agradables de mirar, y sin embargo su contenido y su forma fascinan e invitan al corazón a sumergirse en lo profundo de la imaginación.

γ

Si hemos de cuidar del alma, y sabiendo que se alimenta de lo bello, tendremos que comprender más profundamente la belleza y darle un lugar más destacado en la vida. La religión ha entendido siempre el valor de la belleza, como podemos ver en templos e iglesias, cuya construcción no se rige jamás por consideraciones puramente prácticas, sino siempre por la imaginación. Un campanario o un rosetón no están diseñados para dar cabida a más gente o para que haya más luz para leer. Hablan de la necesidad que tiene el alma de belleza, de amor por el edificio como tal y por su utilidad, de una oportunidad especial para la imaginación sagrada. ¿No podríamos aprender de nuestras iglesias y templos, de nuestras *kivas** y mezquitas, a prestar atención a esta misma necesidad en nuestros hogares, edificios comerciales, carreteras y escuelas?

De manera sintomática, el vandalismo —que se ensaña con escuelas, cementerios e iglesias— llama paradójicamente la atención sobre el carácter sagrado de las cosas. Es frecuente que, cuando hemos perdido el sentimiento de lo sa-

* Grandes cámaras ceremoniales de los indios pueblo, con frecuencia construidas en forma total o parcialmente subterránea. *(N. de la T.)*

grado, éste reaparezca de forma negativa. El trabajo de los ángeles de la sombra no es en modo alguno diferente del que hacen los que visten de blanco. Aquí, pues, hay otra manera de interpretar el maltrato de las cosas: como un esfuerzo del mundo subterráneo por restablecer su carácter sagrado.

Una apreciación de la belleza es simplemente una actitud de apertura hacia el poder de conmovernos el alma que tienen las cosas. Si podemos dejarnos afectar por la belleza, entonces el alma está viva y bien en nuestro interior, porque su gran talento consiste en dejarse afectar. La palabra *pasión* significa básicamente «estar afectado», y la pasión es la energía esencial del alma. Rilke describe este poder pasivo en la imagen de la estructura de la flor, cuando la llama un «músculo de recepción infinita». No es frecuente que pensemos en la capacidad de dejarnos afectar como una fuerza, ni como el trabajo de un músculo poderoso, y sin embargo para el alma, igual que para la flor, este es su trabajo más duro, y el papel principal que desempeña en nuestra vida.

Las cosas reanimadas

En diferentes momentos de nuestra historia hemos negado el alma a diversas clases de seres que queríamos controlar. De las mujeres se dijo una vez que no tenían alma. Los esclavos, declaraba la defensa teológica de tan cruel sistema, no tienen alma. Actualmente suponemos que las cosas carecen de alma, y que por lo tanto podemos hacer de ellas lo que queramos. La resurrección de la doctrina del *anima mundi* devolvería su alma al mundo de la naturaleza y de los artefactos.

Si supiéramos en nuestro corazón que las cosas tienen alma, no podríamos ejercer sobre ellas el gobierno de un sujeto consciente sobre un objeto inerte. Tendríamos en cambio una recíproca relación de afecto, respeto y cuidado. Nos sentiríamos menos solos en un mundo que está vivo con su propia especie de alma de lo que nos sentimos en un mundo mecánico que nos parece necesario sostener con nuestro esfuerzo tecnológico. Colectivamente, somos como un individuo agobiado que piensa que todas las mañanas tiene que levantarse temprano para ayudar a que salga el Sol, una idea neurótica nada excepcional y que refleja una actitud que, en parte, todos tenemos en común en la medida en que participamos en el espíritu de nuestro tiempo.

En 1947 Jung escribió una carta a un colega que había estudiado sánscrito y filosofía hindú para decirle que debía prestar atención a un sueño que había tenido, en el que una estrella brillaba en un bosque. «Sólo se volverá a encontrar a usted mismo en las cosas simples y olvidadas —le decía Jung—. ¿Por qué no se va literalmente al bosque durante un tiempo? A veces un árbol le dice a uno más de lo que se puede leer en los libros». Nos podemos encontrar en cosas tan simples y olvidadas porque, cuando negamos el alma a las cosas sencillas que nos rodean, perdemos para nosotros mismos esa importante fuente de alma. Concretamente, un árbol nos puede decir mucho en el lenguaje de su forma, su textura, su edad y su color, y en la manera en que se nos presenta como individuo. Pero en esa expresión de sí mismo nos muestra también los secretos de nuestra propia alma, porque no hay separación absoluta entre el alma del mundo y la nuestra. Nosotros somos realmente el mundo, y el mundo es nosotros.

El concepto del *anima mundi* no es una filosofía mística que nos exija elevadas formas de meditación, ni nos pide que regresemos al animismo primitivo. Buenos ejemplos de ello son los refinados artistas, teólogos y comerciantes del Renacimiento que vivieron esta filosofía, como Pico della Mirandola, Marsilio Ficino y Lorenzo de Médicis. En su pensamiento, en su práctica personal y cotidiana, y en el arte y la arquitectura que inspiraron, cultivaban un mundo concreto lleno de alma. La belleza del arte renacentista es inseparable de la filosofía en que se apoyaba, y que afirmaba inequívocamente al alma.

Estos maestros del Renacimiento enseñaban que necesitamos cultivar nuestra relación con el mundo y su alma mediante una simple actitud cotidiana de atención y algunas prácticas imaginativas. Recomendaban prestar dedicada atención a determinados tipos de música, arte, comidas, paisajes, culturas y climas. Eran en cierto modo epicúreos, creían que las cosas son ricas en lo que pueden ofrecer al alma, pero que para recibir tal riqueza debemos aprender a disfrutar de ellas con moderación y a usarlas con discernimiento.

La filosofía neoplatónica enseñó a estos maestros renacentistas del alma que ésta cabalga entre lo eterno y lo temporal, y que la plena fusión de estas dos dimensiones da profundidad y vitalidad a la vida. La profundidad en la perspectiva artística reflejaba esta misma profunda perspectiva en el pensamiento. Ficino, que era vegetariano, seguía una dieta austera, y sin embargo, era un entendido en buenos vinos. Los Médicis eran capaces de ejercitar su talento para el comercio y la banca sin por eso dejar de reconocer la importancia de las artes y de la teología para el alma de su sociedad, en contraste con el laicismo de nuestra época, que encierra la religión y la teología en una cámara —que generalmente es una universidad o un seminario— aislada del comercio y del gobierno. Y sin embargo el alma exige una visión teológica y artística que influya en todos los aspectos de nuestra vida.

La religión y la teología nos muestran los misterios y los ritos que configuran hasta el último fragmento de la vida moderna cotidiana. Sin educación en estos campos nos vemos erróneamente llevados a creer que el mundo es tan laico como parece a nuestros ojos, todavía configurados por la Ilustración del siglo XVIII. Como resultado de esta filosofía laica, encontramos lo divino únicamente en nuestros profundos problemas sociales y en nuestras enfermedades, tanto psicológicas como físicas. Enfrentados con las drogas y el crimen, por ejemplo, nos quedamos estupefactos. Parece que todo lo que hacemos fuera inútil. No podemos entender estos problemas porque en ellos está la chispa negativa de lo divino..., la religión que se nos revela desde el lado de la sombra.

Por consiguiente, un renacimiento de la visión del mundo conocida como *anima mundi* es esencial para una renovación de la psicología y un auténtico cuidado del alma. En el campo de la psicología ha habido intentos de alinearse con la religión, especialmente cuando hemos procurado aprender de las religiones orientales las técnicas y los beneficios de la meditación y de los planos más elevados de la conciencia. En el campo de la teología y la religión es común en la actualidad encontrarse con religiosos que se están formando en psicología y ciencias sociales. Estos dos movimientos, y otros como ellos, indican una nueva conciencia de que entre la religión, el alma y el mundo hay una profunda interpenetración. Pero no podemos ir en pos de esta comprensión intuitiva y al mismo tiempo mantener la difundida visión del mundo para la cual éste es algo muerto y la subjetividad se limita a la capacidad de razonamiento del ego. Tal como han señalado muchos comentaristas, este mundo bifurcado es una característica de la vida occidental moderna, y no se encuentra en todas las culturas. Mediante esta división hemos creado un estilo de vida cómodo y de una asombrosa eficiencia, pero hemos obtenido nuestros placeres y comodidades a costa del alma.

Para cuidar del alma tenemos que renunciar a nuestro limitado concepto de la psicología, a nuestros intentos de llegar a controlar racionalmente nuestras emociones y estados anímicos, a la ilusión de que nuestra conciencia es el único signo de alma en el universo, y a nuestro deseo de dominar tanto la naturaleza como las cosas que fabricamos. Hemos de exponernos a la belleza, al peligro de la irracionalidad que ella agita y a los obstáculos que esto puede oponer a nuestra marcha hacia el progreso tecnológico. Es probable que debamos renunciar a muchos proyectos que parecen importantes para la vida moderna, en nombre del carácter sagrado de la naturaleza y de la necesidad de cosas bellas. Y tal vez tengamos que hacerlo al mismo tiempo de forma comunitaria e individual, como parte de nuestro esfuerzo para llegar a cuidar del alma.

No ha de haber necesariamente una enemistad entre tecnología y belleza, ni entre el cuidado del alma y el desarrollo de la cultura. La ciencia tiene tanta capacidad para la plenitud de alma como el arte y la religión. Pero en todos estos dominios llevamos largo tiempo viviendo como si el alma no fuera un factor, y por lo tanto sólo tropezamos con ella en problemas insolubles y en neurosis profundamente arraigadas. Por ejemplo, disponemos de coches de una asombrosa eficiencia, pero se está volviendo imposible llevar adelante el matrimonio. Producimos una gran cantidad de películas y programas de televisión, pero la imaginación no nos llega para vivir en una comunidad internacional pacífica. Tenemos muchos instrumentos para la medicina, pero no comprendemos, a no ser de las maneras más rudimentarias, la relación que existe entre la vida y la enfermedad. Antiguamente, en las tragedias y comedias griegas, un sacerdote presidía la presentación de la obra, indicando así que ir al teatro tenía que ver con la vida y la muerte. Hoy en día consideramos que el teatro y las demás artes son un mero entretenimiento. Imagínese que al abrir el periódico del domingo en la sección de cine, música y otras artes, en vez del título habitual de «Espectáculos» se encontrara con el de «El cuidado del alma». No es necesario perder placer ni diversión para darle al alma lo que necesita, pero sí tenemos que prestarle atención y permitir que se exprese.

Mientras sigamos excluyendo de nuestra vida cotidiana el cuidado del alma, padeceremos la soledad de vivir en un mundo muerto, frío e inconexo. Aunque podamos «mejorarnos» al máximo, seguiremos sintiendo la alienación que implica una existencia dividida. Continuaremos explotando la naturaleza y nuestra capacidad de inventar cosas nuevas, pero ambas seguirán abrumándonos si no nos aproximamos a ellas con la profundidad y la imaginación necesarias.

La forma de salir de esta neurosis es dejar atrás nuestras modernas divisiones y aprender —de otras culturas, del arte, de la religión y de los nuevos movimientos filosóficos— que hay otra manera de percibir el mundo. Podemos reemplazar nuestra psicología modernista por el cuidado del alma, y empezar a construir una cultura que sea sensible a las cosas del corazón.

13

Las artes sagradas de la vida

Ahora podemos volver a una de las expresiones que usa Platón para referirse al cuidado del alma, *techne tou biou*, el arte de la vida. El cuidado del alma requiere de esta arte *(techne)*, es decir, de habilidad, atención y cuidado. Vivir esto en profundidad significa estar atento a las pequeñas cosas que mantienen comprometida al alma en lo que estamos haciendo, sea lo que sea, y es el corazón mismo de la actividad de cultivar el alma. Si se mira desde una visión global de la vida, puede parecer que en última instancia sólo importan los grandes acontecimientos. Pero para el alma, los detalles más pequeños y las actividades más comunes, si se los cuida con ánimo atento, tienen un efecto que va mucho más allá de su aparente insignificancia.

El arte no se encuentra solamente en el estudio del pintor o en las salas de los museos; también tiene su lugar en el almacén, la tienda, la fábrica y el hogar. En realidad, cuando el arte se reserva como dominio propio de los artistas profesionales, se abre una peligrosa brecha entre las bellas artes y las artes cotidianas. A las primeras se las eleva y se las aparta de la vida, con lo que se convierten en algo demasiado precioso y por eso mismo inaplicable. Y después de haber exiliado el arte en el museo, no le damos un lugar en la vida cotidiana. Una de las formas de represión más eficaces es rendir excesivos honores a una cosa.

Incluso en nuestras escuelas de bellas artes predomina a menudo un punto de vista técnico. Al joven pintor se le enseñan los materiales y las escuelas, pero no el alma de su vocación, ni el sentido más profundo del contenido de su obra artística. Una estudiante de canto del departamento de música de una universidad espera llegar a ser una artista, pero en su primera lección la conectan con un osciloscopio que, al medir los parámetros de su voz, indicará los aspectos que tiene que mejorar. Ante estos enfoques puramente técnicos del aprendizaje, el alma se aleja rápidamente.

Las artes son importantes para todos nosotros, tanto si practicamos una disciplina determinada como si no. En términos generales, el arte es lo que nos invita a la contemplación... un producto raro en la vida moderna. En ese momento de contemplación, el arte intensifica la presencia del mundo. Lo vemos más vívidamente y con mayor profundidad. La sensación de una vida vacía, de la que mucha gente se queja, proviene en parte de un fracaso: ser incapaz de dejar entrar el mundo, percibirlo y comprometerse plenamente con él. Sin duda, nos sentiremos vacíos si todo lo que hacemos pasa deslizándose junto a nosotros, sin adherirse jamás. Ya hemos visto que al inmovilizar la atención, el arte presta un importante servicio al alma, que no puede prosperar en una vida de ritmo rápido, porque dejarse afectar, absorber las cosas y elaborarlas requiere tiempo.

Por lo tanto, es probable que el arte de vivir sólo exija algo tan simple como *detenerse*. Hay personas incapaces de dejarse impresionar por las cosas, porque siempre están moviéndose. Un síntoma común de la vida moderna es que no hay tiempo para el pensamiento, ni siquiera para dejar que se asienten las impresiones del día. Sin embargo, sólo cuando el mundo entra en el corazón podemos llegar a convertirlo en alma. El recipiente donde tiene lugar el proceso de cultivar el alma es una vasija interior creada por la reflexión y el asombro. No cabe duda de que algunas personas podrían ahorrarse el gasto y las molestias de la psicoterapia concediéndose simplemente unos minutos cada día para reflexionar con tranquilidad. Un acto tan simple les daría lo que les falta en la vida: un período sin hacer nada, que es el alimento esencial del alma.

Similar a detenerse, y no menos importante para el cuidado del alma, es *tomarse tiempo*. Me doy cuenta de que son sugerencias sumamente simples, pero si se las toma en serio pueden transformar una vida, permitiendo que en ella entre el alma. Si nos tomamos tiempo con las cosas, llegamos a conocerlas más íntimamente y a sentir una conexión más auténtica con ellas. Podremos superar uno de los síntomas de la moderna falta de alma —la alienación de la naturaleza y de las cosas, y no sólo de los otros seres humanos— si nos tomamos tiempo con cada cosa que hagamos.

Vivir con arte exige que nos tomemos el tiempo necesario para comprar cosas con alma para nuestro hogar. Unas sábanas de calidad, una alfombra especial o una simple tetera pueden ser fuente de enriquecimiento no sólo en nuestra propia vida, sino también en la de nuestros hijos y nietos. El alma disfruta al sentir que el tiempo se alarga. Y no podemos descubrir el alma en una cosa sin tomarnos primero tiempo para observarla y estar un rato con ella. Esta clase de observación lleva implícita cierta intimidad; no se trata simplemente de estudiarse una guía para el consumidor en busca de un análisis técnico y objetivo. Las superficies, las texturas y la sensación cuentan tanto como la eficiencia.

Ciertas cosas estimulan la imaginación más que otras, y ese florecimiento de la fantasía puede ser un signo de alma. Un ejecutivo de unas líneas aéreas me habló una vez de la batalla que estaba librando consigo mismo para decidirse entre dos trabajos que le habían ofrecido. Uno de ellos le proporcionaría prestigio y poder, mientras que el otro era cómodo, pero nada fuera de lo común. El hombre creía que debía considerar el primero porque lo ambicionaban muchos de sus colegas, pero no se sentía atraído por él. En cambio, pensaba todo el día en el segundo trabajo. Mentalmente, había empezado ya a diseñar su despacho y a planear sus horarios. A partir de la riqueza de detalles con que se lo imaginaba, estaba clarísimo que el trabajo con menos prestigio era el que atraía a su alma.

Las artes cotidianas que practicamos diariamente en casa tienen más importancia para el alma de lo que podría hacer pensar su simplicidad. Por ejemplo yo, aunque no pueda explicarlo, disfruto fregando los platos. Durante más de un año he tenido un lavavajillas en casa, y jamás lo he usado. Lo que me atrae, ahora que lo pienso, es el ensueño que me induce el cumplimiento del ritual de lavar, aclarar y secar. Marie-Louise von Franz, la conocida analista junguiana suiza, observa que también hilar y tejer son actividades especialmente buenas para el alma porque estimulan la reflexión y el ensueño.

Otra tarea que me encanta es la de colgar la ropa recién lavada afuera, en una cuerda. El aroma fresco, las telas húmedas, el viento que sopla y el sol que la seca colaboran para hacer de todo ello una experiencia natural y cultural única, y especialmente placentera por su simplicidad. Deborah Hunter, que es fotógrafa, hizo hace varios años un estudio de ropa tendida en una cuerda sacudida por el viento. En aquellas fotografías había algo difícil de definir, algo que tenía que ver con la vitalidad, con los profundos placeres de la vida cotidiana y con las fuerzas invisibles de la naturaleza, todo lo cual se puede encontrar alrededor de la casa.

En un libro aún por publicar, la astróloga Jean Lall observa que la vida diaria en el hogar está llena de epifanías. «Incluso en nuestra experiencia diaria —escribe— de cuidadoras de la casa y del jardín, los espíritus siguen moviéndose y hablando, si los atendemos. Se infiltran a través de las rendijas, haciéndose sentir en pequeños parpadeos de los aparatos, en brotes imprevistos en los macizos de flores y en sorprendentes momentos de deslumbrante belleza, como cuando la luz del sol desliza su mirada a través de una mesa acabada de encerar o cuando el viento mueve en una nueva coreografía la ropa recién lavada».

Muchas de las artes que se practican en el hogar son especialmente «nutritivas» para el alma, porque favorecen la contemplación y exigen cierto grado de habilidad, como los arreglos florales, la cocina y las reparaciones. Tengo una amiga que hace varios meses que va pintando una escena que representa un jardín en una pared de su comedor. A veces las artes cotidianas ponen de relieve al individuo, de modo que cuando uno entra en una casa puede ver el carácter especial de sus anfitriones en algún aspecto particular de su hogar.

Estar atento al alma en estas cosas cotidianas conduce en general a una vida más individual, e incluso a un estilo excéntrico. Algo que me encanta hacer cuando tengo una tarde libre es visitar el cementerio Sleepy Hollow de Concord, Massachusetts. En una pequeña colina en medio del cementerio está la tumba de Emerson, señalada por una gran piedra con vetas rojas que contrasta con las típicas lápidas grises que la rodean. Thoreau y Hawthorne descansan muy cerca de allí. Para cualquier amante de los escritos de Emerson, ese es un lugar lleno de alma. Para mí, esa notable lápida refleja su amor por la naturaleza y expresa a la vez su grandeza de alma y la irreprimible excentricidad de su imaginación. El particular empuje de la naturaleza unido a la presencia de una comunidad de escritores sepultados allí hace de aquel lugar algo verdaderamente sagrado.

γ

Cuando permitimos que la imaginación se adentre en lugares profundos, lo sagrado se revela. Cuanto más diferentes tipos de pensamientos tengamos sobre una cosa, y mayor profundidad alcancen nuestras reflexiones cuando su arte nos sobrecoge, tanto más plenamente puede aflorar su carácter sagrado. De ello se deduce, pues, que hacer del vivir un arte puede ser una medicina para la secularización de la vida característica de nuestra época. Evidentemente, podemos llegar a un mejor acuerdo de la religión con la vida cotidiana si nos sumergimos en los rituales formales y las enseñanzas tradicionales; pero descubrir la «religión natural» en todas las cosas también puede ser una forma de servir al alma de la religión. El camino hacia este descubrimiento es el arte, tanto las bellas artes como las de la vida diaria. Si no nos preocupáramos tanto por lo funcional de la vida y nos dejáramos impresionar por la riqueza de imágenes que rodea a todas las cosas, tanto si son naturales como si las ha hecho el ser humano, podríamos arraigar nuestras actitudes laicas en una sensibilidad religiosa y dar alma a la vida cotidiana.

Lo que sugiero es que consideremos lo sagrado más desde el punto de vista del alma que desde el espíritu. Desde ese ángulo, lo sagrado aparece cuando la imaginación alcanza una profundidad y una plenitud insólitas. La Biblia, el Corán, los escritos budistas y los libros rituales de todas las religiones incitan nuestra imaginación con un alcance y una profundidad excepcionales. Nos llevan a preguntarnos por el cosmos, por las vastas extensiones del tiempo pasado y presente, y por los valores esenciales. Pero de una manera menos formal, cualquier fuente de imaginación que se aproxime a esta riqueza y esta profundidad ayuda a crear una sensibilidad religiosa. Cuando ponen al descubierto las imágenes y los temas profundos que recorren la vida humana, también la literatura y el arte que llamamos laicos sirven al impulso religioso.

El concepto medieval de aprendizaje —para el cual la teología es la ciencia por antonomasia, y todas las demás sus «esclavas», que la sirven humildemente—, me parece absolutamente correcto. Todo problema, por laico que parezca, tiene una dimensión sagrada. Si nos adentramos lo suficiente en cualquier cosa, acabaremos tropezando con lo sagrado o con lo demoníaco. Nuestras ciencias laicas —la física, la sociología, la psicología y otras— se detienen a un paso de las categorías teológicas, con lo cual preservan su «objetividad» científica, pero también pierden alma. La sensibilidad religiosa y el alma son inseparables. No quiero decir que ninguna religión ni creencia en particular sea esencial para el alma, sino que una apreciación sólida, palpable e intelectualmente satisfactoria de lo sagrado es una condición *sine qua non* de una vida llena de alma.

El tema exige un libro por sí solo, pero baste con decir que la teología nos interesa a todos, porque nuestras experiencias más comunes tocan puntos de una profundidad tan inmensa que sólo se los puede considerar religiosos. Recuerde que Nicolás de Cusa dijo que Dios es a la vez lo mínimo y lo máximo. Las pequeñas cosas de la vida cotidiana no son menos sagradas que los grandes problemas de la existencia humana.

Al convertirnos en artistas y teólogos de nuestra propia vida, nos podemos acercar a la profundidad que es el dominio del alma. Cuando abandonamos el arte exclusivamente en manos del pintor consagrado y del museo, en vez de cultivar a través de ellos nuestra propia sensibilidad artística, nuestra vida pierde oportunidades para el alma. Lo mismo cabe decir cuando reducimos la religión a ir a la iglesia los domingos. Entonces la religión permanece en la periferia de la vida —aunque se trate de una periferia excelsa— y la vida pierde oportunidades para el alma. Las bellas artes, como la religión formal, a veces son muy elevadas, mientras que el alma, en cualquier contexto, escribe con minúsculas, es ordinaria, cotidiana, familiar, comunitaria e íntima; siente y se apega, se compromete, se interesa, se relaciona, se conmueve, medita y es poética. El alma de una obra de arte se conoce íntimamente, no a la distancia. Se la siente, no sólo se la entiende. Así también el alma de la religión mantiene una relación inmediata con lo angélico y con lo demoníaco. Es una participación diaria en misterios y una búsqueda personal de una ética que les corresponda. Sin alma, quizá se pueda creer en las verdades y en los principios morales de la religión, e incluso hablar de ellos, pero no se los cree verdaderamente de corazón ni se los vive desde el núcleo del propio ser.

Los sueños, un espléndido camino hacia el alma

El cuidado del alma exige trabajo, «obra», en el sentido alquímico. Es imposible cuidar del alma y vivir al mismo tiempo en la inconsciencia. A veces, el trabajo con el alma es emocionante e inspirador, pero con frecuencia es también un reto que requiere auténtico coraje. Raras veces fácil, el trabajo con el alma se suele encontrar precisamente en ese lugar que preferiríamos no visitar, en esa emoción que no queremos sentir, y en ese entendimiento del que preferiríamos prescindir. El camino más recto puede ser el más difícil de tomar. No es fácil visitar, en nosotros mismos, el lugar que más nos intimida ni mirar directamente la imagen que nos da más terror; y sin embargo, allí donde el trabajo es más intenso está la fuente del alma.

Como nunca queremos trabajar con la parte de nuestras emociones que más necesita que la atendamos, generalmente recomiendo a mis pacientes que presten cada vez más atención a sus sueños, porque en ellos encontrarán imágenes que en la vida de vigilia son muy difíciles de encarar. Los sueños son verdaderamente la mitología del alma, y trabajar con ellos constituye un importante elemento en el proyecto de crear una artesanía de la vida.

Tal como demostrará una visita a cualquier librería, hay muchas formas de abordar el trabajo con los sueños, y quisiera hacer algunas sugerencias concretas sobre las actitudes y estrategias que, según mi parecer, tienen un valor clave para trabajar con los sueños de tal manera que se proteja su integridad, se deje aflorar su significado y se esté en general al servicio del cuidado del alma.

El trabajo terapéutico con los sueños podría servir de modelo para otras maneras menos formales de darles un lugar adecuado en nuestra vida cotidiana. Cuando una persona acude a mí para una hora de terapia, le pido que me cuente uno o dos sueños al comienzo de la sesión. No me gusta escuchar un sueño y buscarle inmediatamente una interpretación. Es mejor dejar que el sueño nos introduzca en un territorio nuevo que empeñarse en dominarlo y descifrarlo rápidamente. Cuando esa persona ya me ha contado el sueño, podemos seguir hablando de su vida, porque la terapia se refiere casi siempre a situaciones de la vida. Así puedo advertir de qué maneras el sueño nos ofrece imágenes, y qué lenguaje usa para hablar de la vida con profundidad e imaginación. En vez de empeñarnos en entenderlo, permitimos que el sueño nos descifre, le permitimos que influya en nuestra manera de imaginar y la configure. Generalmente, el problema principal con los enigmas que nos plantea la vida es que no los encaramos con la imaginación necesaria. Entendemos nuestras dificultades al pie de la letra y les buscamos soluciones literales, que raras veces funcionan, precisamente porque forman parte del problema: la falta de imaginación. Los sueños nos ofrecen un punto de vista nuevo.

En terapia, es tan tentador para el terapeuta como para el paciente traducir un sueño a teorías y racionalizaciones que no hacen más que apoyar las ideas del terapeuta o las actitudes cuestionables del paciente. Es mucho mejor dejar que el sueño nos interprete que empeñarnos en entenderlo interpretándolo de aquellas maneras que son más compatibles con las ideas que ya tenemos.

Según mi experiencia, un sueño se revela, tanto al paciente como al terapeuta, lenta y gradualmente. Cuando oigo el sueño, en general algunas impresiones e ideas afloran en seguida a mi mente. Pero también es probable que las imágenes me produzcan una gran confusión. Por eso intento refrenar mi necesidad de defenderme del sueño con significados. Tolero su matiz anímico y me dejo confundir por lo enigmático de las imágenes, en un intento de apartarme de mis convicciones para poder considerar *su* misterio. Tener paciencia con los sueños es sumamente importante, y más eficaz a la larga que cualquier alarde de conocimiento, técnicas y trucos. El sueño se revela siguiendo su propio ritmo, pero siempre acaba revelándose.

Es importante que el terapeuta confíe en sus intuiciones, que no son lo mismo que sus interpretaciones intelectuales. Por ejemplo, a veces una persona me cuenta un sueño que ha tenido e inmediatamente me recomienda una manera de entenderlo o muestra un prejuicio hacia alguno de los personajes. Una mujer, por ejemplo, me relata un sueño en el que distraídamente ha dejado abierta la puerta de la calle, lo que ha permitido que un hombre se le metiera en casa.

—Fue una pesadilla —me dice—. Creo que el sueño me está diciendo que no me protejo con el cuidado necesario. Soy demasiado abierta.

Como verá el lector, me ofrece un sueño y una interpretación. Aunque yo tenga una considerable experiencia en el trabajo con sueños, y esté entrenado para no aceptar cualquier idea que me dé un paciente, a veces, inconscientemente, la interpretación me afecta. Es tan razonable... Ella es demasiado vulnerable y está amenazada por un intruso. Pero entonces recuerdo mi primera regla: confía en tus intuiciones. Me pregunto si la puerta «accidentalmente» abierta no podría ser algo bueno para esa persona. Una puerta abierta puede permitir que nuevas personalidades tengan acceso al espacio de su vida. También me doy cuenta de que quizá lo involuntario no lo sea en absoluto: alguien que no es el «yo» tal vez quiera dejar la puerta abierta. Quizás el descuido con la puerta sólo sea accidental para el ego.

Con frecuencia hay una complicidad manifiesta entre el yo del sueño y el soñante cuando está despierto. Éste, al contar el sueño, puede inclinar el relato en la dirección del «yo» del sueño, con lo que convence a quien le escucha de que tome cierta posición con respecto a las figuras que aparecen en él. Por lo tanto, aunque tal vez a veces me pase en la compensación, a mí me gusta tomar una actitud un tanto perversa cuando me cuentan un sueño. Me empeño en verlo desde un ángulo diferente del que adopta el soñante. Para decirlo de forma más técnica, doy por supuesto que al contar el sueño, el soñante puede estar prisionero del mismo complejo que el yo del sueño. Si me limito a aceptar lo que me cuenta, puedo quedar atrapado en su complejo, y entonces no le sirvo para nada. O sea que en el caso de esta soñante, le digo: «Quizá no está tan mal que su actitud habitual de cerrar las puertas le haya fallado en este caso. Tal vez eso permitió una entrada que puede acabar siendo beneficiosa. Por lo menos, podemos mantener cierta apertura mental».

Hablar en nombre de otras figuras del sueño, a veces en contra del prejuicio del soñante, puede ofrecer una perspectiva extraordinariamente reveladora. Recuerde que el cuidado del alma no significa necesariamente cuidar del ego. Quizás otros personajes necesiten que se los acepte y se los entienda. Tal vez sea necesario considerar las acciones y los personajes objetables como algo necesario, e incluso valioso.

Una mujer que es escritora me cuenta un sueño en el que se encuentra con una amiga suya que está embadurnando con pinturas la máquina de escribir de la soñante.

—Fue un sueño terrible —me dice—, y ya sé qué significa. Mi niña interior siempre interfiere en mi trabajo de adulta. ¡Ojalá creciera de una vez!

Observe que también esta persona se apresura a realizar una interpretación. Y es más: quiere que yo tome cierta posición con respecto a su sueño. De manera muy sutil, este deseo es una defensa contra la alteridad del sueño, contra su desafío. El alma y el ego suelen trabarse en una lucha que a veces es desganada y a veces salvaje. Por todo esto, me cuido bien de suponer que su interpretación del contenido del sueño es correcta.

—Su amiga, en el sueño, ¿era una niña? —le pregunto.

—No, era adulta. Tenía la edad que tiene en la vida real.

—Entonces, ¿por qué piensa usted que su comportamiento es infantil?

—Las pinturas son cosa de niños —me contesta, como si su afirmación fuera obvia.

—¿Puede decirme algo sobre esa amiga suya? —pregunto tratando de liberarme de la rigidez de su visión del sueño.

—Es muy seductora, siempre lleva ropa extravagante... quiero decir, de colores llamativos y muy escotada.

—¿Es posible —pregunto, dando un salto a partir de su asociación— que esa mujer pintoresca y sensual estuviera añadiendo color, cuerpo y algunas cualidades infantiles a sus escritos?

—Supongo que es posible —responde, sin dejarse convencer todavía por esta afrenta a su interpretación, más satisfactoria.

Una de las cosas que me desviaron de su propia lectura del sueño, aparte del principio general de que no debemos dejarnos atrapar en los complejos del yo del sueño, fue el narcisismo negativo en el juicio que ella hacía de la niña: no quería aceptar sus propias cualidades infantiles. Cuando abandonara su apego a su manera habitual de pensar en sí misma —una actitud que teñía intensamente sus propias ideas sobre el sueño—, podríamos empezar a considerar algunas ideas verdaderamente nuevas sobre su situación vital y sus hábitos personales.

Estoy tratando con cierto detalle los sueños no sólo porque nos permiten ver muy profundamente nuestros hábitos y nuestra naturaleza, sino también porque nuestra forma de relacionarnos con ellos puede ser un indicador de nuestra manera de tratar con toda clase de cosas, entre ellas nuestras interpretaciones del pasado, nuestra situación y nuestros problemas actuales, y hasta la cultura en su sentido más amplio.

Por ejemplo, otra regla elemental sobre los sueños es que nunca hay una lectura única y definitiva. En otro momento, el mismo sueño podría revelar algo completamente nuevo. A mí me gusta tratar los sueños como si fueran cuadros, y los cuadros como si fueran sueños. Un paisaje de Monet puede «significar» algo diferente para las distintas personas que lo contemplan. También puede inspirar reacciones totalmente diferentes en la misma persona, en distintas ocasiones. Durante muchos años, un buen cuadro mantendrá su poder de hipnotizar, satisfacer y evocar nuevos ensueños y una renovada admiración.

Lo mismo vale con los sueños. Un sueño puede sobrevivir a toda una vida de descuido o a la furiosa embestida de las interpretaciones y seguir siendo un icono y un enigma fértil para años de reflexión. Lo que importa en el trabajo con un sueño no es nunca traducirlo a un significado definitivo, sino honrarlo y respetarlo siempre, extrayendo de él tanta riqueza de significado y tanta meditación imaginativa como sea posible. Penetrar en un sueño debería revitalizar la imaginación, no mantenerla en hábitos fijos y cansados.

Un enfoque simple pero eficaz cuando se trabaja con imágenes, ya sea que éstas provengan de los sueños, del arte o de historias personales, es no dejar nunca de atenderlas y explorarlas. ¿Por qué escuchamos más de una vez la *Pasión según san Mateo*, de Bach? Porque la naturaleza de una obra de arte, de cualquier imagen, es revelarse interminablemente. Uno de los métodos que uso en terapia y en la enseñanza es escuchar una versión de un sueño o de un relato y, una vez acabada, decir: «Muy bien, intentémoslo otra vez, de otra manera».

Una vez vino a consultarme un joven con una carta que había escrito a su novia. Era importante para él porque expresaba sus sentimientos más profundos, y me dijo que le gustaría leérmela en voz alta. La leyó lenta y expresivamente, y cuando hubo terminado le pregunté si quería leérmela de nuevo con un énfasis diferente. Así lo hizo, y en la segunda lectura oímos matices de significado distintos. Lo intentamos dos veces más, y en cada ocasión aprendimos algo nuevo. Este pequeño ejercicio destaca la riqueza y la multiplicidad de niveles que existen en todo tipo de imágenes, y la ventaja de insistir en explorarlos. Las imágenes, los sueños y las experiencias que son importantes para nosotros tendrán siempre multitud de lecturas e interpretaciones posibles, porque sirven de soporte a la riqueza de la imaginación y del alma.

Me doy cuenta de que esta manera de abordar la imaginación va en contra de esa parte nuestra ávida de llegar a una conclusión y a un destino en su búsqueda de significado. Esta es otra razón por la cual *cuidar* del alma, por contraposición a entenderla, equivale a un nuevo paradigma para nuestro moderno modo de vida. Nos pide un cambio radical en nuestros habituales esfuerzos por entender las cosas, sugiriendo un nuevo conjunto de valores y técnicas para apreciar y disfrutar el interminable desenmarañar el significado de las cosas y la profunda e infinitamente rica estratificación de la poesía que se halla en la fluida y cambiante trama de la experiencia.

El deseo de extraer un significado único de un sueño, una obra de arte o un relato de la vida es inherente y profundamente prometeico. En nombre de la humanidad queremos robar el fuego de los dioses. Queremos reemplazar el misterio divino por la racionalidad humana. Pero esta pérdida de complejidad y de misterio en nuestra respuesta cotidiana a las historias de la vida lleva consigo también una pérdida de alma, porque ésta se manifiesta siempre en el misterio y la multiplicidad.

Los sueños mismos nos muestran con frecuencia la manera de comprenderlos: arrastran al soñante a las profundidades de un mar, un estanque o un pozo, lo meten en un ascensor que desciende a los sótanos, lo hacen bajar por una oscura escalera o lo sumergen en un callejón tenebroso. Lo típico es que al soñante, que prefiere la luz y las alturas, le dé miedo el descenso en la oscuridad. Cuando yo enseñaba en la universidad, los alumnos solían contarme sueños en que, tras haber entrado en la biblioteca o en un ascensor, se encontraban en un antiguo sótano. El sueño no es sorprendente, dado el hecho de que la vida académica es hasta tal punto un mundo superior y apolíneo, con resonancias de torre de marfil, que puede constituirse en metáfora de todos nuestros intentos de entender.

Una mujer que trabajaba para una gran empresa de electrodomésticos me contó una vez un sueño en el que ella y su marido se bajaban de un ascensor en la planta baja de un edificio y se encontraban con que estaba todo inundado. Juntos se iban flotando en el agua por las calles hasta llegar a un estupendo restaurante donde les servían una cena deliciosa. También esto es una imagen del trabajo del sueño: permitirse andar sin rumbo por la atmósfera líquida de la fantasía y nutrirse de ella. En los sueños, que nunca se han de tomar al pie de la letra ni de acuerdo con las leyes de la naturaleza, podemos respirar en una atmósfera acuosa. Los sueños no sólo son acuosos, sino que se resisten a todos los esfuerzos por convertirlos en algo fijo y sólido. Creemos que sólo podemos sobrevivir en los ámbitos aéreos del pensamiento y la razón, pero esta soñante se encontró con que podía recibir alimentos dignos de un *gourmet* en esa atmósfera más densa donde la imaginación y la vida son fluidas.

El daimon guía

Encontrarles un significado exterior a ellas mismas es una manera bastante frecuente de encarar las imágenes. Se considera que un puro, en un sueño, es un símbolo fálico y no un cigarro. Una mujer es una figura del *anima* y no una mujer concreta. Un niño es «mi parte infantil» en vez de ser simplemente el niño del sueño. Pensamos que la imaginación es una especie de pensamiento simbólico cuyos productos tienen un contenido latente y un significado manifiesto, tal como lo expresó Freud. Creemos que si pudiéramos «descifrar» —un popularizado término racionalista— los símbolos que nos ofrece el sueño, entenderíamos el significado que está oculto en la imagen.

Pero hay otra manera de entender las creaciones del mundo onírico. ¿Qué pasaría si no hubiera ningún significado oculto ni ningún mensaje subyacente? ¿Y si nos decidiéramos a enfrentarnos con las imágenes y con todo su misterio, y a optar entre aceptarlas como guías o luchar contra ellas?

Los griegos daban el nombre de *daimon* a todos aquellos espíritus innominados que nos motivan y guían en la vida. Sócrates afirmaba que había vivido de acuerdo con los dictados de su *daimon*. En una época más reciente, el poeta inglés W. B. Yeats advertía que el *daimon* es a la vez una inspiración y una amenaza. En el capítulo titulado «Últimos pensamientos» de su libro *Recuerdos, sueños y pensamientos*, también Jung se refiere al *daimon*: «Sabemos que algo desconocido, ajeno, nos sale al paso, tal como sabemos que no somos nosotros mismos quienes *creamos* un sueño o una inspiración, sino que se trata de cosas que, sin que sepamos cómo, aparecen por su propia cuenta. De todo lo que nos sucede de esta manera se puede decir que proviene del *mana** de un *daimon*, de un dios, o del inconsciente». Y sigue diciendo que él prefiere el término «inconsciente», pero que igual podría decir *daimon*. Vivir de una manera «daimónica» es responder a los movimientos de la imaginación. Cuando Jung estaba construyendo su torre, los obreros le trajeron una gran piedra que no era la que él necesitaba, pero entendió el «error» como la obra de su *daimon* mercurial y usó la piedra para una de sus esculturas más importantes, la Piedra de Bollingen.

En el siglo XV, en su libro sobre el cuidado del alma, Ficino recomendaba encontrar al *daimon* guardián que desde el principio está con nosotros: «Quien se examine a fondo a sí mismo encontrará su propio *daimon*». También Rilke sentía respeto por el *daimon*. En sus *Cartas a un joven poeta*, le sugiere que se sumerja profundamente en sí mismo para encontrar su propia naturaleza: «Adéntrate en ti mismo para ver lo profundo que está el lugar de donde fluye tu vida».[12] Rilke aconseja a un joven que quiere saber si está llamado a ser artista, pero sus recomendaciones son válidas para cualquiera que desee vivir con arte la vida cotidiana. El alma quiere estar en contacto con ese lugar profundo de donde mana la vida, sin traducir sus ofrendas a conceptos familiares. La mejor manera de satisfacer este deseo es prestar

* Fuerza impersonal y sobrenatural que según algunas creencias animistas existe en todos los seres. *(N. del E.)*

atención a las imágenes que surgen, como seres independientes, de las fuentes de la imaginación cotidiana.

Esta actitud de respeto hacia el mundo onírico implica que tenemos que volver a imaginar la imaginación misma. En vez de verla como una forma particularmente creativa de trabajo mental, podríamos entenderla más bien en la línea del pensamiento mitológico griego, como una fuente de la que manan seres autónomos. Nuestra relación con ella también cambiaría: dejaría de ser un intento de traducir la exuberancia de la fantasía a términos razonables para convertirse en una observación de un auténtico mundo de personalidades, geografías, animales y acontecimientos, todos ellos imposibles de reducir a términos completamente comprensibles o controlables.

Nos daríamos cuenta de que las imágenes de los sueños y del arte no son enigmas para resolver, y de que la imaginación esconde su carácter significativo en no menor medida que lo revela. Para que un sueño nos afecte, no es necesario que lo entendamos ni mucho menos que excavemos en busca de sus significados. Simplemente prestar atención a las imágenes, reconociendo su autonomía y su misterio, hace mucho en el sentido de trasladar el centro de la conciencia desde el esfuerzo por entender a la capacidad de responder. Vivir en presencia de lo daimónico es obedecer las leyes y urgencias interiores. Cicerón decía que lo que explica quiénes somos es el *animus*, es decir, la traducción latina de *daimon*. Ficino nos advierte del peligro de vivir en conflicto con el *daimon* para que no sucumbamos a la peor forma de enfermedad del alma. Como ejemplo, dice que jamás decidiremos dónde vivir sin tener plenamente en cuenta las exigencias del *daimon*, que pueden manifestarse intuitivamente como una atracción o una inhibición.

La fuente de donde fluye la vida es tan profunda que la vivencia que tenemos de ella es la de algo «ajeno». Expresarse en el antiguo lenguaje de lo daimónico ayuda a infundir imaginación al sentimiento que uno tiene de sí mismo. La relación con la fuente profunda de la vida se convierte en algo interpersonal, en una tensión dramática entre uno mismo y el ángel. En este diálogo, la vida se vuelve también más artística, y en algunos casos incluso teatral, tal como lo vemos en las personas a quienes tachamos de psicóticas, la mayoría de cuyas acciones son explícitamente teatrales. En ellas, sus «otros» profundos —las personalidades que desempeñan papeles en su vida— aparecen con vestidos de gala. Los escritores hablan de los personajes de sus novelas u obras teatrales como seres dotados de voluntad y de intención. La novelista Margaret Atwood dijo una vez, en una entrevista: «Si el autor se pone demasiado mandón, es probable que los personajes le recuerden que, aunque él sea su creador, en alguna medida también ellos, a su vez, lo están creando».[13]

El arte nos enseña a respetar la imaginación como algo que trasciende en mucho la creación y la intención humanas. Vivir con arte nuestra vida cotidiana es tener esta sensibilidad para las cosas de cada día, vivir de forma más intuitiva y estar dispuestos a renunciar en cierta medida a nuestra racionalidad y nuestro control a cambio de los dones del alma.

Las artes del alma

El cuidado del alma puede asumir la forma de vivir en una imaginación plenamente encarnada, siendo un artista en casa y en el trabajo. No es necesario que uno sea un profesional para incorporar el arte al cuidado de su alma; cualquiera puede tener un estudio artístico en casa, por ejemplo. Como Jung, Alce Negro y Ficino, podríamos decorar nuestro hogar con imágenes tomadas de nuestros sueños y de la fantasía de nuestras horas de vigilia.

Una de mis formas de expresión es tocar el piano en momentos de intensa emoción. Recuerdo bien el día que mataron a Martin Luther King. Me sentí tan abrumado que me fui al piano y me pasé tres horas tocando piezas de Bach. La música daba forma y voz a la maraña de mis emociones, sin explicación ni interpretación racional alguna.

La materia del mundo está ahí para que hagamos con ella imágenes que se conviertan para nosotros en tabernáculos de la espiritualidad y en cálices del misterio. Si no concedemos al alma el lugar que le corresponde en nuestra vida, nos veremos obligados a tropezar con estos misterios como fetiches y síntomas, que en cierto sentido son formas patológicas del arte, los dioses que hay dentro de nuestras enfermedades. El ejemplo de los artistas nos enseña que día a día podemos transformar la experiencia cotidiana en el material del alma, en forma de diarios, poemas, dibujos, música, cartas, acuarelas...

En una carta en la que trata de la formación del alma y dirigida a su hermano George, John Keats* describe el proceso de transformación del mundo en alma mediante la imagen de una escuela: «Diré que el mundo es una Escuela instituida con el fin de enseñar a leer a los niños, diré que el corazón humano es el silabario que se usa en esa Escuela, y que el niño capaz de leer es el Alma formada en esa escuela y con ese silabario.

* Hay traducción al castellano de Mario Lucarda, Icaria, Barcelona, 1982. *(N. del E.)*

¿No ves cuán necesario es un Mundo de Dolores y problemas para instruir una Inteligencia y hacer de ella un alma?».

A medida que entendemos nuestras experiencias y aprendemos a expresarlas con arte, vamos dando a la vida más plenitud de alma. Nuestras sencillas artes detienen momentáneamente el fluir de la vida, de modo que los acontecimientos puedan ser sometidos a la alquimia de la reflexión. En una carta a un amigo, podemos profundizar las impresiones de la experiencia y sedimentarlas en el corazón, donde pueden convertirse en los cimientos del alma. Nuestros grandes museos de arte son simplemente un modelo magnífico para ese museo más modesto que es nuestro hogar. No hay razón para no imaginarnos nuestro hogar como un lugar donde las Musas pueden hacer diariamente su trabajo de inspiradoras.

De la práctica de las artes cotidianas el alma obtiene otra ventaja, y es el don que se deja a las generaciones futuras. La tradición dice que el alma se alimenta de un sentido del tiempo mucho más vasto que el de la conciencia. Para ella el pasado está tan vivo y es tan válido como el futuro. Cuando realizamos la alquimia de dibujar o escribir nuestra experiencia diaria, estamos preservando nuestros pensamientos para aquellos que nos siguen. La comunidad establecida por el arte trasciende los límites temporales de una vida personal, de modo que al trabajar con nuestra alma podemos recibir instrucción de las cartas de John Keats a su hermano.

En este mundo moderno, en el que vivimos principalmente para el momento, es fácil pasar por alto que el alma se complace en un sentido más amplio del tiempo y en una noción de comunidad más profunda. Tendemos a dar explicaciones superficiales de nuestras acciones, a hablar en términos literales en vez de concentrarnos en las razones del corazón. Al explicarme por qué estaba tramitando su divorcio, un hombre insistió interminablemente en minucias presentadas como motivos de queja contra su mujer. Lo que no decía era algo ya obvio a partir de otras conversaciones: que su corazón estaba pasando por un cambio importante. Él quería una vida nueva, pero intentaba justificar con razones superficiales todo el dolor que aquello generaba. Como no hablaba en profundidad de lo que le estaba sucediendo, se desconectaba del alma de su divorcio.

Pero cuando uno lee las cartas de Keats, Rilke u otros poetas, se encuentra con una apasionada búsqueda de expresión y de un lenguaje adecuado a los placeres y los sufrimientos de la vida. De ellos podemos aprender la importancia que tiene para todos, y no solamente para los poetas, el esfuerzo por expresar la experiencia en palabras y en imágenes. El sentido del arte no reside simplemente en expresarnos, sino en crear una forma externa concreta en la que se pueda evocar y contener el alma de nuestra vida.

Los niños pintan y dibujan cada día, y les encanta exponer sus obras en las paredes y en la puerta de la nevera. Pero al hacernos adultos abandonamos esta importante tarea del alma que practicábamos en la infancia. Suponemos, me imagino, que los niños no están haciendo otra cosa que aprender coordinación motriz y el alfabeto. Pero tal vez estén haciendo algo más fundamental: encontrando formas que reflejen lo que sucede en su alma. Cuando crecemos y empezamos a pensar que la galería de arte es mucho más importante que la puerta de la nevera perdemos un importante ritual de la niñez y abandonamos esa capacidad en manos del artista profesional. Entonces, en la vida no nos quedan más que meras explicaciones racionales, sentimientos de confusión y de vacío, costosas visitas a un psicoterapeuta y un apego compulsivo a seudoimágenes como las que nos ofrece la superficialidad de casi todos los programas de televisión. Cuando nuestras imágenes propias dejan de tener un hogar, un museo personal, ahogamos nuestro sentimiento de pérdida en pálidos sustitutos, como malas novelas o películas estereotipadas.

Tal como han procurado decirnos durante siglos poetas y pintores, el arte no se refiere a la expresión del talento ni al hecho de crear cosas bonitas. Tiene que ver con la preservación y el contenido del alma, con detener la vida para poder contemplarla. El arte captura lo eterno en lo cotidiano, y es lo eterno lo que alimenta el alma: el mundo entero en un grano de arena.

En uno de sus cuadernos de notas, Leonardo da Vinci plantea una cuestión interesante: «¿Por qué en sueños el ojo ve una cosa con más claridad que la imaginación cuando está despierta?». Una respuesta es que el ojo del alma percibe las realidades eternas, que tan importantes son para el corazón. En la vida de vigilia, casi todos vemos solamente con nuestros ojos físicos, aunque con algún esfuerzo de la imaginación podríamos atisbar fragmentos de eternidad en los sucesos más comunes y pasajeros. El sueño nos enseña a mirar con ese otro ojo, con el ojo que en la vida de vigilia pertenece al artista, a cada uno de nosotros como artista.

Cuando vemos el dolor en el rostro torturado de una persona, podríamos atisbar durante un segundo la imagen de Jesús crucificado, una realidad que durante siglos los artistas han mostrado con infinidad de variaciones y detalles, y que en un momento u otro forma parte de la vida de todos nosotros. Podríamos mirar a una mujer que entra en una joyería con los ojos de D. H. Lawrence, que veía a Afrodita en el cuerpo de una mujer que lavaba ropa en el río. Podríamos ver una naturaleza muerta de Cézanne en un rápido vistazo a la mesa de la cocina. Cuando una brisa de verano sopla por la ventana abierta mientras leemos en una excepcional media hora de tranquilidad, podríamos recordar alguna de las muchísimas anunciaciones con las que nos han obsequiado los pintores, para recordarnos que es costumbre de los ángeles visitarnos en momentos de silenciosa lectura.

La comprensión del arte, cuando está centrada en el alma, ve la penetración recíproca de la imagen poética y la vida ordinaria. El arte nos muestra lo que ya está ahí, en lo cotidiano, pero sin el arte vivimos bajo la falsa impresión de que no existe más que el tiempo, y no la eternidad. Al practicar nuestras artes cotidianas, aunque sólo sea escribiendo una carta desde el corazón, estamos desenterrando lo eterno de entre el tiempo ordinario, entregándonos a las cualidades, los temas y las circunstancias específicas del alma. El alma florece cuando escribimos un pensamiento en nuestro diario o anotamos un sueño, porque así ofrecemos cauce a un tenue manantial de eternidad. Entonces nuestros cuadernos se convierten en nuestros evangelios y *sutras* privados, en nuestros libros sagrados, y nuestro cuadro más simple es un icono, tan importante en el trabajo de nuestra propia alma como pueden serlo para sus feligreses los maravillosos iconos de las iglesias orientales.

γ

El cuidado del alma no es un proyecto de mejoramiento de nosotros mismos ni una manera de vernos liberados de las complicaciones y los dolores de la existencia humana. No le interesa para nada el hecho de vivir como es debido ni la salud emocional, que son preocupaciones de la vida temporal, heroica, prometeica. El cuidado del alma atañe a otra dimensión, en modo alguno separable de la vida, pero tampoco idéntica a la necesidad de resolver problemas que tanto espacio de la conciencia nos ocupa. La única manera de cuidar del alma es reverenciar sus expresiones, darle tiempo y oportunidad para que se revele, y vivir de tal manera que cultivemos la profundidad, la interioridad y las características que le permiten florecer. El alma es su propio objetivo y su propio fin.

Para el alma, recordar es más importante que planear; el arte, más convincente que la razón; y el amor, más satisfactorio que el entendimiento. Sabemos que estamos bien encaminados hacia el alma cuando nos sentimos apegados al mundo y a las personas que nos rodean y cuando vivimos tanto desde el corazón como desde la cabeza. Sabemos que el alma está bien cuidada cuando sentimos nuestros placeres más profundamente de lo que es habitual, cuando podemos liberarnos de la necesidad de estar libres de complejidad y de confusión, y cuando la compasión ocupa el lugar de la desconfianza y el miedo. Al alma le interesan las diferencias entre las culturas y los individuos, y dentro de nosotros mismos quiere poder expresar su peculiaridad e incluso su total excentricidad.

Por lo tanto, cuando en medio de mi confusión y de mis vacilantes intentos de llevar una vida transparente, el loco soy *yo* y no todos los que me rodean, entonces sé que estoy descubriendo el poder del alma para hacer que una vida sea interesante. En última instancia, el cuidado del alma da por resultado un «yo» individual que jamás se me habría ocurrido planear e incluso que ni siquiera habría querido. Al cuidar fielmente del alma, día tras día, nos quitamos de en medio y dejamos emerger nuestro propio genio. El alma se consolida en la misteriosa piedra filosofal, ese rico y sólido núcleo de la personalidad que buscaban los alquimistas, o se abre en la cola del pavo real: una revelación de los colores del alma y un despliegue de su abigarrada brillantez.

Notas bibliográficas

1. Paracelso (1493-1541) fue un médico piadoso y sumamente influyente que se aventuró en el futuro con sus modernos experimentos médicos, y en el pasado con su confianza filosófica en la alquimia y la astrología. Ya en vida, debido a sus aportes decisivos para la medicina, se lo conocía como el «Lutero de los médicos». Hoy puede parecer oscuro debido a la rica matriz cósmica a partir de la cual trabajaba, pero una mentalidad abierta y atenta encontrará en sus escritos muchos elementos valiosos. *Paracelsus: Selected Writings*, ed. Jolande Jacobi, trad. Norbert Guterman, Bollingen Series XXVIII, Princeton University Press, Princeton (New Jersey), 1979, p. 49. En castellano hay una edición de sus *Obras completas*, trad. Estanislao Lluesma, Renacimiento, Sevilla, 1992.
2. *Paracelsus: Selected Writings*, p. 63. Paracelso había leído a Marsilio Ficino, que enseñaba que el universo es un animal dotado de cuerpo, alma y espíritu. Aplicó la idea de Ficino a la medicina, y pensaba que un médico de verdad debía conocer el cuerpo del mundo, no como una abstracción sino como una entidad individual y viviente. Por ejemplo, aconseja a los médicos que «presten atención a la región donde vive el paciente [...] porque una comarca es diferente de otra; la tierra es diferente, y también lo son las piedras, los vinos, el pan, la carne y todo lo que crece y prospera en una región determinada...».

Un médico debe ser «cosmógrafo y geógrafo» (*Paracelsus: Selected Writings*, p. 59).

3. Rainer Maria Rilke, *Sonnets to Orpheus*, trad. M. D. Herter Norton, W. W. Norton & Co., Inc., Nueva York, 1942, I, 9, p. 33. [Edición en castellano: *Sonetos a Orfeo*, trad. Carlos Barral, Lumen, Barcelona, 1984.] La «cura» del narcisismo es el descubrimiento del «ámbito dual» *(Doppelbereich)* de lo visible y lo invisible. Nuestros síntomas para esta filosofía rilkeana no se hacen invisibles porque desaparezcan por completo, sino porque se transforman en la existencia invisible que «les sigue en profundidad». Como continúa diciendo Rilke en otra obra: «Todos los mundos del universo se sumergen en lo invisible en cuanto realidad que les sigue inmediatamente en profundidad; algunas estrellas tienen un crecer y menguar inmediatos en la conciencia infinita del Ángel; otras dependen de seres que lenta y laboriosamente las transforman, en cuyos terrores y éxtasis alcanzan su siguiente realización invisible». Rainer Maria Rilke, *Duino Elegies*, traducción, introducción y comentarios de J. B. Leishman y Stephen Spender, W. W. Norton & Company, Inc., Nueva York, 1967, pp. 129-130. Edición en castellano: *Elegías de Duino*, trad. de José María Valverde, Lumen, Barcelona, 2.ª ed., 1984.
4. El *Banquete* de Platón es una reunión literaria en la que los invitados analizan la naturaleza del amor. Ficino, devoto seguidor de Platón, imitó el *Banquete* en su propia tertulia literaria, el *Convivium*. En una carta dirigida a un noble romano, Bernardo Bembo, enumera las exigencias de un buen *convivium* y termina diciendo: «¿Con qué fin se escribe todo esto sobre el *convivium*? Simplemente para que quienes vivimos vidas separadas, aunque no sin disgusto, podamos vivir felizmente unidos». *The Letters of Marsilio Ficino*, vol. 2, trad. Language Department of the School of Economic Science, Shepheard-Walwyn, Londres, 1978, p. 54. Véase también Marsilio Ficino,

Commentary on Plato's Symposiun on Love, trad. Sears Jayne, Spring Publications, Dallas, 1985, p. 130. [En castellano puede verse *De amore*. Comentario a «El banquete» de Platón, trad. de Rocío de la Villa, Tecnos, Madrid, 1986.]

5. Esta parte del *De Profundis* ofrece un ejemplo de «teología romántica», un enfoque de la espiritualidad que reconoce la belleza en la tendencia del alma hacia el mal y que está profundamente motivado para compadecerse de la falibilidad humana. Oscar Wilde, *De Profundis and Other Writings*, Penguin Books, Nueva York, 1973, p. 178. [Véase más abajo, p. 395.]
6. *Paracelsus: Selected Writings*, pp. 63-64.
7. *Paracelsus: Selected Writings*, p. 74.
8. *Marsilio Ficino: The Book of Life*, trad. Charles Boer, Spring Publications, Irving (Texas), 1980, pp. 96 y 116.
9. Henry David Thoreau, *Walden*, The Library of America, Nueva York, 1985, p. 422. [Trad. al castellano: Walden, Parsifal, Barcelona, 1989.] La «comunión con la naturaleza» no tiene por qué ser una actividad suprasensorial y mística; puede no exigir otra cosa que escuchar lo que por todas partes cantan pájaros e insectos. Esta «música del mundo», o *musica mundana* como la llamaban los antiguos, es una expresión básica del alma del mundo.
10. Al tratar el psicoanálisis como poesía, Norman O. Brown nos ha enseñado a ver en la cultura el ámbito dual de Rilke, el de lo visible y lo invisible. Se da la paradoja de que cuanto más poéticamente consideramos la expresión, más se compromete en ella nuestro cuerpo. «Recuperar el mundo del silencio, del simbolismo —escribe— es recuperar el cuerpo humano. [...] Los verdaderos significados de las palabras son significados corporales, conocimiento carnal; y los significados corporales son los significados tácitos». Norman O. Brown, *Love's Body*, Vintage Books, Nueva York, 1966, p. 265.

11. C. G., Jung, Memories, *Dreams, Reflections*, trad. Richard y Clara Winston, Vintage Books, Nueva York, 1963, p. 337. [Véase más abajo, p. 394.] En una carta del 27 de diciembre de 1958, Jung deja en claro que sus ideas de la integración de la personalidad y de la individuación no implican la perfección. «De ningún modo puedo decirle cómo es un hombre que haya alcanzado la realización total de sí mismo, ni lo que llega a ser de él. Jamás he visto uno, y si lo viera no podría entenderlo porque yo mismo no estaría completamente integrado. [...] He tenido que ayudar a innumerables personas a tener un poco más de conciencia de sí mismas y a considerar el hecho de que están formadas por muchos componentes diferentes, luminosos y oscuros». C. G. Jung, *Letters*, seleccionadas y revisadas por Gerhard Adler en colaboración con Aniela Jaffé, trad. de R. F. C. Hull, Bollingen Series XCV:2, Princeton University Press, Princeton (New Jersey), 1975, vol. 2, p. 474.
12. Rainer Maria Rilke, *Letters to a Young Poet*, trad. Stephen Mitchell, Random House, Nueva York, 1984, p. 9. [Véase más abajo, p. 394.]
13. «Who Created Whom? Characters that Talk Back», *New York Times Book Review*, 31 de mayo de 1987, p. 36.

Sugerencias de lectura

Ficino, Marsilio, *Marsilio Ficino: The Book of Life*, traducción de Charles Boer, Spring Publications, Dallas, 1980.

Una traducción excelente de un libro del siglo XV. Por su estilo antiguo, no es fácil de leer, pero en pequeñas dosis y si se lo piensa metafóricamente, ofrece muchas buenas sugerencias para el cuidado del alma.

Hillman, James, *A Blue Fire: Selected Writings by James Hillman*, edición a cargo de Thomas Moore, Harper & Row, Nueva York, 1989.

Esta antología de los escritos de James Hillman ofrece una visión global de su pensamiento. Una introducción al libro resume la «psicología arquetípica» de Hillman, y las breves introducciones a cada capítulo sirven de guía al lector en cuanto a sus ideas. En la actualidad, Hillman es el principal portavoz de una psicología orientada hacia el alma.

[En castellano sólo está traducida una obra, *La cocina del inconsciente*, Gedisa, Barcelona, 1987.]

The Homeric Hymns, traducción de Charles Boer, Spring Publications, Dallas, 5.ª ed., 1991.

Una hermosa traducción, poética y fácil de leer, de himnos que cuentan las historias y cantan las alabanzas de Hera, Afrodita, Hermes, Deméter y muchos otros dioses y diosas griegos.

Jung, C. G., *Memories, Dreams, Reflections*, edición al cuidado de Aniela Jaffé y traducida por Richard y Clara Winston, Pantheon Books, Nueva York, 1973. [Hay edición en castellano: *Recuerdos, sueños y pensamientos*, trad. del francés de M. Rosa Borrás, Seix Barral, Barcelona, 1991.]

Me parece lo más indicado que la primera aproximación a Jung se haga mediante sus memorias y «últimos pensamientos». Esta es una autobiografía muy especial, que cuenta más la historia de un alma que la de una vida.

Kerényi, Karl, *The Gods of the Greeks*, traducción de Norman Cameron, Thames and Hudson, Londres, 1974.

Durante mucho tiempo este libro ha sido mi mejor fuente de consulta para los relatos y personajes mitológicos. Bien documentado, se mantiene próximo a las fuentes clásicas y sin embargo transmite los relatos con encanto e ingenio.

Rilke, Rainer Maria, *Letters to a Young Poet*, traducción de Stephen Mitchell, Random House, Nueva York, 1984. [Edición en castellano: *Cartas a un joven poeta*, traducción de José María Valverde, Alianza, Madrid, 8.ª ed., 1992.]

Rilke es una fuente importante para el tema del cuidado del alma porque sus propias percepciones son de una profundidad y una sutileza extraordinarias, y están presentadas en su prosa y en su poesía con todas las paradojas de lenguaje y significado que se merecen.

Sardello, Robert, *Facing the World with Soul*, Lindisfarne Press, Hudson (Nueva York), 1991.

Este libro contiene el fascinante trabajo de Sardello sobre el alma en el mundo, como también su peculiar enfoque de la espiritualidad. Sardello nos sorprende continuamente con la novedad de su visión de temas tan comunes como la economía, los objetos, la arquitectura, la medicina y el herpes.

Sexson, Lynda, *Ordinarily Sacred*, Crossroad, Nueva York, 1982.

Lynda Sexson ofrece una teología de la experiencia cotidiana en este encantador libro que nos enseña cómo las tradiciones religiosas del mundo perduran apenas ocultas en los detalles y lugares comunes de la vida ordinaria.

Wilde, Oscar, *De Profundis and other Writings*, Penguin Books, Nueva York, 1973. [Edición en castellano: *De profundis*, trad. de Margarita Nelken, Marte, Algete (Madrid), 1989.]

La chispa notoriamente luminosa de Oscar Wilde se oscureció en esta larga reflexión afectada por su experiencia en prisión. Para mí, la importancia de esta obra radica en que hace una lectura romántica del cristianismo. Wilde puede parecer herético, pero siempre hace bien leer herejías, por el contrapunto que ofrecen a la ortodoxia, permitiéndonos así que escuchemos, en cualquier religión o filosofía, el repique de todas las campanas.

Yanagi, Söetsu, *The Unknown Craftsman: A Japanese Insight into Beauty*, adaptación de Bernard Leach. Edición revisada, Kodansha International, Nueva York, 1989.

Este libro está lleno de profundas intuiciones de la naturaleza del arte, la belleza y la artesanía. Tal como los demás libros que recomiendo, no es una mera simplificación de tan difíciles temas. Ni siquiera es del todo coherente, y sin embargo mantiene arraigada al alma en un dominio que demasiado fácilmente se presta a evadirse en abstracciones e idealizaciones.

Thomas Moore

considerado toda una personalidad en las áreas de psicología arquetípica, mitología e imaginación, es autor de obras mundialmente reconocidas, como *El cuidado del alma* (primera y segunda parte) o *Las relaciones del alma, Reflexiones* y *Las noches oscuras del alma*, todas publicadas por Urano. Teólogo y psicólogo, durante doce años fue monje en una orden católica y más tarde decidió convertirse en psicoterapeuta para hacer partícipes a los demás de su intuición y sus conocimientos. Actualmente vive con su esposa y sus dos hijos en New Hampshire, desde donde continúa ayudando a millones de personas en todo el mundo a través de conferencias, consultas y, por supuesto, sus inspiradores libros.